CÓDIGO CIVIL CHINÊS

Código Civil Chinês

Edulex
São Paulo
2021

Primeira Edição – 2021
Copyright Edulex Livraria Ltda.

Presidente do Conselho Editorial
Fábio Murta Rocha Cavalcante

FICHA CATALOGRÁFICA

Biazi, João Pedro de Oliveira de; (org.) Qian, Larissa Chen Yi (trad.)
Código Civil Chinês - 1. ed. - São Paulo: Edulex, 2021. 254 p.

Inclui bibliografia e índice ISBN 978-65-994241-0-6

1. Leis e legislação - China. 2. Direito Civil- China. I. Biazi, João Pedro de Oliveira de. II. Qian, Larissa Chen Yi.

CDU: 348.44

Diagramação Yuri Spoladore

Impresso no Brasil
Printed in Brazil

Sumário

CÓDIGO CIVIL CHINÊS

Livro I – Parte Geral

Livro II - Direito de Propriedade

Parte I - Regras gerais

Parte II - Propriedade da segunda divisão

Livro III - Contratos

Livro V - Casamento e Família

Livro VI - Sucessão

Livro VII - Responsabilidade Civil

中 国 民 法 典

UMA ALIANÇA ENTRE MODERNIDADE E TRADIÇÃO: O CÓDIGO CIVIL CHINÊS

João Pedro de Oliveira de Biazi

Graduado, Mestre e Doutorando em Direito Civil pela Universidade de São Paulo. Mestre em *Diritto Romano e Sistemi Giuridici Contemporanei* pela U*niversità degli Studi di Roma "Tor Vergata"*. Pesquisador visitante do *International Institute for the Unification of Private Law*. Professor de Direito Privado. Advogado.

jbiazi@joaobiazi.com.br

INTRODUÇÃO

Em agosto de 1860, Augusto Teixeira de Freitas apresentava à comunidade jurídica brasileira as primeiras linhas do seu projeto de Código Civil[1]. O famoso "Esboço" tornou-se obra fundamental para a compreensão do pensamento jurídico latino-americano, bem como foi responsável por marcar o início de um longo e delicado percurso rumo à aprovação de um Código Civil para o Brasil.

O Direito Civil é a disciplina jurídica responsável pelo cotidiano das pessoas. Suas normas jurídicas destinam-se a regular o que há de mais fundamental na convivência em sociedade, como a personalidade, a propriedade, a família e as relações interpessoais[2] . O esforço de codificar esta matéria – a elaboração de um Código Civil – demanda o registro de todas as características fulcrais de uma sociedade civil.

---

1 "Em um Código Civil, há matéria vastíssima, assuntos variados, ao quilate de todas as inteligências" (TEIXEIRA DE FREITAS, Augusto. Apresentação da primeira edição do Esboço do Código Civil. In: TEIXEIRA DE FREITAS, Augusto. Esboço, v. 1, Brasilia, Ministério da Justiça e Fundação Universidade de Brasilia, 1983, p. LXI).
2 FRANÇA, Rubens Limongi. Direito Civil (Evolução Histórica). In: FRANÇA, Rubens Limongi, Enciclopédia Saraiva do Direito, v. 25, São Paulo, Saraiva, 1977, p. 424.

Acompanhar de perto este processo é um privilégio para qualquer estudante de direito. Felizmente, foi em nosso tempo que juristas de todo o mundo conseguiram acompanhar de perto o processo de codificação civil da maior sociedade do mundo. Em 2014, o governo da República Popular da China determinou o início dos esforços de elaboração de um inédito Código Civil Chinês.

Esta não foi a primeira vez que o país tentou produzir um Código Civil. Assim como o Brasil de Teixeira de Freitas, que demorou a alcançar o projeto que se transfigurou em Código Civil, a China já tinha iniciado essa jornada outras quatro vezes, todas sem sucesso.

Nessa última tentativa, entretanto, os complexos elementos sociais, políticos e econômicos necessários à superação deste grande feito estavam presentes. Seis anos após o início da empreitada de 2014, todas as etapas do projeto foram terminadas e aprovadas pelo partido comunista chinês. O Código Civil teve sua vigência iniciada a partir do dia 1º de janeiro de 2021.

A codificação entrega para a sociedade chinesa uma série de vantagens. Talvez a mais óbvia delas seja a harmonização e organização das regras da vida civil, tornando mais simples e direta a compreensão das regras atinentes às atividades da vida privada. Os benefícios da codificação, entretanto, não estão restritos às fronteiras nacionais da China.

Para qualquer pesquisador de direito privado do século XXI, o acompanhamento atento de fenômenos como o da codificação chinesa é imprescindível. O conhecimento dos diversos sistemas jurídicos contemporâneos é ferramenta essencial para jurista compreender o local que o seu direito nacional ocupa no mundo[3].

---

3 SIEMS, Mathias. Comparative Law, 2. ed., Cambridge, Cambridge University Press, 2018, p. 4

Sobremaneira no direito privado, em que muitos problemas e desafios adquirem abrangência global, a perspectiva funcional do direito comparado é fundamental para a busca por soluções típicas da pesquisa dogmática[4].

Todas essas justificativas ganham ainda mais relevo se levarmos em conta o fenômeno em questão. Trata-se do primeiro código civil de uma das mais relevantes economias da atualidade.

Neste ínterim, um enorme esforço iniciou-se no Brasil. O intuito era simples: conseguir trazer à comunidade jurídica brasileira – acadêmicos, advogados e consultores jurídicos – um marco inicial nas pesquisas em torno do Código Civil Chinês.

O estudo deste interessante sistema jurídico, pelos brasileiros, encontra no idioma sua principal barreira[5]. Espera-se que este esforço de tradução, tão brilhantemente conduzido pela advogada Larissa Chen Yi Qian, graduada pela Ibmec/RJ e pós-graduanda em Direito Digital pela UERJ, e revisado pela igualmente brilhante acadêmica Thuany Araújo, da Faculdade de Direito do Largo de São Francisco, contribua com um passo inicial na compreensão dos pilares fundamentais do direito privado chinês.

Este artigo introdutório visa a dar o primeiro passo deste diálogo. Inicia-se com um panorama generalizado do pensamento jurídico chinês e, em sequência, analisa-se alguns aspectos mais específicos do diploma aprovado.

---

4 VICENTE, Dário Moura. Direito Comparado, 4. ed., v. 1, Edição Brasileira, São Paulo, Almedina, 2018, p. 32.
5 FERRARI, Leandro. Introdução ao pensamento jurídico chinês: estudo histórico-crítico, Canoas, Consultor Editorial, 2017, p. 34

BREVES NOTAS SOBRE O SISTEMA JURÍDICO CHINÊS E SUAS PRINCIPAIS DIRETRIZES

O estudo contemporâneo do direito chinês precisa transcorrer sob uma ótica pragmática e utilitarista, uma vez que os últimos anos marcaram uma intensa modernização de um sistema jurídico emergido das tradições imperiais, ocidentais e soviéticas[6]. Embora este emaranhado de fontes justifique a classificação do sistema chinês como híbrido e *sui generis*, é possível identificar na sociedade chinesa um fundamento único que foi responsável por harmonizar sistemicamente todos estes fenômenos de evolução jurídica. Trata-se do pensamento filosófico do Confucionismo, responsável por influenciar todos os ramos sociais e culturais da China[7].

A filosofia confucionista tem parâmetros na busca da felicidade e da satisfação no mundo cotidiano. Embora Confúcio não tenha negado que existia uma vida após a morte, seu pensamento pregava substancialmente que as obrigações éticas primárias das pessoas se relacionam com as atividades desenvolvidas durante a vida[8].

No Confucionismo, a ênfase dos valores éticos encontra-se na tradição "revitalizável". É possível rejeitar elementos da sua própria tradição, mas isso deve ser feito apelando-se para outros valores e práticas da mesma cultura. Bryan Norden cita interessante exemplo dessa revitalização pragmática da tradição em Confúcio: quando as pessoas deixaram de usar gorros cerimoniais de linho e passaram a usar gorros mais baratos, feitos de seda, Confúcio manifestou-se aprovando a mudança, porque a economia feita com os materiais não colocou em prejuízo o espírito do ritual[9] .

---

6 FERRARI, Leandro. Introdução ao pensamento jurídico chinês: estudo histórico-crítico, Canoas, Consultor Editorial, 2017, p. 52.

7 SIEMS, Mathias. Comparative Law, 2. ed., Cambridge, Cambridge University Press, 2018, p. 99.

8 NORDEN, Bryan Van. Introdução à filosofia chinesa clássica, tradução de Gentil Avelino Titton, Petrópolis, Vozes, 2018, p. 42.

9 NORDEN, Bryan Van. Introdução à filosofia chinesa clássica, tradução de Gentil Avelino Titton, Petrópolis, Vozes, 2018, p. 43.

As regras de conduta e os ritos trazidos por Confúcio expressam-se em grande medida na agremiação de práticas costumeiras e não escritas – consagradas pelos usos e em conformidade com a posição que cada um ocupa na sociedade. Esse conjunto de normas sociais é abrigada pelo conceito de *Li* [礼].

Este conjunto de regras seria suficiente para cultivar a da paz social, sendo indesejável a condução de soluções por meio de um direito posto e institucionalizado de sanções – conhecido como *Fa* [法][10] e próprio do pensamento jurídico legalista chinês. Essa preferência de Confúcio pelos controles sociais baseados nos costumes e na manutenção da honra é facilmente percebida em passagens dos Analectos[11].

Insere-se neste contexto o taoismo, filosofia apoiada no sentido da expressão *Dao* [道] – traduzida, ainda que de maneira simplista, como "o caminho a seguir". A filosofia taoísta foi copilada na principal obra do taoismo conhecida como *Dao De Jing* [道德经], contendo os ensinamentos atribuídos a *Lao Zi* [老子] juntamente com os escritos de *Zhuang Zi* [庄子]. O taoismo, em conjunto com o confucionismo e o legalismo, influenciou sobremaneira o pensamento jurídico chinês ao longo de sua história.

Pelo taoismo, preconiza-se a existência de uma ordem espontânea de equilíbrio do universo – equilíbrio este propiciado pelo embate equânime entre as forças *Yin* e *Yang*[12].

A presença de uma ordem natural faz com que o pensamento taoísta pregue pelo afastamento das noções mais distorcidas de civilização – ou seja, um afastamento das regras criadas pelos homens que se distanciam desta noção de equilíbrio. Deve-se pregar pelo não-con-

---

10 VICENTE, Dário Moura. Direito Comparado, 4. ed., v. 1, Edição Brasileira, São Paulo, Almedina, 2018, p. 452.
11 DAWSON, Raymond. Confucius: The Analects, Oxford, Oxford University Press, 2000, Livro 2:3.
12 ROCHA, Rafael Machado da. Raízes do pensamento chinês: confucionismo, taoísmo e legalismo. In: POLIDO, Fabrício Bertini Pasquot; RAMOS, Marcelo Maciel (coord.) Direito chinês contemporâneo, São Paulo, Almedina, 2015, p. 37

trole e pela regulação espontânea, ao contrário da visão confuciana de regularidade da ação conforme os ritos[13].

A história do direito chines foi substancialmente marcada pelo conflito ideológico dessas três filosofias, mais substancialmente entre *Li* [礼] e *Fa* [法] – entre o confucionismo e o legalismo. É possível atribuir parte substancial da história do direito imperial chinês à estas escolas[14]. O século XX, por sua vez, adicionou marcas relevantes do nacionalismo chinês e do socialismo soviético. O período de influência marxista-leninista teve efeito devastador para o direito chinês precedente, buscando-se uma ruptura abrupta com o passado[15]. Durante o período mais marcante da influência soviética, que durou pouco mais de uma década, a advocacia foi abolida e as diretrizes políticas tomaram o lugar da lei como fundamentos das sentenças, inclusive em matéria penal. Era possível encontrar sentenças judiciais apoiadas em discursos políticos de *Mao Zedong* [毛泽东][16].

A partir da Constituição de 1982 e do governo de *Deng Xiaoping*[邓小平], reinicia-se um movimento de construção de um sistema jurídico verdadeiramente chinês. Embora seja possível falar em um renascimento do confucionismo no pensamento jurídico, também é indissociável a influência do pragmatismo e da globalização dos estudos em direito na China, de tal maneira que algumas notas do pensamento jurídico ocidental não foram ignoradas[17].

---

13 RAMOS, Marcelo Maciel. A invenção do direito pelo ocidente: uma investigação face à experiência normativa da China, Tese de Doutorado, Universidade Federal de Minas Gerais, 2010, p. 109

14 VICENTE, Dário Moura. Direito Comparado, 4. ed., v. 1, Edição Brasileira, São Paulo, Almedina, 2018, p. 455.

15 ROCHA, Rafael Machado da. A reinvenção do confucionismo na China contemporânea.. In: POLIDO, Fabrício Bertini Pasquot; RAMOS, Marcelo Maciel (coord.) Direito chinês contemporâneo, São Paulo, Almedina, 2015, pp. 51/52

16 VICENTE, Dário Moura. Direito Comparado, 4. ed., v. 1, Edição Brasileira, São Paulo, Almedina, 2018, p. 456.

17 VICENTE, Dário Moura. Direito Comparado, 4. ed., v. 1, Edição Brasileira, São Paulo, Almedina, 2018, p. 458.

Esta é a base de pensamento jurídico que suportou os trâmites e discussões do Código Civil chinês: uma tradição jurídica que reflete certas orientações filosóficas tradicionais - mas sem ignorar as diretrizes fornecidas por um pensamento mais contemporâneo.

O direito contemporâneo chinês marca, portanto, uma aliança. De um lado, a cultura milenar chinesa e a sua preferência de um controle social fora do direito. Do outro, o pensamento jurídico moderno e alinhado com as expectativas normativas próprias de uma economia global e em franco crescimento.

ALGUMAS CARACTERÍSTICAS DO DIPLOMA CIVIL CHINÊS

Agregando tradição com modernidade, o Código Civil Chinês apresenta-se como um código digno dos problemas de seu tempo, sem, entretanto, deixar de apresentar os traços mais nucleares da sociedade que busca regular.

Antes do Código Civil, a legislação de direito privado chinesa era espalhada em estatutos esparsos. Cita-se aqui, a título exemplificativo, a importante lei chinesa dos contratos de 1999 [合同法], que teve redação muito apoiada nas experiências e pesquisas de institutos voltados à harmonização do direito privado em sistemas jurídicos de tradição romano-germânica[18]. Também é possível apontar como exemplo a lei de casamento de 1980 [婚姻法], a lei de adoção de 1991 [收养法] e lei de responsabilidade civil de 2009 [侵权责任法]. Dentre os inúmeros objetivos assumidos pelo Código Civil Chinês de 2020, sem dúvida um dos principais era a organização de todas essas legislações de direito privado em um único texto normativo. Este, aliás, é um escopo compartilhado por qualquer esforço de codificação bem direcionado[19].

---

18 CARDILLI, Riccardo. Precisazioni Romanistiche su Hetong e Chengshi Xinyong. In: Il Libro e la bilancia – Studi in memoria di Francesco Castro, v. 2, Napoli, Instituto per l'Oriente C. A. Natalino, 2010, p. 154.
19 EICHLER, Hermann. Direito Civil (Codificação). In: FRANÇA, Rubens Limongi, Enciclopédia Saraiva do Direito, v. 25, São Paulo, Saraiva, 1977, p. 421

Para a organização dos trabalhos legislativos, que se iniciaram em 2014, o Partido Comunista Chinês criou duas fases de trabalho. A primeira fase destinava os esforços dos grupos de trabalho à elaboração de uma parte geral ao Código, finalizada em 2017. A partir de então, os grupos de trabalho passaram a cuidar da elaboração das chamadas seis "Partes Separadas": (i) responsabilidade civil; (ii) contratos; (iii) direito das coisas; (iv) direitos da personalidade; (v) família e casamento; e (vi) sucessões. Cada parte foi revisada uma ou mais vezes em sessões extraordinárias do Congresso Nacional do Povo, o mais alto organismo governamental do legislativo da China.

Dentre as peculiaridades deste esforço legislativo, salta aos olhos a quantidade de comentários públicos que o Congresso recebeu sobre o projeto – mais de novecentos mil.

Após a revisão das seis partes especiais, o texto do código foi consolidado e reavaliado, recebendo a aprovação do Congresso no dia 28 de maio de 2020 com dois mil oitocentos e setenta e nove votos a favor, dois contra e cinco abstenções. Ainda em 2020, durante o período de *vacatio legis* e por influência da pandemia de COVID-19, o texto recebeu algumas alterações, o que não impediu o início da sua vigência em janeiro de 2021[20].

Como mencionado anteriormente, o texto que entra em vigor em 2021 é formado por sete partes: a parte geral e as seis partes especiais. É conveniente traçar alguns comentários, ainda que gerais, sobre cada uma delas.

---

20 O registro do processo legislativo do Código Civil chinês só foi possível por conta do trabalho detido do grupo de jornalistas do "National People's Congress Observer", que acompanham de perto as atividades e discussões das casas legislativas chinesas. Todos os registros das sessões legislativas mencionadas aqui foram extraídas do portal do "National People's Congress Observer" na internet. Disponível em: <npcobserver.com> Acessado em: 25.01.2021.

A parte geral, não diferentemente do que se observa em codificações atuais de países com tradição jurídica romano-germânica, regula os aspectos imprescindíveis para a interação das pessoas – naturais e jurídicas – em atividades civis. É nesta parte que encontramos, por exemplo, disposições sobre o regime jurídico das capacidades civis. É interessante acompanhar a disposição do artigo 16, garantindo ao nascituro o estado de sujeito de direito[21]. Também registra-se, no artigo 18, a possibilidade da obtenção de capacidade civil plena aos menores de 18 anos e maiores de 16 que conseguirem "renda própria de sustento"[22].

É também na parte geral que encontramos as regras gerais aplicadas às pessoas jurídicas, dividindo seu regramento em (i) disposições gerais; (ii) pessoa jurídica com fins lucrativos; (iii) pessoa jurídica sem fins lucrativos; e (iv) pessoa jurídica especial. A repressão ao abuso da independência patrimonial da pessoa jurídica encontra regramento aberto para as pessoas jurídicas com fins lucrativos, como se verifica na leitura do artigo 83 do Código[23].

Na perspectiva dos direitos civis, a parte geral do Código Civil chinês já eleva a esta perspectiva a privacidade dos dados pessoais,

---

21 Artigo 16: O nascituro será considerado sujeito de capacidade para exercer seus direitos civis e terá a proteção dos seus interesses relativos à herança e aceitação de doações. No entanto, se nascer morto, não haverá direitos cabíveis.
22 Artigo 18: O adulto possui plena capacidade civil e independência na prática de atos jurídicos civis. A capacidade civil plena também se aplica aos maiores de 16 anos que possuírem renda própria de sustento.
23 Artigo 83: O investidor de uma pessoa jurídica com fins lucrativos não deve abusar dos direitos do investidor visando em prejudicar os interesses da pessoa jurídica ou de outro investidor; se o abuso dos direitos do investidor causar danos à pessoa jurídica ou a outro investidor, ele assumirá a responsabilidade civil, de acordo com os termos da presente lei. O investidor de uma pessoa jurídica com fins lucrativos não deve abusar da autonomia da pessoa jurídica e da responsabilidade limitada do investidor para prejudicar os interesses dos credores da pessoa jurídica; se o investidor abusar da autonomia da pessoa jurídica e da responsabilidade limitada do investidor, para não pagar as dívidas e prejudicar seriamente os interesses dos credores, caberá a ele a responsabilidade solidária pelas dívidas da pessoa jurídica.

conforme se observa no artigo 111 do Código[24]. O abuso no exercício dos direitos civis é identificado não apenas no exercício em desacordo com interesses de terceiros de boa-fé, mas também com o interesse nacional e o interesse público social[25].

A teoria geral dos atos jurídicos parece seguir terminologia distante da que comumente se verifica no Brasil, o que não impede a identificação de semelhantes, como o efeito restitutório da invalidade do negócio jurídico, em certa medida verificada no artigo 157 do Código chinês[26].

No que se refere à simulação, por exemplo, a redação do diploma chinês parece sugerir uma visão subjetiva da hipótese de nulidade, apoiando-se no negócio simulado como o negócio não querido, conforme se observa pela leitura do artigo 146 do Código Civil[27].

No que tange à prescrição, o artigo 188, que abre o capítulo do assunto, impõe prazo geral de três anos para o congelamento da eficácia da pretensão, contado a partir do dia em que o titular do direito conhece ou deveria ter conhecido o dano ou o autor do dano. Se, entretanto, passarem 20 anos da data do dano, independentemente

---

24 Artigo 111: As informações pessoais da pessoa natural serão protegidas por lei. A organização ou pessoa natural deve garantir a segurança na obtenção de informações pessoais de uma outra pessoa natural não devendo coletar, usar, processar ou transmitir ilegalmente as informações pessoais de terceiros, assim como não deve comercializar, fornecer ou divulgar ilegalmente as informações pessoais de terceiros.

25 Artigo 132 As entidades civis não abusarão de seus direitos civis para prejudicar o interesse nacional, o interesse público social ou os direitos e interesses legais de terceiros.

26 Artigo 157: Após a determinação da invalidade, a revogação ou a ineficácia do ato jurídico civil, os bens adquiridos em decorrência do ato serão devolvidos; se não puder ser devolvido ou for desnecessário, será indenizado pelo equivalente. A parte culpada indenizará a outra parte pelas perdas sofridas; se todas as partes estiverem culpadas, cada uma delas terá as responsabilidades correspondentes. Salvo determinação legal em sentido contrário.

27 Artigo 146: Os atos jurídicos práticados com falsas intenções pelo autor e a contraparte não são válidos. A validade do ato civil oculto com falsas intenções será tratada de acordo com as leis e regulamentos aplicáveis.

do conhecimento pelo titular do direito, também haverá prescrição[28]. Também é digno de nota o artigo 193, que afirma categoricamente a impossibilidade de se conhecer de ofício a prescrição em tribunais chineses[29].

A primeira parte especial cuida dos direitos das coisas. O sistema chinês, assim como o brasileiro, confere no artigo 209 que a transferência dos bens imóveis se verifica mediante registro[30], servindo a tradição para os bens móveis[31]. O artigo 215, entretanto, garante a eficácia obrigacional do contrato de compra e venda já no momento da sua formação[32]. Em matéria mais específica, nota-se a regulamentação dos direitos do proprietário em imóveis edilícios, disposições sobre o exercício conjunto do direito de propriedade e as disposições especiais sobre garantias reais.

Vale destacar o direito real de moradia, estabelecido no artigo 366, que permite maior autonomia e proteção ao sujeito titular deste direito real – se comparado com a posição jurídica ocupada pelo locatário em contrato de locação[33]. Também é conveniente destacar a adição feita ao artigo 245, que incluiu a circunstância de prevenção e controle de epidemias como hipótese capaz de permitir o uso da pro-

---

28 Artigo 188: O prazo de prescrição para solicitar ao tribunal popular a proteção dos direitos civis é de três anos. Salvo determinação legal em contrário. O prazo de prescrição deve ser calculado a partir do dia em que o titular do direito conhece ou deveria ter conhecido o dano ou ao autor do dano. Salvo determinação legal em contrário. Contudo, o tribunal do povo não o protegerá se se passaram mais de 20 anos desde a data do dano. Se houver circunstâncias especiais, o tribunal do povo pode decidir prorrogar o prazo de prescrição com base na solicitação do titular do direito.

29 Artigo 193:Os tribunais do povo não aplicarão de ofício as normas de prescrição.

30 Artigo 209:A constituição, modificação, transferência e extinção de direitos reais entrarão em vigor após o registro legal; não possuirá validade a ausência de registro, salvo disposição legal em sentido contrário. De acordo com esta lei, os recursos naturais de propriedade do Estado não podem ser registrados.

31 Artigo 224: A constituição e a transferência de direitos do bem móvel entrarão em vigor após a entrega do bem, salvo disposição em contrário da lei.

32 Artigo 215: O contrato entre as partes relativos a constituição, modificação, transferência e extinção do direito real surgirão efeito a partir da elaboração do contrato, salvo disposição em contrário da lei ou acordado entre as partes; Não afeta a validade do contrato, se o registro dos direitos de propriedade não for concluído.

33 Artigo 366: O titular do direito de moradia poderá possuir e usar os direitos usufrutuários das casas de outras pessoas de acordo com o contrato, de modo a atender às necessidades de moradia.

priedade pelo Estado[34].

A parte especial sobre contratos abriga não somente a teoria geral dos contratos e as regras atinentes aos contratos em espécie, como também cuida das regras próprias do direito das obrigações. Por este motivo, e pela importância deste grupo normativo para a vida civil, é a parte especial mais longa do Código.

Em comparação com a já muito técnica lei de contratos de 1999, o novo Código Civil promove uma orgânica modernização da teoria dos contratos na China – escapando, apropriadamente, de saltos dogmáticos ainda não consolidados na doutrina mundial. O artigo 491, por exemplo, adiciona regramento específico para a formação de contratos eletrônicos[35], algo não propriamente disciplinado na legislação precedente. Ainda sobre o tema dos contratos eletrônicos, o artigo 512 adiciona regras importantes sobre o cumprimento dessas avenças, notadamente sobre envio de mercadorias e prestação de serviços contratados pela internet[36].

---

34 Artigo 245: Em caso de necessidades de emergência, como resgate, socorro em desastres, prevenção e controle de epidemias, os bens imóveis ou móveis de organizações e indivíduos podem ser requisitados de acordo com a autoridade e os procedimentos prescritos em lei. Após o uso dos bens imóveis ou móveis, eles devem ser devolvidos ao seu proprietário. Se os bens imóveis ou móveis de uma organização ou indivíduo forem danificados ou perdidos após a desapropriação, deverá ser indenizada.

35 Artigo 491: Se as partes celebram um contrato na forma de cartas, mensagens de dados, ou outras formas, e exigem a assinatura de uma carta de confirmação, o contrato será constituído quando a carta de confirmação for assinada. Se as informações dos produtos ou serviços divulgadas por uma parte na Internet ou outras redes de informação atenderem às condições da oferta, o contrato será estabelecido quando a outra parte selecionar o produto ou serviço e realizar o pedido com êxito, a menos que seja acordado de outra forma pelas partes.

36 Artigo 512: Quando o objeto de um contrato eletrônico for concluído através da Internet ou de outras redes de informação e a entrega de mercadorias for entregue pela transportadora expressa, o horário do recebimento pelo destinatário será considerado como o horário da entrega. Se o objeto do contrato eletrônico for prestar serviços, o horário especificado no comprovante eletrônico gerado ou no comprovante físico será considerado como o horário da prestação do serviço; se o comprovante acima mencionado não especificar o horário ou a hora declarada for inconsistente com a hora real do serviço, esta ultima deverá prevalecer. Se o objeto do contrato eletrônico for entregue por transmissão on-line, o momento em que o objeto do contrato entra no sistema específico designado pela outra parte e que passar a ser identificado será considerado a hora de entrega. Se as partes de um contrato eletrônico tiverem acordado de outra forma o método e o horário da entrega de mercadorias ou prestação de serviços, o contrato deverá ser seguido.

É também parte significativa do novo Código Civil os artigos que cuidam das relações contratuais assimétricas, dando notícia da atenção do grupo de trabalho com as questões mais modernas de direito dos contratos. Os artigos 496 e seguintes fornecem o norte hermenêutico dos contratos por adesão, garantindo que as cláusulas contratuais gerais [格式条款] sigam cânones hermenêuticos próprios, visando a dar mais segurança ao contratante aderente[37].

Na parte destinada aos contratos em espécie, o Código Civil trouxe regime jurídico normativo próprio para modalidades de contratação consagradas socialmente. É o que se verifica em relação ao contrato de faturação [保理合同], também conhecido como contrato de *factoring*, disciplinado nos artigos 761 e seguintes do Código Civil[38].

Também chama atenção o longo regime jurídico conferido aos contratos de tecnologia: avenças que, de acordo com o artigo 843, estabelecem relações referentes ao desenvolvimento, transferência, licenciamento e demais serviços da área tecnológica[39].

---

37 Artigo 496: As cláusulas padrão são aquelas que são elaboradas previamente pelas partes para uso repetido e não são negociadas com a outra parte quando o contrato é celebrado. Quando as cláusulas padrão são usados para concluir um contrato, a parte que fornece as cláusulas padrão deve determinar os direitos e obrigações entre as partes de acordo com o princípio da justiça e adotar métodos razoáveis para lembrar à outra parte de isentar ou reduzir suas responsabilidades e outros termos que têm um interesse maior. Os requisitos desta cláusula são explicados. Se a parte que fornece os termos padrão deixar de cumprir sua obrigação de solicitar ou explicar, fazendo com que a outra parte não preste atenção ou não compreenda os termos que têm um interesse maior neles, a outra parte pode alegar que os termos não se tornam o conteúdo do contrato.

38 Artigo 761. O contrato de faturação é um contrato de prestação de serviços, em que o faturizado transfere seus créditos existentes ou que vierem a existir para o facturizador, o facturizador fornecerá financiamento, gestão e cobrança dos créditos à receber e prestará a garantia de pagamento pelo devedor.

39 Artigo 843: O contrato de tecnologia é um contrato que estabelece direitos e obrigações mútuos com relação ao desenvolvimento, a transferência, o licenciamento, a consultoria ou demais serviços de tecnologia.

A próxima parte cuida dos direitos da personalidade, enumerados de modo não taxativo no artigo 990[40]. Nota-se que o regime jurídico chinês optou por incluir expressamente, na quantificação da indenização por violação de direitos da personalidade do artigo 998, o grau de culpa do agente e da vítima, assim como o propósito, o método e as consequências do ilícito[41].

O Código também enfrentou questões importantes de bioética e biodireito. No capítulo destinado ao direito à vida, corpo e saúde, diversos dispositivos são interessantes e dignos de estudo próprio. Podemos exemplificar com a leitura do artigo 1007, que proíbe a negociação de materiais orgânicos humanos como células, tecidos e órgãos[42].

Nas regras específicas de proteção ao direito à privacidade, observa-se que o Código já adicionou às discussões sobre o tema disposições normativas sobre a tutela de dados pessoais.

O Código fornece uma série de normas de procedimento e hipóteses de responsabilização dos "processadores de informações", como ilustra bem o rol de condutas esperadas do artigo 1035[43]. Este assunto poderá, inclusive, ser complementado por uma futura lei de

40 Artigo 990: Os direitos de personalidade são usufruídos por sujeitos civis e abrangem os direitos à vida, corpo, saúde, nome, títulos, retrato, reputação, honra, privacidade dentre outros. Além dos direitos de personalidade mencionados no parágrafo anterior, as pessoas físicas gozam de outros direitos de personalidade e interesses decorrentes da liberdade e da dignidade humana.
41 Artigo 998: Para determinar a responsabilidade civil do agente pela violação de direitos de personalidade como os direitos à vida, corpo e saúde, a ocupação, o âmbito de influência, devem ser considerados o grau de culpa do agente e da vítima, bem como o propósito, o método e as consequências do ato.
42 Artigo 1007: É proibido comprar ou vender células, tecidos, órgãos e restos mortais de qualquer forma.Vendas e compras que violem as disposições do parágrafo anterior são inválidas.
43 Artigo 1035: O processamento de informações pessoais deve seguir os princípios de legalidade, legitimidade e necessidade, não devendo processar informações à mais, as informações processadas deverão atender às seguintes condições: (1) Obtenção do consentimento da pessoa física ou de seu tutor, salvo disposição contrário em leis e regulamentos administrativos; (2) Respeito as regras de tratamento público de informações; (3) Declaração clara da finalidade, método e abrangência do processamento de informações; (4) Não violação das disposições em leis, regulamentos administrativos e o acordo entre as partes. O processamento de informações pessoais físicas inclui a coleta, armazenamento, uso, processamento, transmissão, fornecimento e divulgação de informações pessoais.

proteção a dados pessoais [个人信息保护法][44].

A parte destinada à família e ao casamento busca combinar os estatutos especiais de casamento e de adoção, ambos vigentes antes do Código. O artigo 1046 determina que o casamento chinês acontece apenas entre homem e mulher[45] e o artigo 1051 expressa que a bigamia prejudica a validade do matrimônio[46]. Embora o assunto tenha sido objeto de discussão no Congresso, o casamento homoafetivo não encontra tutela jurídica pelo diploma civil. Também não há qualquer dispositivo que cuide da categoria jurídica da união estável.

O divórcio chinês também se diferencia substancialmente do que verificamos no atual sistema jurídico brasileiro. De acordo com o artigo 1077, estabelece-se um prazo de 30 dias para que as partes possam "reconsiderar" o registro do divórcio. A irradiação de efeitos do divórcio só poderá ocorrer após esse prazo, passando-se a contar, então, um novo prazo de 30 dias para que as partes voltem ao cartório e emitam uma certidão de divórcio. Pela emissão, o divórcio passa a ter eficácia. Se as partes não o fizerem, considera-se retirado o pedido - e elas seguem casadas[47]. A leitura do dispositivo parece recordar a *ratio* defendida no Brasil em tempos anteriores à Emenda Constitucional 66/2010 e suportada pelo instituto da separação.

---

44 Trata-se do Projeto de Lei de Proteção de Informações Pessoais PLPIP, que apresenta semelhanças sensíveis e estruturais com a legislação brasileira do tema, notadamente a Lei 13.709 (LGPD) e o Regulamento n° 2016/679 (RGPD).

45 Artigo 1046: O casamento será totalmente voluntário entre o homem e a mulher, sendo proibido a interferência de qualquer das partes para forçar a outra parte ou qualquer organização ou indivíduo.

46 Artigo 1051: O casamento será inválido sob qualquer uma das seguintes circunstâncias: (1) Bigamia; (2) Ter um parentesco que proíbe o casamento; (3) Não atingir a idade legal para o casamento.

47 Artigo 1077: No prazo de 30 dias a partir da data em que a autoridade de registro de casamento receber o pedido de registro de divórcio, se qualquer das partes não estiver disposta a se divorciar, poderá retirar o pedido de registro de divórcio à autoridade de registro de casamento. No prazo de 30 dias após o vencimento do prazo especificado no parágrafo anterior, ambas as partes recorrerão pessoalmente à autoridade de registro de casamento para solicitar a emissão de certidão de divórcio; se não o fizerem, considerar-se-ão que retiraram seu pedido de registro de divórcio.

A parte dedicada ao direito das sucessões consagra o princípio da *saisine* logo no início do seu artigo 1121[48]. O artigo 1127 estabelece os dois grupos de ordem da sucessão legítima[49], iniciando um detalhado sistema de sucessão hereditária. Dentre os vários dispositivos que compõem a matéria, é particularmente interessante a leitura do artigo 1130, que estabelece a possibilidade de distribuição desigual do quinhão hereditário a depender de circunstâncias socioeconômicas de cada herdeiro[50].

A sucessão testamentária chinesa pode abrigar a totalidade da herança, só incidindo as provisões da sucessão legítima em circunstâncias nas quais o testamento não encontra âmbito de operação, como confirma a escrita do artigo 1154[51]. O artigo 1141 prevê, entretanto, que o testamento precisa reservar parte do patrimônio hereditário aos herdeiros que não tem capacidade de trabalhar ou de obter subsistência[52].

48 Artigo 1121: A sucessão começa quando o sucedido falece. Se várias pessoas que se herdam mutuamente falecem em um mesmo incidente, causando dificuldade para determinar a hora da morte, presume-se que a pessoa sem herdeiros faleceu primeiro. Nas hipóteses em que todos possuam herdeiros, existindo gerações diferentes, presume-se que o mais velho faleceu primeiro; em se tratando da mesma geração, presume-se que faleceram na mesma hora e não ocorrerá a sucessão mútua.

49 Artigo 1127: A herança será herdada na seguinte ordem: (1) Primeira ordem: cônjuge, filhos, pais; (2) Segunda ordem: irmãos, avós paternos, avós maternos. Após o início da sucessão, ela começará pelos herdeiros na primeira ordem, e os herdeiros na segunda ordem não herdarão; se não houver herdeiro na primeira ordem, herdeiros na segunda ordem herdarão. O termo "filhos" neste capítulo inclui filhos legítimos, filhos ilegítimos, filhos adotivos e enteados dependentes. O termo "pais" mencionado neste capítulo inclui pais biológicos, pais adotivos e padrastos que possuem uma relação de sustento. O termo "irmãos e irmãs" neste capítulo inclui irmãos e irmãs com os mesmos pais, meio-irmãos paternos ou meio-irmãos maternos, irmãos e irmãs adotivos e meio-irmãos e irmãs que têm uma relação de sustento.

50 Artigo 1130: A parte da herança herdada por herdeiros na mesma classe geralmente será igual. Herdeiros que possuem dificuldades econômicas na vida e não possuem capacidade para trabalhar devem ser atendidos na partilha da herança. Herdeiros que cumpriram o dever principal de sustentar o testador ou viver com ele, podem receber mais na partilha da herança. Se os herdeiros que têm capacidade e condições de sustento não cumprem a obrigação de sustentar, a herança não será partilhada ou receberá a menos. Os herdeiros também podem concordar em partilhar de forma desigual.

51 Artigo 1154: Parte da herança será tratada como herança legal em qualquer uma das seguintes circunstâncias: (1) O herdeiro testamentário renuncia à herança ou o legatário renuncia ao legado; (2) O herdeiro testamentário perde o direito de herdar ou o legátario perde o direito de herdar; (3) O herdeiro ou legatário morre ou se extingue antes do testador; (4) Os bens estão na parte inválida do testamento; (5) Bens não arrolados no testamento.

52 Artigo 1141: O testamento deverá reservar a parte necessária do patrimônio para os herdeiros que não têm capacidade para trabalhar e não têm fonte de subsistência.

O Código ainda reconheçe, em seu artigo 1137, a possibilidade de testar por gravação de vídeo e áudio[53].

A última parte especial do código cuida dos aspectos próprios da responsabilidade civil, voltando-se majoritariamente às hipóteses de responsabilidade civil extracontratual. O Código optou por incorporar a teoria da assunção de risco em hipóteses mais circunscritas, e não por meio de cláusula geral. É o que se verifica, por exemplo, na leitura do artigo do 1176 do Código[54], que regula a distribuição da responsabilidade civil na circunstância dos participantes de atividades culturais ou esportivas radicais. Um outro exemplo está no regime jurídico das atividades de alto risco, que se encontra no Código a partir do artigo 1236[55]. Ainda sobre os regimes especiais de responsabilidade civil, destaca-se a preocupação do legislador com a responsabilidade civil ambiental e a atinente aos animais de estimação.

CONCLUSÃO

Acompanhar de perto o surgimento do Código Civil chinês, o primeiro da sua sociedade, é um privilégio para os juristas do nosso tempo. Esta tradução consegue, assim como os modernos meios de transportes, encurtar sobremaneira as antes intransponíveis distâncias entre Brasil e China, entre brasileiros e chineses.

Espera-se que, com este esforço, possamos ter com a China um intercâmbio ainda mais proveitoso do que já temos. Há muito espaço para melhorias, mas já é possível reconhecer que grande parte

---

53 Artigo 1137: O testamento realizado na forma de gravação de áudio e vídeo deve ser testemunhada por duas ou mais testemunhas. O testador e as testemunhas devem registrar seu nome ou retrato, bem como o ano, mês e dia nas gravações de áudio e vídeo.
54 Artigo 1176: Na participação voluntária em atividades culturais e esportivas com certos riscos, em caso de dano causado devido às ações de outros participantes, a vítima não deve solicitar a outros participantes a responsabilidade civil; salvo se os outros participantes tenham negligência intencional ou grave na ocorrência de danos. As responsabilidades dos organizadores do evento serão regidas pelo disposto nos artigos 1198 a 1201 desta Lei.
55 Artigo 1236: Qualquer pessoa que se envolva trabalhos altamente perigosas e cause danos a outras pessoas será responsabilizada pelos atos ilícitos.

dos desafios sociais e políticos que se apresentam atualmente são compartilhados entre os dois países. Brasil e China podem ocupar lados opostos no mapa, mas são parte da mesma aldeia global de direito privado.

A leitura completa deste importante marco da legislação chinesa, permitida por esta tradução única e moderna, auxilia o jurista brasileiro a exercer missão antiga, porém sempre carente de execução. Trata-se da tarefa de compreender a substância viva da norma jurídica. Felizmente, para nós brasileiros, essa é uma lição que o nosso pioneiro não se olvidou, afinal:

> "Examinar as leis em seus próprios textos sem influência de alheias opiniões, comparar atentamente as leis novas com as antigas, medir com precisão o alcance e as consequências de umas e outras; eis o laborioso processo, que empregado temos para conhecer a substância viva da Legislação"[56]

* * *

---

56 TEIXEIRA DE FREITAS, Augusto. Consolidação das leis civis, v. 1, ed. fac-sim., Brasilia, Senado Federal, 2003, p. xxxvi

5. BIBLIOGRAFIA REFERENCIADA

CARDILLI, Riccardo. Precisazioni Romanistiche su Hetong e Chengshi Xinyong. In: Il Libro e la bilancia – Studi in memoria di Francesco Castro, v. 2, Napoli, Instituto per l'Oriente C. A. Natalino, 2010

DAWSON, Raymond. Confucius: The Analects, Oxford, Oxford University Press, 2000

EICHLER, Hermann. Direito Civil (Codificação). In: FRANÇA, Rubens Limongi, Enciclopédia Saraiva do Direito, v. 25, São Paulo, Saraiva, 1977

FERRARI, Leandro. Introdução ao pensamento jurídico chinês: estudo histórico-crítico, Canoas, Consultor Editorial, 2017

FRANÇA, Rubens Limongi. Direito Civil (Evolução Histórica). In: FRANÇA, Rubens Limongi, Enciclopédia Saraiva do Direito, v. 25, São Paulo, Saraiva, 1977

NORDEN, Bryan Van. Introdução à filosofia chinesa clássica, tradução de Gentil Avelino Titton, Petrópolis, Vozes, 2018

RAMOS, Marcelo Maciel. A invenção do direito pelo ocidente: uma investigação face à experiência normativa da China, Tese de Doutorado, Universidade Federal de Minas Gerais, 2010

ROCHA, Rafael Machado da. A reinvenção do confucionismo na China contemporânea.. In: POLIDO, Fabrício Bertini Pasquot; RAMOS, Marcelo Maciel (coord.) Direito chinês contemporâneo, São Paulo, Almedina, 2015

__________. Raízes do pensamento chinês: confucionismo, taoísmo e legalismo. In: POLIDO, Fabrício Bertini Pasquot; RAMOS, Marcelo Maciel (coord.) Direito chinês contemporâneo, São Paulo, Almedina, 2015

SIEMS, Mathias. Comparative Law, 2. ed., Cambridge, Cambridge University Press, 2018

TEIXEIRA DE FREITAS, Augusto. Apresentação da 1ª edição do Esboço do Código Civil. In: TEIXEIRA DE FREITAS, Augusto. Esboço, v. 1, Brasilia, Ministério da Justiça e Fundação Universidade de Brasilia, 1983
__________. Consolidação das leis civis, v. 1, ed. fac-sim., Brasilia, Senado Federal, 2003

VICENTE, Dário Moura. Direito Comparado, 4. ed., v. 1, Edição Brasileira, São Paulo, Almedina, 2018

CÓDIGO CIVIL CHINÊS

LIVRO I – PARTE GERAL
Capítulo I - Disposições gerais

Artigo 1: A presente lei está em conformidade com a Constituição e se adaptará aos requisitos de desenvolvimento do socialismo chinês, visando a promover os valores fundamentais do socialismo para proteger os direitos e interesses legais dos sujeitos civis, ajustar as relações civis e manter a ordem social e econômica.

Artigo 2: A lei civil regulará de forma igualitária as relações pessoais e patrimoniais, entre pessoas naturais, pessoas jurídicas e pessoas jurídicas sem fins lucrativos.

Artigo 3: São protegidos por esta lei, os direitos pessoais, os direitos de propriedade, e seus interesses legítimos, não cabendo descumprimento por nenhuma pessoa física ou jurídica.

Artigo 4: Todas as entidades civis terão o mesmo tratamento legal nas suas atividades civis.

Artigo 5: As entidades civis no exercício das atividades devem seguir o princípio da voluntariedade para estabelecer, modificar e encerrar relações jurídicas conforme sua vontade.

Artigo 6: As entidades civis no exercício das suas atividades, devem seguir o princípio da justiça para determinar razoavelmente os direitos e obrigações de todas as partes.

Artigo 7: As entidades civis no exercício das suas atividades, devem seguir o princípio da boa fé, defender a honestidade e cumprir suas promessas.

Artigo 8: As entidades civis no exercício das suas atividades, não devem violar a lei, a ordem pública e os bons costumes.

Artigo 9: As entidades civis no exercício das suas atividades, devem visar a economia de recursos e a proteção do meio ambiente ecológico.

Artigo 10: Para a resolução de litígios civis será a lei; na ausência desta poderá ser aplicado o costume, desde que esteja em conformidade com a ordem pública e as boas condutas sociais.

Artigo 11: Na existência de leis especiais no regulamento das relações civis, estas deverão então ser seguidas.

Artigo 12: Todas as atividades civis exercidas dentro do território da República Popular da China, serão regidas pelas leis desta, salvo determinação legal específica.

Capitulo II - Da Pessoa Natural
Seção I - Capacidade para direitos civis e condutas civis

Artigo 13: A capacidade civil permite o exercício de seus direitos e obrigações civis, desde que esteja de acordo com a presente lei, é adquirida a partir do nascimento e cessa com a morte da pessoa física.

Artigo 14: Todas as pessoas físicas terão as mesmas capacidades e direitos civis.

Artigo 15: A hora de nascimento e a hora da morte da pessoa física será aquela registrada na certidão de nascimento e na certidão de óbito; na ausência destes, prevalecerá a hora registrada no registro de domicílio ou em outro registro de identidade válido. Se houver outra prova suficiente para anular o tempo registrado acima, prevalecerá o tempo comprovado.

Artigo 16: O nascituro será considerado sujeito de capacidade para exercer seus direitos civis e terá a proteção dos seus interesses relativos à herança e aceitação de doações. No entanto, se nascer morto, não haverá direitos cabíveis.

Artigo 17: Considera-se adulta a pessoa física maior de 18 anos. Menores de 18 anos serão considerados menor de idade.

Artigo 18: O adulto possui plena capacidade civil e independência na prática de atos jurídicos civis.

A capacidade civil plena também se aplica aos maiores de 16 anos que possuírem renda própria de sustento.

Artigo 19: O maior de oito anos possui capacidade civil limitada, a execução de seus atos jurídicos civis deve ser representada por seus tutores, na ausência destes, deve ter o consentimento e ratificação de seu respectivo representante legal; no entanto, eles podem executar independentemente atos legais civis que sejam puramente benéficos ou aqueles que sejam adequados à sua idade e inteligência.

Artigo 20: O menor de oito anos é incapaz de conduta civil, devendo ser representado pelos seus responsáveis legais.

Artigo 21: Ao adulto, que não tiver discernimento das ações, deverão ser designados representantes legais para a prática de seus atos civis.

Aplicar-se-á o disposto no parágrafo anterior, aos menores de oito anos que não puderem reconhecer seus próprios atos.

Artigo 22: O adulto que não tiver discernimento das ações possui capacidade civil limitada. A execução de atos jurídicos civis deve ser representada por seus representantes legais ou com o consentimento e ratificação de seus representantes legais; no entanto, podem executar independentemente, atos legais que sejam puramente benéficos ou aqueles que sejam adequados à sua inteligência e saúde mental.

Artigo 23: O tutor será representante legal de uma pessoa sem ou com capacidade civil limitada.

Artigo 24: As partes interessadas ou instituições interessadas, podem solicitar ao Tribunal do Povo a decretação de incapacidade ou capacidade limitada daquela pessoa incapaz de reconhecer suas próprias ações.

Cabe ao Tribunal do Povo determinar a incapacidade ou capacidade limitada, da mesma forma pode julgar com base na recuperação de sua inteligência ou saúde mental a capacidade do indivíduo.

As organizações interessadas estipuladas neste artigo incluem: comitês de residentes, comitês de aldeias, escolas, instituições médicas, federações de mulheres, federações de pessoas com deficiência, organizações para idosos e departamentos de assuntos civis.

Artigo 25: Considera-se domicílio da pessoa natural, aquele que tiver registro de domicílio, ou aquele que tiver registro válido de identidade de domicílio. A residência habitual difere do domicílio, a residência é considerada apenas como moradia.

Seção 2 - Da Tutela e curatela

Artigo 26: Os pais têm obrigação de criar, educar e proteger seus filhos menores.

Os filhos adultos têm obrigação de apoiar, ajudar e proteger seus pais.

Artigo 27: Os pais são os tutores dos filhos menores.

Com o falecimento ou a incapacidade para o exercício da tutela, os menores são postos em tutela pela seguinte ordem:

(1) Avôs e avós;

(2) Irmão e irmã;

(3) Outros indivíduos ou organizações que estejam dispostos a servir como tutores, devem obter o consentimento do comitê de residentes, do comitê da vila ou do departamento de assuntos civis do domicílio do menor.

Artigo 28: Adultos com capacidade civil limitada, ou sem capacidade, deverão ser postos em curatela, conforme a seguinte ordem:

(1) cônjuge;

(2) pais e filhos;

(3) outros parentes próximos;

(4) Outros indivíduos ou organizações que estejam dispostos a servir como tutores, devem obter o consentimento do comitê de residentes, do comitê da vila ou do departamento de assuntos civis do domicílio do incapaz.

Artigo 29: Os pais podem nomear o tutor do menor mediante testamento.

Artigo 30: De acordo com esta lei, as pessoas qualificadas para exercer a tutela ou curatela podem firmar acordos determinando a sua forma de exercício. Desde que obtenha anuência do tutelado.

Artigo 31: Na disputa pela determinação do responsável da tutela, o comitê dos residentes, o comitê da vila ou o departamento de assuntos civis do local em que a ala estiver domiciliada nomeará o representante legal. Se a parte interessada não estiver satisfeita com a nomeação, ele poderá solicitar ao Tribunal do Povo uma nova nomeação do representante legal; a parte interessada também pode diretamente solicitar ao Tribunal do Povo a nomeação de um tutor.

De acordo com o princípio mais benéfico para o tutelado, os comitês de residentes, comitês de aldeões, departamentos de assuntos civis ou tribunais devem respeitar os verdadeiros desejos do tutelado e assim nomear entre aqueles que são legalmente qualificados para tutela.

Antes de nomear um tutor/curador, de acordo com o primeiro parágrafo deste artigo, se os direitos pessoais, direitos de propriedade e outros direitos legais do tutelado não estiverem protegidos, o comitê residente, o comitê da vila, a organização relevante especificada por lei ou o departamento de assuntos civis do domicílio do tutelado serão temporariamente responsáveis pela administração dos bens do tutelado.

Após a designação do tutor/curador, não poderá este ser alterado sem autorização, sob pena da responsabilidade concorrente.

Artigo 32: Na ausência de tutores/curadores com qualificações requisitadas nesta lei, poderá ser responsável por desempenhar a função de tutela, o departamento de assuntos civis, o comitê de residentes, ou o comitê da aldeia local em que o tutelado residir.

Artigo 33: Os adultos plenamente capazes poderão negociar antecipadamente, por escrito, a sua curatela com seus parentes próximos, outros indivíduos ou organizações que estejam dispostos a servir como curadores, no momento em que vier a perder a sua plena capacidade.

Artigo 34: O dever do tutor é realizar atos legais civis em nome do tutelado e proteger seus direitos pessoais, de propriedade e outros direitos e interesses legais.

Os direitos decorrentes do exercício do dever de tutela, são protegidos por lei.

Haverá responsabilidade legal nos casos em que tutor não cumprir seus deveres ou infringir os direitos e os interesses legais do tutelado.

Se o tutor estiver temporariamente incapaz de desempenhar suas funções de tutela devido a emergências, o comitê de residentes, o comitê da vila ou o departamento de assuntos civis do tutelado, providenciarão cuidados de vida temporários necessários para este.

Artigo 35: Incumbe ao tutor desempenhar suas funções de tutela de acordo o princípio do maior benefício ao tutelado. Não devendo descartar as propriedades do tutelado, exceto para proteger os interesses deste.

Incumbe ao tutor quanto à pessoa do menor respeitar sempre o desejo deste, desde que os interesses do menor sejam compatíveis com o desenvolvimento da capacidade intelectual etária.

Ao desempenhar os deveres de tutela, os curadores dos adultos devem respeitar ao máximo os verdadeiros desejos deste, devendo garantir e auxiliar na execução de atos legais civis compatíveis com a inteligência e saúde mental do tutelado.

O curador não deve interferir nos assuntos que o curatelado tem capacidade de exercer independentemente.

Artigo 36: O Tribunal do Povo, visando sempre os requisitos da presente lei e o princípio mais benéfico para o tutelado/curatelado, revogará a tutela concedida, providenciando medidas temporárias de tutela e nomeará novo tutor, quando o tutor:

(1) Realizar atos que prejudicam seriamente a saúde física e mental do tutelado;

(2) Negligenciar o cumprimento de deveres de tutela, ou deixar de desempenhar estes e recusar-se a delegar parte ou a totalidade dos deveres de tutela a terceiros, deixando o tutelado em estado crítico; e

(3) Realizar outros atos que violem seriamente os direitos e interesses legais do tutelado.

Os indivíduos e organizações relevantes estipulados neste artigo incluem: outras pessoas legalmente qualificadas para tutela, comitês de residentes, comitês de aldeias, escolas, instituições médicas, federações de mulheres, federações de pessoas com deficiência, federações de deficientes, organizações de proteção menor, organizações para idosos estabelecidas de acordo com a lei, Departamentos de assuntos civis e demais determinados por lei.

Se os indivíduos e organizações que não sejam o departamento de assuntos civis mencionados no parágrafo anterior não solicitarem ao Tribunal do Povo a remoção das qualificações de tutela, caberá ao departamento de assuntos civis solicitar ao Tribunal do Povo.

Artigo 37: Os responsáveis por pagar a pensão alimentícia e pela manutenção de pais, filhos de pais, filhos, cônjuges dentre outros, ainda possuem o dever de sustento mesmo após a revogação da tutela pelo Tribunal do Povo.

Artigo 38: Após a revogação de tutela aos pais ou filhos, poderão reavê-la desde que mostrem arrependimento e consentimento do próprio tutelado. Salvo nos casos de cometimento de crimes dolosos contra o tutelado.

Artigo 39: Cessa a tutela, quando presentes as seguintes circunstâncias:

(1) O tutelado obtém ou restaura plena capacidade civil;

(2) O tutor não possui mais capacidade para ter a tutela;

(3) Falecimento do tutor ou tutelado;

(4) Outras circunstâncias em que o Tribunal do Povo determinar.

Caso o tutelado ainda precise de tutela após a cessão desta, o tutor será designado separadamente de acordo com a presente lei.

Seção 3 - Declaração de ausência e Declaração de morte

Artigo 40: Decorrido dois anos do desconhecimento do paradeiro da pessoa natural, poderão os interessados solicitar ao Tribunal do Povo declaração de ausência por desaparecimento.

Artigo 41: O tempo de ausência da pessoa física será contada a partir do dia em que não souber mais notícias deste. Caso o desaparecimento aconteça no período de guerra, a contagem se iniciará a partir do fim desta, ou a partir da data determinada pelas agências relevantes que determinaram o seu desaparecimento.

Artigo 42: A administração dos bens do ausente incumbe ao cônjuge, descendentes maiores de idade, ascendentes ou demais interessados. Caberá ao Tribunal do Povo curador nos casos de falta de pessoa específica definida no parágrafo anterior ou, caso havendo, se trate de uma pessoa incapaz.

Artigo 43: O administrador dos bens do ausente, deverá administrar adequadamente e proteger seus direitos e interesses destes.

Os impostos, dívidas e outras despesas devidas pela pessoa desaparecida devem ser pagos pelo administrador.

Caso o administrador aja com negligência intencional ou grave contra os bens do ausente, será responsável pela indenização dos danos causados.

Artigo 44: Caso o administrador não venha a cumprir com suas obrigações, infringir os direitos, ou perder os bens do ausente, poderão os interessados solicitar ao Tribunal do Povo a determinação de um novo administrador.

Pode o administrador solicitar ao Tribunal do Povo, a designação de outro, caso apresente razões legítimas para o seu afastamento.

Na alteração de administrador pelo Tribunal do Povo, o novo administrador pode solicitar ao administrador originário, a entrega dos bens em tempo hábil e relatório da situação de todos os bens.

Artigo 45: Se o ausente aparecer, o Tribunal do Povo poderá revogar a declaração de ausente mediante solicitação dele ou dos interessados. Se o ausente aparecer, poderá solicitar ao curador a entrega dos bens em tempo hábil e relatório da situação de todos os bens.

Artigo 46: Os interessados podem solicitar ao Tribunal do Povo a declaração da morte, quando uma pessoa natural desaparecer sob as seguintes circunstâncias:

(1)   Desaparecimento e sem haver notícias há quatro anos;

(2)   Em caso de acidente, desaparecimento e sem haver notícias há dois anos,

Se o desaparecimento da pessoa natural for devido a um acidente, o pedido de declaração de morte não estará sujeito ao prazo de dois anos se a autoridade relevante provar que não há possibilidades de a pessoa sobreviver.

Artigo 47: Caso os interessados solicitem a declaração de ausente e a morte ao mesmo tempo, caberá ao Tribunal do Povo determinar a concessão da declaração de morte somente se presentes todos os requisitos para este.

Artigo 48: Será considerada a data de morte, aquela determinada na sentença do Tribunal do Povo; se a morte for presumida em decorrência de acidente, a data de morte será o dia do acidente.

Artigo 49: Se a pessoa declarada como morta, não morreu, todos os atos jurídicos praticados durante esse período são considerados inválidos.

Artigo 50: Se a pessoa declarada como morta aparecer, o Tribunal do Povo revogará a declaração de morte mediante o requerimento dela ou dos interessados.

Artigo 51: Cessa a relação conjugal do casamento com a declaração da morte do cônjuge. Caso seja revogada a declaração de morte, será retomado a relação conjugal a partir do dia da revogação. Salvo, se o cônjuge contraiu novo casamento durante este período, ou se negar a retomar o casamento.

Artigo 52: Se durante a vigência da declaração de morte, os filhos forem adotados em conformidade com a lei, após a revogação da declaração da morte, a adoção não será invalidada sem o consentimento deste.

Artigo 53: A pessoa cuja declaração de morte foi revogada tem o direito de solicitar a devolução dos bens à entidade civil que os obteve de acordo com o Título VI desta Lei; se a devolução não for possível, será dada uma compensação equivalente.

Se algum interessado ocultar a verdadeira situação, fazendo com que outras pessoas sejam declaradas mortas para obter seus bens, além de devolver os bens, este também será responsável pela compensação e pelas perdas e danos.

Seção 4 - Das organizações familiares industriais, comerciais individuais e de negócios rurais contratados.

Artigo 54: A pessoa física que exerce atividades industriais e comerciais será denominada como organização industrial e comercial individual, desde que seja registrada de acordo com a lei. As organizações industriais e comerciais individuais podem ter nome empresarial.

Artigo 55: Os membros de organizações econômicas jurídicas rurais que obtiverem o direito de contratar a gestão de terras rurais de acordo com a lei e se envolverem na administração de contratos por agregados familiares devem ser os proprietários por administração rural.

Artigo 56: As obrigações das organizações familiares industriais e comerciais individuais são de responsabilidade individual da pessoa que exerce a atividade.

Se exercida por uma família, a responsabilidade será de todos, devendo ser garantida com os bens da organização familiar; as obrigações indivisíveis, também serão garantidas com os bens da organização familiar.

As obrigações das organizações contratuais rurais serão garantidas pelos bens das organizações envolvidas no gerenciamento contratual das terras rurais, podendo ser garantida pelos bens pessoais dos membros da organização.

Capítulo III - Da Pessoa Jurídica
Seção 1 - Disposições Gerais

Artigo 57: A pessoa jurídica possui capacidade civil e direitos civis, para assumir de forma independente as obrigações civis de acordo com a lei.

Artigo 58: A pessoa jurídica será constituída de acordo com a lei.

A pessoa jurídica possui seu próprio nome, estrutura organizacional, domicílio, propriedade ou fundos. As condições e procedimentos específicos para o seu estabelecimento devem estar em conformidade com as disposições das leis e regulamentos administrativos.

A sua criação estará sujeita à aprovação das agências relevantes, conforme exigido pelas leis e regulamentos administrativos.

Artigo 59: A capacidade civil e os direitos civis da pessoa jurídica iniciam-se a partir da sua criação e são cessados com a sua desconstituição.

Artigo 60: Todos os bens independentes da pessoa jurídica serão destinados à das suas obrigações civis.

Artigo 61: Nos termos da lei ou do contrato social da pessoa jurídica, a pessoa responsável pelas atividades civis será o representante legal desta.

As consequências legais das atividades civis realizadas pelo representante legal em nome de uma pessoa jurídica são suportadas pela pessoa jurídica.

O estatuto da pessoa jurídica ou a restrição da autoridade legal sobre o poder representativo do representante legal, não devem contrariar o terceiro de boa-fé.

Artigo 62: Se o representante legal causar danos a terceiros devido ao desempenho de suas funções, a pessoa jurídica assumirá a responsabilidade civil.

De acordo com a lei ou com o estatuto da pessoa jurídica, caso esta assuma a responsabilidade civil, pode solicitar uma indenização ao representante legal que causou o dano.

Artigo 63: O domicílio da pessoa jurídica é o local da sua sede principal. Quando o registro da pessoa jurídica for exigido, o local do escritório principal será registrado como domicílio.

Artigo 64: Se as informações registradas mudarem durante a existência de uma pessoa jurídica, deverá ser solicitado à autoridade de registro as suas alterações.

Artigo 65: Se a situação real da pessoa jurídica for inconsistente com a informação registrada, deverá ser resguardado os direitos dos terceiros de boa-fé.

Artigo 66: A autoridade de registro deve divulgar imediatamente as informações relevantes do registro da pessoa jurídica.

Artigo 67: No caso de fusão de pessoas jurídicas, seus direitos e obrigações serão herdados pela pessoa jurídica incorporada.

No caso de cisão de uma pessoa jurídica, os direitos e obrigações da pessoa jurídica serão reivindicados e assumidos em conjunto, salvo acordo firmado entre o credor e o devedor.

Artigo 68: Se presentes os seguintes motivos, haverá a liquidação, cancelamento do registro e extinção da pessoa jurídica:

(1) Dissolução de pessoas jurídicas;

(2) A pessoa jurídica é declarada falida;

(3) Outros motivos estipulados por lei.

Na extinção da pessoa jurídica, as leis e os regulamentos administrativos exigirão a aprovação de todos os órgãos relevantes.

Artigo 69: A pessoa jurídica será dissolvida em qualquer uma das seguintes circunstâncias:

(1)   Fim do período de existência estipulado nos estatutos da pessoa coletiva ou surgimento de outros motivos de dissolução estipulados nos estatutos da pessoa jurídica;

(2) A autoridade da pessoa jurídica decide dissolver-se;

(3) Necessidade de dissolução devido a fusão ou divisão de pessoas jurídicas;

(4) A pessoa jurídica tem sua licença comercial ou certificado de registro revogada por motivos legais e é condenada a encerrar ou ser revogada;

(5) Outras circunstâncias estipuladas por lei.

Artigo 70: Na dissolução da pessoa jurídica, o devedor da liquidação deverá formar imediatamente uma equipe de liquidação para realizar a ato. Salvo nos casos de fusão ou cisão.

Os administradores, diretores e outros órgãos executivos ou membros de agências de tomada de decisões da pessoa jurídica serão os devedores da liquidação. Salvo disposição em sentido contrário nas leis e os regulamentos administrativos.

Se a pessoa designada para realizar a liquidação não cumprir suas obrigações em tempo hábil, causando danos, caberá a ele a responsabilidade civil; cabe a autoridade competente ou as partes interessadas solicitar ao Tribunal do Povo a designação das pessoas para formar a equipe de liquidação e realizá-la.

Artigo 71: Os procedimentos de liquidação e os poderes do órgão de liquidação da pessoa jurídica deverão estar em conformidade com as disposições legais; na ausência de disposições legais específicas deverão ser seguidas as disposições da legislação societária aplicável.

Artigo 72: Durante o período de liquidação, pessoas jurídicas devem existir, mas não devem se envolver em atividades não relacionadas à liquidação.

Os bens restantes após a liquidação da pessoa jurídica devem ser tratados de acordo com as disposições dos estatutos ou com a resolução da autoridade da pessoa jurídica. Salvo determinação legal em sentido contrário.

A pessoa jurídica é encerrada com o fim da liquidação e cancelamento do registro; se o registro da pessoa jurídica não for exigido pela lei, esta será encerrada quando a liquidação for concluída.

Artigo 73: Se a pessoa jurídica for declarada falida, esta será encerrada quando for realizada a liquidação da falência e o cancelamento do registro da pessoa jurídica.

Artigo 74: A pessoa jurídica pode estabelecer filiais. Deverá ser feito registro da filial caso houver estipulação na lei ou regulamento administrativo.

A filial exercerá atividades civis em seu próprio nome, contudo a responsabilidade civil resultante deve ser assumida pela pessoa jurídica; caso possível, primeiramente a responsabilidade será garantida com os bens administrados pela filial, se for insuficiente, caberá a pessoa jurídica responder.

Artigo 75: As consequências jurídicas das atividades civis realizadas pelo fundador serão suportadas pela pessoa jurídica; da mesma forma, se a pessoa jurídica não estiver estabelecida, as consequências legais serão suportadas também pelo fundador. Se houver dois ou mais fundadores, eles terão direitos e obrigações conjuntas.

O terceiro tem o direito de optar por solicitar que a pessoa jurídica ou o fundador assuma a responsabilidade civil decorrente das atividades civis.

Seção 2 - Pessoas jurídicas com fins lucrativos

Artigo 76: A pessoa jurídica com fins lucrativos é aquela constituída com objetivo de obter lucro e distribui-los entre os acionistas e outros investidores.

Pessoas jurídicas com fins lucrativos incluem sociedades de responsabilidade limitada, sociedades anônimas e outras pessoas jurídicas.

Artigo 77: A pessoa jurídica com fins lucrativos deve ser registrada e constituída de acordo com a lei.

Artigo 78: A autoridade de registro deverá emitir a licença comercial da pessoa jurídica com fins lucrativos para que a pessoa jurídica seja considerada constituída.

A data de emissão da licença comercial será a da constituição da pessoa jurídica com fins lucrativos.

Artigo 79: Deverá ser elaborada o regulamento da pessoa jurídica para a constituição da pessoa jurídica com fins lucrativos.

Artigo 80: A pessoa jurídica com fins lucrativos deve estabelecer um órgão de autoridade.

O órgão de autoridade exercerá a alteração do regulamento da pessoa jurídica, a eleição ou substituição de membros do órgão executivo, órgão de supervisão e outras funções e poderes estipulados no estatuto da pessoa jurídica.

Artigo 81: A pessoa jurídica com fins lucrativos deve estabelecer um órgão executivo.

O órgão executivo será responsável para convocar a reunião do órgão de autoridade para decidir o plano de negócios e o plano de investimentos da pessoa jurídica, o estabelecimento da organização de gestão interna e outras funções ou poderes, desde que estipulado no estatuto da pessoa jurídica.

Se o órgão executivo for composto pelo conselho de administração ou diretores executivos, o presidente, o diretor executivo ou o gerente atuará como representante legal sempre em conformidade do estatuto da pessoa jurídica; na ausência de conselho de administração ou diretores executivos, o estatuto determinará a pessoa responsável para exercer as atividades do órgão executivo e ser o representante legal da pessoa jurídica.

Artigo 82: A pessoa jurídica com fins lucrativos pode estabelecer um conselho de supervisores ou outros órgãos de supervisão, este exercerá a supervisão das finanças, o desempenho dos membros do órgão executivo e da alta administração dentre outras funções e seus poderes estarão estipulados no estatuto da pessoa jurídica.

Artigo 83: O investidor de uma pessoa jurídica com fins lucrativos não deve abusar dos direitos do investidor visando prejudicar os interesses da pessoa jurídica ou de outro investidor; se o abuso dos direitos do investidor causar danos à pessoa jurídica ou a outro investidor, ele assumirá a responsabilidade civil, de acordo com os termos da presente lei. O investidor de uma pessoa jurídica com fins lucrativos não deve abusar da autonomia da pessoa jurídica e da responsabilidade limitada do investidor para prejudicar os interesses dos credores da pessoa jurídica; se o investidor abusar da autonomia da pessoa jurídica e da responsabilidade limitada do investidor, para não pagar as dívidas e prejudicar seriamente os interesses dos credores, caberá a ele a responsabilidade solidária pelas dívidas da pessoa jurídica.

Artigo 84: Os investidores controladores, controladores diretos, diretores, supervisores e gerentes de uma pessoa jurídica com fins lucrativos não devem usar seu cargo para prejudicar os interesses da pessoa jurídica; se eles usarem o relacionamento para causar prejuízos à pessoa jurídica, contra eles ensejará responsabilidade civil.

Artigo 85: Caso a autoridade ou órgão executivo da pessoa jurídica com fins lucrativos venha a descumprir procedimento de convocação geral, regulamento administrativo, estatuto da pessoa jurídica ou conteúdo da resolução, o investidor da pessoa jurídica com fins lucrativos poderá solicitar que o Tribunal do Povo revogue tal resolução. Entretanto não afetará a relação jurídica existente entre a pessoa jurídica e o terceiro de boa-fé que possuam base na resolução.

Artigo 86: A pessoa jurídica com fins lucrativos no exercício de atividades comerciais, deve respeitar a ética comercial, manter a segurança das transações, aceitar a supervisão do governo e da sociedade, além de assumir responsabilidades sociais.

Seção 3 - Da pessoa jurídica sem fins lucrativos

Artigo 87: Considera-se pessoa jurídica sem fins lucrativos, aquela constituída para o bem estar público ou outros fins não lucrativos, desde que não distribua os lucros obtidos com seus investidores, fundadores ou membros.

Pessoas jurídicas sem fins lucrativos incluem instituições públicas, organizações sociais, fundações e organizações de serviço social.

Artigo 88: A instituição pública constituída como pessoa jurídica para atender às necessidades de desenvolvimento econômico-social e prestar serviços públicos de bem-estar deve ser registrada e estabelecida de acordo com a lei; caso a lei dispense-a do registro, será considerada como instituição pública a partir do dia de sua inauguração.

Artigo 89: Se a instituição pública estabelecer conselho de administração, este será o principal órgão de decisão, salvo disposição em contrário da lei. O representante legal da pessoa jurídica da instituição pública deve ser escolhido de acordo com as disposições legais, regulamentos administrativos ou o estatuto da pessoa jurídica.

Artigo 90: Para ser considerada como organização social com personalidade jurídica, esta terá que ser sem fins lucrativos e exercer atividades para o bem estar social ou atividades de comum interesse dos membros, além de ser registrada de acordo com os temos da presente lei; caso a lei dispense-a do registro da pessoa jurídica sem fins lucrativos, a sua constituição se dará a partir do dia de sua inauguração

Artigo 91: A organização social para ser considerada como pessoa jurídica deve constituir o estatuto social conforme os termos da lei.

A organização social deve estabelecer um órgão de poder, como uma assembleia de membros ou uma assembleia representativa de membros.

A organização social deve estabelecer um conselho executivo. O presidente ou o presidente e outras pessoas responsáveis atuarão como representantes legais, conforme os termos do estatuto social.

Artigo 92: As fundações, organizações de serviço social e demais instituições que possuam qualificações de pessoa jurídica e sejam estabelecidas para doar bens com fins de bem-estar público devem ser registradas e estabelecidas de acordo com a lei.

Para o registro da pessoa jurídica de doação ela deve possuir atividade religiosa e estar constituída conforme os requisitos legais de pessoa jurídica.

Salvo disposição específica sobre locais religiosos em leis e os regulamentos administrativos.

Artigo 93: A pessoa jurídica de doação deve estabelecer o estatuto social de acordo com a lei.

A pessoa jurídica de doação deve estabelecer um conselho, uma organização democrática de gestão e outros órgãos de tomada de decisão, bem como um órgão executivo. O presidente e demais responsáveis que atuam como representantes legais devem seguir o estatuto da pessoa jurídica.

A pessoa jurídica de doação deve criar um órgão fiscal, como um conselho fiscal.

Artigo 94: Os doadores possuem direito de requerer à pessoa jurídica de doação a apresentação de pareceres e sugestões sobre o uso e gerenciamento dos bens doados. A pessoa jurídica de doação deve responder de maneira oportuna e verdadeira.

Se o órgão de decisão, o órgão executivo ou o representante legal da pessoa jurídica nas suas tomadas de decisões violar a lei, os regulamentos administrativos ou o estatuto social, o doador, as outras partes interessadas ou a autoridade competente pode solicitar ao Tribunal do Povo que revogue tal decisão.

Entretanto, a decisão não produz efeitos na relação jurídica civil estabelecida entre a pessoa jurídica doadora e o terceiro de boa-fé.

Artigo 95: Na extinção da pessoa jurídica sem fins lucrativos destinada às atividades de bem-estar público, não serão distribuídos o restante dos bens entre os investidores, fundadores ou sócios.

De acordo com as disposições do estatuto social ou da resolução da autoridade, os bens restantes devem ser usados para fins de bem-estar público; se não puderem ser destinadas de acordo com as disposições do estatuto social ou da resolução da autoridade, caberá à autoridade competente a transferência para outra pessoa jurídica com o mesmo ou semelhante objetivo e a anunciará ao público.

Seção 4 - Da Pessoa Jurídica Especial

Artigo 96: São pessoas jurídicas especiais, as organizações econômicas coletivas rurais, organizações econômicas cooperativas urbanas e rurais, e organizações autônomas de massas populares, conforme especificado nesta seção.

Artigo 97: As organizações independentes e as organizações estatutárias que exerçam funções administrativas, terão a constituição do seu estatuto social a partir da data de estabelecimento e poderão exercer atividades civis necessárias ao desempenho das suas funções.

Artigo 98: Na extinção da pessoa jurídica, todos seus direitos e obrigações civis serão revogados e sucedidos pela pessoa jurídica sucessora; na ausência de pessoa jurídica sucessora, caberá a pessoa jurídica tomadora da decisão de revogação todos os direitos e obrigações.

Artigo 99: As organizações econômicas coletivas rurais possuem personalidade jurídica.

Na disposição de leis e regulamentos administrativos sobre organizações econômicas coletivas rurais, siga-as.

Artigo 100: As organizações econômicas cooperativas urbanas e rurais são pessoas jurídicas.

Na disposição de regulamentos administrativos sobre organizações econômicas cooperativas em áreas urbanas e rurais, siga-as.

Artigo 101: Os comitês de residentes e comitês de vilas são considerados como pessoa jurídica de organização de massa e podem exercer atividades civis necessárias para o seu funcionamento.

Se não tiver sido estabelecida uma organização econômica coletiva da vila, o comitê da vila poderá atuar no seu lugar, de acordo com a presente lei.

Capítulo IV - Da Organização não incorporada

Artigo 102: A organização não incorporada não possui pessoalidade jurídica, mas pode exercer atividades civis em seu próprio nome, de acordo com os termos da presente lei.

As organizações não incorporadas são os empreendimentos individuais, empreendimentos em parceria, organizações de serviços profissionais sem personalidade jurídica dentre outros.

Artigo 103: As organizações não incorporadas serão registradas de acordo com as disposições da lei.

A constituição da organização não incorporada estará sujeita à aprovação das agências relevantes, conforme exigido pelas leis e regulamentos administrativos.

Artigo 104: Os investidores e os fundadores das organizações sem personalidade jurídica possuem responsabilidade ilimitada em caso de insuficiência de bens para quitação de dívidas, salvo determinação legal em sentido contrário.

Artigo 105: Uma organização não incorporada pode designar uma ou mais pessoas para se exercer as atividades civis em nome da organização.

Artigo 106: As organizações não incorporadas serão dissolvidas nas seguintes circunstâncias:

(1) Fim do período de existência estipulado no estatuto ou surgimento de outros motivos de dissolução estipulados nos estatutos da pessoa jurídica;

(2) O investidor ou fundador decide dissolver;

(3) Outras circunstâncias determinadas por lei.

Artigo 107: A liquidação de uma organização não incorporada se dará conforme os termos da lei.

Artigo 108: Será aplicado às organizações não incorporadas as disposições do presente capítulo, e disposições da Seção 1 do Capítulo 3 no que lhe couber.

Capítulo V - Direitos Civis

Artigo 109: A liberdade pessoal e a dignidade pessoal das pessoas naturais serão protegidas por lei.

Artigo 110: A pessoas natural possui direito à vida, corpo, saúde, nome, retrato, reputação, honra, privacidade, e autonomia no casamento.

Pessoas jurídicas e organizações sem personalidade jurídica têm direito ao nome, à reputação e à honra.

Artigo 111: As informações pessoais da pessoa natural serão protegidas por lei.

A organização ou pessoa natural deve garantir a segurança na obtenção de informações pessoais de uma outra pessoa natural não devendo coletar, usar, processar ou transmitir ilegalmente as informações pessoais de terceiros, assim como não deve comercializar, fornecer ou divulgar ilegalmente as informações pessoais de terceiros.

Artigo 112: Os direitos pessoais das pessoas físicas decorrentes do casamento e das relações familiares serão protegidos por lei.

Artigo 113: As entidades civis terão seus direitos de propriedade igualmente protegidos por lei.

Artigo 114: As entidades civis gozam dos direitos de propriedade de acordo com a lei.

Direito real é possuir controle direto e exclusivo pelo titular de uma propriedade específica, abrangendo o direito da propriedade, direitos usufrutuários e direitos reais de segurança.

Artigo 115: A propriedade inclui bens imóveis e bens móveis. Se a lei estabelecer outros direitos de bens de propriedade, siga suas disposições.

Artigo 116: A lei estabelecerá os tipos de direitos de propriedade assim como o seu conteúdo.

Artigo 117: Na desapropriação ou requisição dos bens imóveis ou móveis por necessidade do interesse público, deverá ser oferecida uma compensação justa e razoável, o procedimento será previsto em lei e realizado pelos poderes especiais.

Artigo 118: As entidades civis gozam dos direitos de credor, nos termos da lei.

O direito de credor diz respeito à possibilidade de o titular solicitar ou não a execução de um ato decorrente de um contrato, delito, administração sem justa causa, enriquecimento sem causa e outras disposições legais

Artigo 119: Os contratos estabelecidos de acordo com a lei são juridicamente vinculantes para as partes.

Artigo 120: Na violação dos direitos e interesses civis, cabe a vítima o direito de solicitar a responsabilização do infrator.

Artigo 121: Aqueles que não tiverem obrigações legais ou contratuais e realizarem as obrigações para evitar perdas e danos de interesse de terceiros, terão o direito de solicitar ao beneficiário o reembolso das despesas necessárias.

Artigo 122: Na obtenção de benefícios indevidos ou sem previsão legal por terceiros, cabe a vítima, no caso de perdas e danos, solicitar a devolução dos benefícios indevidos

Artigo 123: As entidades civis gozam de direitos de propriedade intelectual de acordo com a lei.

Direitos de propriedade intelectual são os direitos exclusivos desfrutados pelo titular sob os seguintes bens:

(1) obras;

(2) invenções, modelos de utilidade e desenhos industriais;

(3) marcas comerciais;

(4) indicações geográficas;

(5) segredos comerciais;

(6) projeto de layout de circuito integrado;

(7) novas variedades vegetais;

(8) Outros objetos estipulados por lei.

Artigo 124: As pessoas físicas gozam do direito à herança de acordo com esta lei.

A propriedade privada legal de pessoas físicas pode ser herdada de acordo com a lei.

Artigo 125: As entidades civis gozam do direito às ações de investimento e outros direitos de investimento.

Artigo 126: As entidades civis gozam de outros direitos e benefícios civis previstos em lei.

Artigo 127: Quando a lei tiver disposições sobre a proteção de dados e propriedade virtual da rede, siga essas disposições.

Artigo 128: Quando a lei tiver disposições especiais para a proteção dos direitos civis de menores, idosos, deficientes, mulheres, consumidores dentre outros, siga essas disposições.

Artigo 129: Os direitos civis decorrem de atos jurídicos civis, fatos, fatos previstos em lei ou outras formas prescritas em lei.

Artigo 130: As entidades civis exercerão seus direitos civis de acordo com suas próprias vontades, sem nenhuma interferência.

Artigo 131: O sujeito civil no exercício dos direitos, deverá cumprir as obrigações estipuladas por lei e aquelas acordadas entre as partes.

Artigo 132: As entidades civis não abusarão de seus direitos civis para prejudicar o interesse nacional, o interesse público social ou os direitos e interesses legais de terceiros.

Capítulo VI - Atos Jurídicos Civis
Seção 1 - Disposições Gerais

Artigo 133: Atos jurídicos civis são aqueles em que o sujeito civil estabelece, altera ou encerra uma relação jurídica civil por meio de uma expressão de vontade.

Artigo 134: Os atos jurídicos civis podem ser estabelecidos com base nas expressões de intenção de duas ou mais partes.

Será considerado estabelecido o regulamento elaborado por pessoa jurídica ou instituição sem personalidade jurídica quando agirem em conformidade com os métodos de discussão e procedimentos de votação prescritos pela lei ou por estatuto social.

Artigo 135: Os atos jurídicos civis podem ser escritos, orais ou de outras formas, serão adotadas as formas específicas sempre que prescritos por lei, regulamentos administrativos ou acordados pelas partes.

Artigo 136: Os atos jurídicos civis entrarão em vigor na data da sua constituição, salvo disposição em contrário da lei ou acordado entre as partes.

O autor não deve alterar ou encerrar o ato jurídico civil sem o consentimento da lei ou da outra parte.

Seção 2 - Do ato jurídico

As expressões de intenção realizadas através de diálogo produzem efeitos a partir do conhecimento da contraparte.

A expressão de intenção realizada de forma não verbal entrará em vigor quando a contraparte o receber.

A expressão não verbal pode ser feita através de mensagem de dados. Se a contraparte designar um sistema específico para receber a mensagem de dados, a mensagem terá validade quando entrar no sistema específico; caso não for designado sistema específico, presume-se que a contraparte saberá, ou deveria saber, quando a mensagem de dados entra no sistema específico e produz efeitos

Se as partes tiverem acordado de outra forma o momento do recebimento da expressão da intenção através de mensagens de dados, deverá ser seguido o acordado.

Artigo 138: A expressão de intenção somente produzirá efeitos após a conclusão. Se a lei determinar o contrário, siga essas disposições.

Artigo 139: A expressão de intenção feita por meio de anúncio produzirá efeitos quando o anúncio for emitido.

Artigo 140: O autor pode expressar de forma explícita ou implícita a sua intenção.

O silêncio pode ser considerado uma expressão de intenção somente quando houver disposições legais, acordos entre as partes ou de acordo com os hábitos de negociação entre as partes.

Artigo 141: O autor pode retirar a expressão da intenção. O aviso para retirar a expressão de intenção deve chegar à contraparte antes ou ao mesmo tempo que sua expressão de intenção.

Artigo 142: A interpretação do significado da expressão de intenção deve basear-se nas palavras e frases usadas, em conjunto com as cláusulas relevantes, a natureza e finalidade do ato jurídico, os costumes e o princípio de boa fé.

Para determinar o verdadeiro significado, a expressão da não intenção da contraparte não pode ser interpretada somente a partir das palavras e frases usadas, mas deve ser interpretada conjuntamente com as cláusulas relevantes, a natureza e o objetivo do comportamento, hábitos e o princípio da boa-fé.

Seção 3 - Efeitos dos atos jurídicos civis

Artigo 143: Os atos jurídicos civis que atendam às seguintes condições são considerados válidos:
(1) O autor possui capacidade para conduta civil;
(2) A intenção é verdadeira;
(3) Não viola as disposições obrigatórias das leis e regulamentos administrativos, a ordem pública e os bons costumes.

Artigo 144: Atos jurídicos praticados por pessoas sem capacidade civil serão invalidados.

Artigo 145: Os atos jurídicos executados por pessoas com capacidade limitada que sejam puramente lucrativas ou atos jurídicos civis adequados para sua idade, inteligência e saúde mental são válidos; os demais atos jurídicos civis praticados produzirão efeitos somente após a aprovação ou ratificação do seu representante legal.

A contraparte pode designar procurador para a ratificar o ato jurídico dentro do prazo 30 dias após o recebimento do aviso. Se o procurador não fizer uma declaração, será considerado como uma recusa em ratificar. Antes de um ato jurídico civil ser ratificado, a contraparte de boa-fé tem o direito de rescindi-lo. A rescisão deve ser feita por meio de aviso prévio.

Artigo 146: Os atos jurídicos praticados com falsas intenções pelo autor e a contraparte não são válidos.

A validade do ato civil oculto com falsas intenções será tratada de acordo com as leis e regulamentos aplicáveis.

Artigo 147: O autor possui direito de solicitar ao tribunal popular ou à instituição de arbitragem que cancele um ato jurídico civil com base em um grande mal-entendido.

Artigo 148: Se a parte utilizar meios fraudulentos para levar a contraparte à praticar um ato jurídico civil contrário a sua verdadeira intenção, a vítima poderá solicitar que o Tribunal do Povo ou outra instituição que o revogue.

Artigo 149: Se um terceiro comete um ato fraudulento para fazer com que uma parte pratique um ato civil contrário a sua verdadeira intenção, e a parte conhece ou deveria ter conhecimento do ato fraudulento, a vítima terá o direito de solicitar ao Tribunal do Povo ou à instituição de arbitragem sua revogação.

Artigo 150: A parte coagida pela contraparte ou por um terceiro, terá o direito de solicitar ao Tribunal do Povo ou à instituição de arbitragem que revogue o ato de direito civil contrário à sua verdadeira intenção.

Artigo 151: Quando uma parte se aproveita de situações em que a contraparte esteja em estado de necessidade, sem capacidade de julgamento ou em outras circunstâncias similares, praticando assim um ato jurídico civil injusto, terá a vítima o direito de solicitar que o Tribunal do Povo ou a instituição de arbitragem revogue-o.

Artigo 152: O direito de revogação será extinto em qualquer das seguintes circunstâncias:

(1) A parte interessada não exerceu o direito de revogação dentro de um ano a partir da data em que sabia ou deveria saber o motivo da revogação, assim como a parte que teve um grande mal-entendido não exerceu o direito de revogação dentro de 90 dias a partir da data em que a parte soube ou deveria saber o motivo da revogação;

(2) A parte interessada que foi coagida e deixa de exercer o direito de revogação dentro de um ano a partir da data de constituição do ato coercitivo;

(3) Após conhecer as razões da revogação, as partes expressam de forma explícita ou através de suas próprias ações que renunciará ao direito de revogação.

Se a parte interessada deixar de exercer o direito de revogação dentro de cinco anos a partir da data do ato jurídico civil, não caberá mais o direito de revogação.

Artigo 153: Os atos jurídicos civis que violem as disposições obrigatórias das leis e regulamentos administrativos são inválidos. Salvo se as disposições obrigatórias não tornem o ato jurídico civil inválido.

Atos jurídicos civis que violem a ordem pública e os bons costumes também são inválidos.

Artigo 154: São inválidos os atos jurídicos civis praticados entre as partes que conspiram maliciosamente e visam a prejudicar os direitos e interesses legítimos de terceiros.

Artigo 155: Não possuem força legal vinculante os atos jurídicos civis invalidados ou revogados.

Artigo 156: A invalidade parcial de um ato jurídico não afetará a validade do resto do ato jurídico válido.

Artigo 157: Após a determinação da invalidade, a revogação ou a ineficácia do ato jurídico civil, os bens adquiridos em decorrência do ato serão devolvidos; se não puder ser devolvido ou for desnecessário, será indenizado pelo equivalente. A parte culpada indenizará a outra parte pelas perdas sofridas; se todas as partes forem culpadas, cada uma delas terá as responsabilidades correspondentes. Salvo determinação legal em sentido contrário.

Seção 4 - Das Condições e Prazos dos Atos Jurídicos Civis

Artigo 158: Os atos jurídicos civis podem estar sujeitos a condições, salvo se as condições não possam ser anexadas em decorrência da sua natureza.

Atos jurídicos civis com condições surtirão efeito quando cumpridas. Atos jurídicos civis com prazo resolutivo se tornarão inválidos após o término do prazo.

Artigo 159: No ato jurídico civil com condições, considera-se que as condições não foram cumpridas se as partes agirem indevidamente para que as condições sejam cumpridas em favor de seus próprios interesses; se as condições forem cumpridas indevidamente, serão consideradas não cumpridas.

Artigo 160: Os atos jurídicos civis podem estar sujeitos a condição de prazo, exceto aqueles que não podem em razão da sua natureza. Os atos jurídicos civis sujeitos a condição de prazo entrarão em vigor a partir do término do prazo. Atos jurídicos civis com prazo resolutivo se tornarão inválidos após o término do prazo.

Capítulo VII - Da representação
Seção 1 - Disposições Gerais

Artigo 161: As entidades civis podem praticar atos jurídicos civis por meio de representantes.

A presente lei prevê que o ato jurídico civil deverá ser realizado pela própria pessoa, não devendo ser delegado, quando houver acordo entre as partes ou a natureza do ato jurídico impedir.

Artigo 162: Os atos jurídicos civis praticados pelo representante em nome do representado, produzirão efeitos sobre o representado.

Artigo 163: A representação inclui representação por delegação e a representação legal.

O representante delegado exercerá o poder de representação de acordo com a atribuição do representante.

O representante legal exercerá o poder de mandato de acordo com as disposições legais.

Artigo 164: O representante possui responsabilidade civil, se deixar de executar ou não cumprir plenamente suas funções e causar danos ao representado.

O representante e o terceiro assumirão responsabilidade solidária se conspirarem para prejudicar os direitos e interesses legais do representado.

Seção 2 - Da representação por delegação

Artigo 165: A procuração de representação por delegação deverá ser realizada de forma escrita, especificando o nome, objeto do mandato, os direitos e o prazo, e possuirá a assinatura ou carimbo do representante.

Artigo 166: Na existência de vários representantes exercendo o mesmo mandato, eles deverão exercer conjuntamente o poder de representação, salvo acordo em sentido contrário pelo representante.

Artigo 167: Caberá responsabilidade conjunta quando representante souber ou deveria saber que o objeto do mandato é ilegal e, ainda assim, o executar; da mesma forma quando o representante souber que o objeto é ilegal e não manifestar sua oposição.

Artigo 168: O representante não deve praticar atos civis em nome do representado, salvo se o representado concordar ou ratificar.

O representante não deve praticar atos jurídicos civis em nome do representado com outras pessoas que ele represente ao mesmo tempo, salvo que as partes concordem ou ratifiquem.

Artigo 169: Se o representante precisar estabelecer substabelecimento à terceiros, ele deverá obter o consentimento ou ratificação do representado.

Quando o substabelecimento à terceiro for aprovado ou ratificado pelo representado, este poderá instruir diretamente sobre os assuntos da representação, e o representante originário será responsável apenas pela seleção, nomeação e pelas instruções do substabelecido.

Se o substabelecimento à terceiro não for aprovado ou ratificado pelo representado, mesmo assim o representante será responsável pelas ações deste, salvo em caso de emergência que precise realizar ao substabelecimento para proteger os interesses do representando.

Artigo 170: As atividades exercidas pelo representante de uma pessoa jurídica ou de uma instituição sem personalidade jurídica, produzirão efeitos se forem praticados dentro de seus poderes.

A pessoa jurídica ou a instituição sem personalidade jurídica possuem o direito de restringir o poder de atuação do seu representante, não se opondo contra as pessoas de boa-fé.

Artigo 171: O representante que atuar sem o poder outorgado, além do poder outorgado ou possuindo o poder de atuação extinto, não produzirá efeitos em relação ao representando caso não seja ratificado.

A contraparte pode solicitar ao representado a ratificação no prazo de 30 dias a partir da data do recebimento do aviso. Se o representado não declarar, será considerado como recuso de ratificação. A contraparte de boa-fé possui o direito de revogação do ato, desde que seja antes da ratificação do representado. A revogação deverá ser realizada por aviso prévio.

Se o ato praticado pelo representante não for ratificado pelo representado, cabe a contraparte de boa-fé o direito de solicitar indenização por eventuais perdas e danos. No entanto, o valor da indenização não deve exceder os benefícios que a contraparte poderá obter quando o representado ratificar.

Se a contraparte souber ou deveria saber que o representante não está autorizado a agir, a contraparte e o representante serão responsáveis de acordo com suas respectivas partes.

Artigo 172: Caso a contraparte acredite que o representante possuía o direito de exercer o mandato, os atos praticados por este produzirão efeitos, mesmo que o mandatário não possua efetivamente o poder de representação, agir fora do seu poder ou tiver o seu poder extinto.

Seção III - Da extinção do mandato

Artigo 173: O mandato será extinto em qualquer uma das seguintes circunstâncias:

(1) pelo término do prazo ou pela conclusão do negócio;

(2) pela revogação ou pela renúncia;

(3) pela perda da capacidade civil do mandatário;

(4) pela morte do representado;

(5) pelo encerramento das atividades da pessoa jurídica ou da instituição sem personalidade jurídica.

Artigo 174: Após a morte do representado, o ato praticado pelo representante outorgado produzirá efeitos, se ocorrer uma das seguintes situações:

(1) O representante não sabe e não tinha meios de saber que o representado faleceu;

(2) O herdeiro do representado reconhece os atos praticados;

(3) Existência de declaração na procuração que o direito do mandato será rescindido quando o negócio for concluído;

(4) For determinado antes da morte do representante que o mandato continuará em benefício dos herdeiros do representado.

Se a pessoa jurídica ou instituição sem personalidade for o representante e esta encerrar suas atividades, será aplicado as disposições do parágrafo anterior.

Artigo 175: O mandato legal será extinto, em qualquer uma das seguintes circunstâncias:

(1) O representado adquire ou restaura plena capacidade para conduta civil;

(2) O representado perde capacidade para conduta civil;

(3) O representante ou o representado morrem;

(4) Outras circunstâncias estipuladas por lei.

Capítulo VIII - Responsabilidade Civil

Artigo 176: As entidades civis devem cumprir suas obrigações e arcar com responsabilidades civis de acordo com as disposições da lei ou do acordo das partes.

Artigo 177: Duas ou mais pessoas assumirão a responsabilidade de acordo com a lei e, se o grau de responsabilidade puder ser determinado, cada uma terá a responsabilidade correspondente; se for difícil determinar o grau de responsabilidade, será assumida de forma igualitária.

Artigo 178: Quando duas ou mais pessoas tiverem responsabilidade solidária, o credor possui o direito de solicitar que um ou todos os devedores respondam de forma solidária pela obrigação.

A parcela de responsabilidade solidária dos devedores será determinada de acordo com suas respectivas obrigações; se for difícil determinar as obrigações, assumirão todos de forma igualitária. Os devedores solidários e igualitários que efetivamente assumirem mais obrigações que os outros, possuem o direito de regresso para requerer a sua compensação.

A responsabilidade solidária deve ser estipulada por lei ou acordada entre as partes.

Artigo 179: As principais formas de assumir a responsabilidade civil são:

(1) Interrupção da infração;

(2) Eliminação de obstáculos;

(3) Eliminação do perigo;

(4) Devolução de bens;

(5) Restauração ao estado original;

(6) Reparar, refazer e substituir;

(7) Continuação da execução;

(8) Indenização por perdas;

(9) Pagamento de danos liquidados;

(10) Eliminação do dano e restauração da reputação;

(11) Pedir desculpas.

Na existência de outras formas na lei, siga-as.

As formas de assumir responsabilidade civil fornecidos neste artigo podem ser aplicados individualmente ou em combinação.

Artigo 180: Não haverá responsabilidade civil, se as obrigações não puderem ser cumpridas por força maior. Salvo determinação legal em sentido contrário.

Considera-se força maior a situação objetiva que não pode ser prevista, evitada e superada.

Artigo 181: Não caberá responsabilidade civil se o dano for causado em legitima defesa.

Se a defesa legítima exceder o limite necessário e causar danos indevidos, caberá a responsabilidade civil apropriada a quem praticou.

Artigo 182: Se o dano for causado para prevenção emergencial de perigo, a pessoa que causou o perigo assumirá responsabilidade civil.

Se o perigo for causado por causas naturais, aquele que agiu para prevenir a emergência do perigo não terá responsabilidade civil e poderá receber uma indenização adequada.

Se medidas de prevenção de emergência forem tomadas de maneira inadequada ou excederem os limites necessários, causando danos indevidos, a pessoa de prevenção de emergência assumirá a responsabilidade civil apropriada.

Artigo 183: Se alguém for prejudicado devido à proteção dos direitos e interesses civis de terceiros, o infrator assumirá responsabilidade civil e o beneficiário poderá conceder uma indenização adequada ao terceiro.

Se o infrator fugir ou for incapaz de assumir responsabilidade civil e o terceiro solicitar uma indenização, o beneficiário deverá pagá-la.

Artigo 184: O terceiro que agir em resgate voluntário de emergência não se responsabilizará pelos danos causados.

Artigo 185: Caberá responsabilidade civil àqueles que violem o nome, retrato, reputação ou honra de heróis e mártires, ou prejudicarem os interesses públicos da sociedade.

Artigo 186: Se a quebra de contrato de uma parte prejudicar os direitos pessoais ou de propriedade da outra, a parte lesada terá o direito de optar por solicitar a responsabilidade pela quebra de contrato ou pela responsabilidade civil.

Artigo 187: A entidade civil pode assumir responsabilidade civil, administrativa e criminal pelo mesmo ato, a incidência da responsabilidade administrativa ou criminal não impede a incidência da responsabilidade civil;

Na execução dos bens será dada prioridade à obrigação civil, se os bens da entidade civil forem insuficientes para pagar todas as obrigações.

Capítulo IX - Da prescrição

Artigo 188: O prazo de prescrição para solicitar ao tribunal popular a proteção dos direitos civis é de três anos, salvo determinação legal em contrário.

O prazo de prescrição deve ser calculado a partir do dia em que o titular do direito conhece ou deveria ter conhecido o dano ou ao autor do dano.

Salvo determinação legal em contrário. Contudo, o Tribunal do Povo não o protegerá se passados mais de 20 anos desde a data do dano. Se houver circunstâncias especiais, o Tribunal do Povo pode decidir prorrogar o prazo de prescrição com base na solicitação do titular do direito.

Artigo 189: Se as partes concordarem em parcelar a mesma dívida, o prazo de prescrição será calculado a partir da data do vencimento da última parcela.

Artigo 190: O prazo de prescrição para a pessoa sem capacidade civil ou com capacidade civil limitada para processar o seu representante legal, deve ser calculado a partir da data de rescisão do representante legal.

Artigo 191: O prazo de prescrição do direito de reivindicar indenização por abuso sexual de menores será calculado a partir do dia em que a vítima atingir os 18 anos.

Artigo 192: O devedor pode apresentar a prescrição como motivo de inadimplência através de sua defesa.

Após o período de prescrição, se o devedor concordar em pagar a dívida, este não poderá usar a prescrição como motivo de defesa; se o devedor tiver realizado voluntariamente, não caberá solicitar a devolução.

Artigo 193: Os Tribunais do Povo não aplicarão de ofício as normas de prescrição.

Artigo 194: Nos últimos seis meses anteriores ao prazo de prescrição, se o direito de reivindicação não puder ser exercido devido aos seguintes obstáculos, o prazo de prescrição será suspenso:

(1) Força maior;

(2) Quando a pessoa sem capacidade civil ou com capacidade civil limitada não possuir representante legal, ou pela morte de seu representante legal, perda da capacidade de conduta civil ou pela perda do poder de agência;

(3) O sucessor ou administrador da herança não foi determinado após a abertura da herança;

(4) O titular do direito é controlado pelo devedor ou outras pessoas;

(5) Outros obstáculos que impedem o titular do direito de exercer o direito de reivindicação.

O período de prescrição expirará, a partir de seis meses a contar da data que as razões de suspensão da prescrição forem extintas.

Artigo 195: A prescrição será suspensa e recalculada a partir da suspensão e do término dos procedimentos relacionados, em qualquer uma das seguintes circunstâncias:

(1) O titular do direito solicita a execução do devedor;

(2) O devedor concorda em cumprir a obrigação;

(3) O titular do direito entra com ação judicial ou solicita a arbitragem;

(4) Outras circunstâncias que tenham o mesmo efeito que a ação judicial ou a solicitação de arbitragem.

Artigo 196: Não se aplica a prescrição nas seguintes reivindicações:

(1) Pedido para interromper a infração, eliminação de obstrução ou perigo;

(2) Nos pedidos de solicitação de devolução da propriedade pelo titular de direito real e do direito de propriedade móvel;

(3) Pedido de pagamento de manutenção, pensão alimentícia ou criação;

(4) Outros direitos de reivindicação para não aplicação da prescrição dispostos na lei.

Artigo 197: Caberá a lei determinar o prazo, a forma de cálculo e os motivos da suspensão ou interrupção do prazo prescricional, sendo inválido o acordo entre as partes.

É inválida também a renúncia antecipada das partes à prescrição.

Artigo 198: Quando a lei estabelecer disposições sobre o prazo de prescrição para arbitragem, seguir-se-á; na ausência, serão aplicáveis as disposições desta lei sobre o prazo de prescrição.

Artigo 199: Conforme previsto por lei ou acordado pelas partes, a duração do direito de revogação e de rescisão, serão contados a partir da data em que o titular do direito conhecer ou deveria conhecer os direitos, não se aplicará as disposições de suspensão, interrupção e prorrogação. Salvo disposição em contrário da lei.

Após o prazo de prescrição serão extintos os direitos de revogação, de rescisão e dentre outros.

Capítulo X - Do cálculo do Prazo

Artigo 200: O prazo mencionado na Lei Civil será calculado de acordo com o ano civil, mês, dia e hora do calendário gregoriano.

Artigo 201: Se o prazo for calculado com base no ano, mês e dia, não deverá ser contado o dia inicial, sendo o cálculo iniciado no dia seguinte.

Se o prazo for calculado em horas, o cálculo começa a partir do prazo estipulado por lei ou acordado pelas partes.

Artigo 202: Se o prazo for calculado por ano e mês, o prazo de vencimento será, será o último dia do mês; se não houver data correspondente, o prazo final será o último mês do prazo estabelecido.

Artigo 203: Se o último dia do período for feriado, o dia seguinte ao término do feriado será o último dia do prazo.

No último dia do prazo o horário limite será o de 24 horas; se houver horário comercial, o horário para o fim das atividades comerciais será o horário limite.

LIVRO II - DIREITO DE PROPRIEDADE

Parte I - Regras gerais

Capítulo I - Disposições Gerais

Artigo 205: Este capítulo regulará a relação civil decorrente da propriedade e uso da propriedade.

Artigo 206: O país tem como objetivo principal a melhora da propriedade pública, o desenvolvimento comum de múltiplas economias de propriedade, a distribuição de trabalho, a coexistência de métodos de distribuição do sistema econômico de mercado socialista e outros sistemas básicos de economia socialistas.

O país consolida e desenvolve a economia pública, apoia e orienta o desenvolvimento da economia privada.

O país adota a economia socialista de mercado e juridicamente garantirá a igualdade dos direitos de desenvolvimento de todas as entidades de mercado.

Artigo 207: São igualmente protegidos por lei os direitos de propriedade, coletivos, individuais e de outros detentores, não cabendo violação por nenhuma organização ou indivíduo.

Artigo 208: A constituição, modificação, transferência e extinção de direitos reais serão registrados de acordo com a lei. A constituição e a transferência de direitos de propriedade móvel serão realizadas através da entrega do bem móvel.

Capítulo II - A criação, modificação, transferência e extinção dos direitos de propriedade

Seção 1 - Registro de bens imóveis

Artigo 209: A constituição, modificação, transferência e extinção de direitos reais entrarão em vigor após o registro legal; não possuirá validade a ausência de registro, salvo disposição legal em sentido contrário.

De acordo com esta lei, os recursos naturais de propriedade do Estado não podem ser registrados.

Artigo 210: O registro de bens imóveis será realizado pelas agências da localização dos bens imóveis.

O Estado implementará um sistema unificado de registro de imóveis. A abrangência do registro unificado, as agências de registro e os métodos de registro devem ser determinados por lei e regulamentos administrativos.

Artigo 211: De acordo com os requisitos de registro, ao solicitar o registro, as partes envolvidas deverão comprovar a propriedade e demais informações necessárias, como o limite e a área imobiliária.

Artigo 212: As agências de registro desempenharão as seguintes funções:

(1) Verificar o certificado de propriedade e outros documentos necessários fornecidos pelo requerente;

(2) Solicitar ao requerente sobre assuntos relevantes de registro;

(3) Registrar assuntos relevantes com sinceridade e pontualidade;

(4) Outros deveres estipulados por leis e regulamentos administrativos.

Quando for necessário provas adicionais para as informações relevantes do imóvel, a agência de registro pode solicitar ao requerente que complete os documentos e verifique o local.

Artigo 213: A agência de registro não deve praticar os seguintes atos:

(1) Exigir avaliação de imóveis;

(2) Repetir o registro com base na inspeção anual;

(3) Outros atos fora do âmbito das obrigações de registro.

Artigo 214: A constitução, modificação, transferência e extinção de direitos imobiliários, entrarão em vigor quando registrados em conformidade com a lei no registro imobiliário.

Artigo 215: Os contratos entre as partes relativos a constituição, modificação, transferência e extinção do direito real terão efeito a partir de sua elaboração, salvo disposição em contrário da lei ou acordado entre as partes; não afeta a validade do contrato se o registro dos direitos de propriedade não for concluído.

Artigo 216: O registro imobiliário é a base e o conteúdo dos direitos de propriedade.

O registro imobiliário é administrado pela agência de registro.

Artigo 217: O certificado de registro de propriedade do imóvel é a prova de que o titular do direito tem direito ao imóvel. Os itens registrados no certificado de imóveis devem ser consistentes com o registro de imóveis; se os registros forem inconsistentes, a menos que haja evidências para provar que o registro de imóveis está realmente errado, o registro de imóveis deverá prevalecer.

Artigo 218: O titular do direito real e as partes interessadas podem solicitar a consulta e a cópia de documento para o registro de imóveis, devendo a agência de registro fornecê-los.

Artigo 219: As partes interessadas não devem divulgar ou usar ilegalmente os documentos de registro de imóveis do titular do direito.

Artigo 220: O titular do direito real e as partes interessadas que consideram os itens registrados no registro imobiliário errados podem solicitar a correção do registro. Se o titular do direito inscrito no registro de imóveis concordar com a correção por escrito ou houver indícios que comprovem que o registro está incorreto, a agência de registro fará a correção.

Se o titular do direito real não concordar com a correção, a parte interessada poderá solicitar o registro da objeção e a agência de registro deverá registrar a objeção. Se a parte interessada não propor ação judicial dentro de 15 dias a contar da data do registro da objeção, a objeção se tornará inválida. Se o registro da objeção for inadequado e causar danos ao titular do direito, o titular do direito poderá solicitar danos ao solicitante.

Artigo 221: Para garantir a realização do direito real no futuro, as partes podem assinar um contrato de compra e venda de imóveis ou outros direitos reais, e podem solicitar o registro de notificação prévia junto à agência de registro de acordo com o contrato.

Após o registro antecipado, a alienação do imóvel sem o consentimento do titular do direito real não produzirá efeitos.

Após o registro antecipado, se os direitos da parte interessada forem extintos ou o registro não for solicitado dentro de 90 dias a partir da data em que o registro do imóvel for possível, o registro antecipado se tornará inválido.

Artigo 222: Se as partes fornecerem documentos falsos ao solicitar o registro e causar danos a terceiros, serão responsáveis pelas perdas e danos.

Se o erro de registro causar danos a terceiros, a agência de registro será responsável pelas perdas e danos. Caberá ação de regresso por parte da agência de registro contra a pessoa que causou o erro de registro.

Seção 2 - Entrega de bens móveis

Artigo 224: A constituição e a transferência de direitos do bem móvel entrarão em vigor após a entrega do bem, salvo disposição em contrário da lei.

Artigo 225: Deverá prevalecer o direito do terceiro de boa-fé no ato de constituição, modificação, transferência e extinção do direito de propriedade de navios, aeronaves, veículos a motor e outros veículos que não possuam registro.

Artigo 226: Antes da constituição e transmissão do direito de propriedade móvel, se o titular do direito já possuir bens móveis, o direito de propriedade somente entrará em vigor quando o ato civil entrar em vigor.

Artigo 227: Antes da constituição e transferência do direito de propriedade móvel, se um terceiro possuir o bem, a pessoa responsável pela entrega poderá solicitar ao terceiro que este devolva o bem original, ao invés da entrega por meio da transferência.

Artigo 228: Quando os direitos de propriedade móvel forem transferidos, se as partes concordarem que o cedente continue a possuir o bem móvel, o direito passará a produzir efeitos quando o contrato entrar em vigor.

Seção 3 - Outras Disposições

Artigo 229: Quando a constituição, modificação, transferência ou extinção de direitos de propriedade for causada pelos documentos legais dos tribunais populares, instituições de arbitragem ou decisão de desapropriação do governo popular, o documento legal ou a decisão de expropriação produzirá efeitos a partir da data de vigência.

Artigo 230: Quando os direitos de propriedade forem adquiridos por herança, eles entrarão em vigor desde a abertura da herança.

Artigo 231: Quando os direitos de propriedade forem constituídos ou extintos devido à construção legal ou demolição de imóveis e outros atos factuais, tornam-se efetivos quando os atos factuais forem realizados.

Artigo 232: O direito de alienação de bem imóvel será cumprido de acordo com as disposições desta seção, se a lei exigir o registro, o ato não terá o efeito sem o devido registro.

Capítulo III - Proteção dos Direitos de Propriedade

Artigo 233: Na violação do direito de propriedade o titular do direito poderá resolvê-lo por meio de acordo, mediação, arbitragem ou ação judicial

Artigo 234: No surgimento de disputa devido à propriedade ou ao conteúdo dos direitos de propriedade, as partes interessadas poderão solicitar a autoridade competente a confirmação dos direitos.

Artigo 235: O titular do direito poderá solicitar a devolução dos bens originais, em caso de ausência de direito de posse dos bens imóveis ou móveis.

Artigo 236: Quando os direitos de propriedade forem violados ou na iminência de serem violados, o titular do direito poderá solicitar a eliminação dos obstáculos ou a eliminação do perigo.

Artigo 237: Quando os bens imóveis ou móveis forem danificados, o titular do direito poderá solicitar o reparo, a reconstrução, a substituição ou a restauração do bem ao seu estado original.

Artigo 238: Se a violação dos direitos de propriedade causar danos ao titular do direito, este poderá solicitar indenização por danos dentre outras responsabilidades civis de acordo com a lei.

Artigo 239: As formas de proteção dos direitos de propriedade previstos neste capítulo podem ser aplicados separadamente ou combinados de acordo com as circunstâncias em que os direitos são violados.

Parte II - Propriedade da segunda divisão

Capítulo IV - Disposições Gerais

Artigo 240: O proprietário terá o direito de posse, usufruto, benefício e livre alienação de seus bens imóveis ou móveis, de acordo com a lei.

Artigo 241: O proprietário possui direito de estabelecer direitos usufrutuários e de segurança em seus bens imóveis ou móveis. O exercício dos direitos pelo usufrutuário e pelo garantidor do bem não devem prejudicar os direitos e interesses do proprietário.

Artigo 242: Quando a lei estipular que os bens imóveis e móveis pertencem exclusivamente ao Estado, nenhuma organização ou indivíduo poderá obter propriedade.

Artigo 243: Em caso de interesse público, podem ser expropriados de acordo com os poderes e procedimentos prescritos por lei, as terras, as organizações de propriedade coletiva, casas individuais e outros imóveis.

Para requisitar terras de propriedade coletiva devem ser integralmente as verbas indenizatórias de terras, os subsídios de reassentamento, as indenizações para casas de moradores rurais, outros anexos de terreno e as safras jovens. É devido também o pagamento de verbas de previdência social a fazendeiros expropriados para proteger sua renda, salvaguardar os direitos e interesses legítimos dos agricultores desapropriados.

As organizações, casas de indivíduos e outros imóveis devem ser expropriados de acordo com a lei, devendo ser indenizados financeiramente para proteger os direitos legítimos e interesses; ao expropriar casas individuais, devem ser garantidas as condições de vida dos indivíduos. Nenhuma organização ou indivíduo poderá desviar, apropriar-se, dividir, deter ou adiar privadamente a verba de indenização e outras verbas.

Artigo 244: O Estado implementará proteção especial para as terras cultivadas, restringirá estritamente a conversão de terras agrícolas em terrenos para construção e controlará a quantidade total de terrenos para construção. Nenhuma terra de propriedade coletiva será expropriada em inobservância da autoridade e dos procedimentos prescritos por lei.

Artigo 245: Em caso de   necessidades de emergência, como resgate, socorro em desastres, prevenção e controle de epidemias, os bens imóveis ou móveis de organizações e indivíduos podem ser requisitados de acordo com a autoridade e os procedimentos prescritos em lei. Após o uso dos bens imóveis ou móveis, eles devem ser devolvidos ao seu proprietário. Se os bens imóveis ou móveis de uma organização ou indivíduo forem danificados ou perdidos após a desapropriação, a parte lesada deverá ser indenizada.

Capítulo V - Propriedade do Estado, Propriedade Coletiva e Propriedade Privada

Artigo 246: De acordo com a lei os bens pertencentes ao Estado, pertencem a todo o povo.

A propriedade estatal deve ser exercida pelo Conselho de Estado em nome dele. Se a lei determinar o contrário, siga essas disposições.

Artigo 247: Pertencem ao Estado, depósitos minerais, correntes de água e áreas marítimas.

Artigo 248: As ilhas desabitadas são de propriedade do Estado, sendo o Conselho de Estado responsável pela administração das ilhas desabitadas em nome do Estado.

Artigo 249: As terras situadas nas cidades pertencem ao Estado. De acordo com a lei, as terras suburbanas rurais e urbanas pertencem ao Estado.

Artigo 250: Os recursos naturais, como florestas, montanhas, pradarias, terrenos baldios, marés dentre outros recursos, pertencem ao Estado, salvo aqueles que são de propriedade coletiva determinados pela lei.

Artigo 251: De acordo com a lei, os recursos de fauna selvagem e flora são propriedade do Estado.

Artigo 252: Os recursos de frequência radioelétrica pertencem ao Estado.

Artigo 253: De acordo com a lei, as manifestações e bens culturais pertencem ao Estado,

Artigo 254: Os recursos de defesa nacional pertencem ao Estado.
De acordo com a lei, são de propriedade do Estado, as infraestruturas como ferrovias, rodovias, instalações de energia, instalações de telecomunicações e oleodutos e gasodutos.

Artigo 255: De acordo com a lei e as disposições pertinentes do Conselho de Estado, os órgãos do Estado possuem direito de posse, usufruto e alienação dos bens imóveis e móveis diretamente controlados por eles.

Artigo 256: De acordo com a lei e as disposições pertinentes do Conselho de Estado, as instituições públicas patrocinadas pelo Estado terão o direito de possuir, usar, lucrar e alienar os bens imóveis e móveis diretamente controlados por elas.

Artigo 257: De acordo com as leis e regulamentos administrativos, as empresas financiadas pelo Conselho de Estado e os governos locais devem cumprir suas obrigações como investidores em nome do Estado, assim, elas passarão a gozar dos direitos e interesses de investidores.

Artigo 258: A propriedade estatal é protegida por lei sendo proibido ocupar, saquear, dividir, deter ou deter privadamente por qualquer organização ou indivíduo.

Artigo 259: As instituições e seus administradores ou supervisores de bens estatais devem fortalecer a gestão e supervisão, promover a preservação, valorização e impedir a perda dos bens estatais de acordo com a lei; caberá responsabilidade legal em caso de abuso de poder, negligência ou perda do bem estatal.

Caberá responsabilidade legal em caso de violação de regulamentos sobre gestão de propriedade estatal, no processo de reestruturação empresarial, fusão e divisão, nas transações relacionadas, transferências de baixo preço, conluio para divisão privada, garantias não autorizadas ou outros métodos que causem perda de propriedade estatal.

Artigo 260: Os bens imóveis e móveis de propriedade coletiva incluem:

(1) Terrenos, florestas, montanhas, prados, terrenos baldios e praias pertencentes à lei coletivamente;

(2) Edifícios de propriedade coletiva, instalações de produção e instalações de conservação de água em terras agrícolas;

(3) Instalações educacionais, científicas, culturais, de saúde e esportivas pertencentes ao coletivo;

(4) Outros bens imóveis e móveis de propriedade do coletivo.

Artigo 261: Os bens imóveis e móveis de propriedade dos agricultores pertencem aos membros do órgão coletivo.

Os seguintes assuntos serão decididos pelos membros do órgão coletivo, de acordo com os procedimentos legais:

(1) Plano de contratação de terras e contratação de terras para organizações ou indivíduos fora do coletivo;

(2) Ajuste de terras contratadas entre titulares de direitos de gestão contratual de terras individuais;

(3) Métodos para o uso e distribuição de taxas de compensação de terras e outras despesas;

(4) Assuntos como mudanças na propriedade de empresas com financiamento coletivo;

(5) Outros assuntos estipulados por lei.

Artigo 262: A propriedade de terras, florestas, montanhas, pradas, terras não recuperadas e praias de propriedade coletiva será exercida de acordo com as seguintes disposições:

(1) Se for de propriedade coletiva dos agricultores da aldeia, a organização econômica coletiva da aldeia ou o comitê da aldeia exercerá a propriedade em nome da coletividade, de acordo com a lei;

(2) Se eles pertencerem coletivamente a dois ou mais agricultores da vila, a organização econômica coletiva ou o grupo da vila exercerão a propriedade em nome da coletividade, de acordo com a lei;

(3) Se for de propriedade coletiva de agricultores do município, a organização econômica coletiva do município exercerá a propriedade em nome do coletivo.

Artigo 263: Os bens imóveis e móveis pertencentes a órgãos coletivos urbanos devem ser possuídos, utilizados, usufruídos e alienados por órgãos coletivos, de acordo com as disposições das leis e regulamentos administrativos.

Artigo 264: Organizações econômicas coletivas rurais, comitês de aldeões e grupos de aldeões devem anunciar o estado da propriedade coletiva aos membros do órgão coletivo de acordo com as leis, regulamentos administrativos, estatutos e regulamentos da aldeia. Os membros do órgão coletivos possuem o direito de consultar e copiar materiais pertinentes.

Artigo 265: O bem de propriedade coletiva é protegido por lei, sendo proibido desviar, saquear, dividir ou destruir de forma privada por qualquer organização ou indivíduo.

Os membros do órgão coletivo prejudicados podem solicitar a revogação ao Tribunal do Povo sobre as decisões tomadas pelas organizações econômicas coletivas rurais, comitês de aldeões ou seus representantes, quando infringirem os direitos e interesses legais dos membros do órgão coletivo.

Artigo 266: As pessoas físicas são titulares da sua renda legal, imóveis, bens de primeira necessidade, ferramentas de produção, matérias-primas e outros bens imóveis e móveis.

Artigo 267: A propriedade legal privada é protegida por lei, sendo proibida por qualquer organização ou individuo, ocupar, saquear ou destruí-la.

Artigo 268: O Estado, as instituições coletivas e as particulares podem contribuir com capital para constituir sociedades de responsabilidade limitada, sociedades anônimas ou outras empresas.

Se o bem imóvel estatal, coletivo ou privado, ou o bem móvel são investidos em uma empresa, o investidor deve, gozar dos direitos e cumprir obrigações, realizar a tomada de decisões importantes e seleção de gerentes de negócios, em conformidade com o contrato celerado ou com a proporção do seus investimentos.

Artigo 269: As pessoas jurídicas com fins lucrativos terão o direito de possuir, usar, se beneficiar e dispor de seus bens imóveis e móveis de acordo com as leis, regulamentos administrativos e o estatuto social.

As pessoas jurídicas sem fins lucrativos devem seguir as disposições de leis, regulamentos administrativos e estatutos pertinentes a seus direitos de bens imóveis e móveis.

Artigo 270: Devem ser protegidos por lei, os bens imóveis e móveis pertencentes a pessoas jurídicas de organizações sociais e pessoas jurídicas de doações.

Capítulo VI - Dos direitos do proprietário de imóveis em edifícios

Artigo 271: O proprietário terá acesso as partes exclusivas do edifício, tais como instalações residenciais e comerciais, também terá o direito de copropriedade e gestão conjunta das partes comuns que não sejam a parte exclusiva.

Artigo 272: O proprietário terá o direito de possuir, usar, lucrar e dispor da sua parte exclusiva no edifício. O exercício de direitos pelo proprietário não deve pôr em risco a segurança do edifício, nem prejudicar os direitos e interesses legais de outros proprietários.

Artigo 273: O proprietário possui direitos e obrigações pelas partes comuns que não sejam a parte exclusiva do edifício, não devem deixar de cumprir as suas obrigações com base na renuncia de seus direitos. Quando o proprietário transfere as residências e instalações comerciais do edifício, ele também transfere os direitos de propriedade e gestão conjunta da parte comum.

Artigo 274: As vias passagens dentro da zona de construção pertencem aos proprietários, exceto as vias públicas urbanas. O terreno de vegetação situada dentro da área de construção são propriedade dos titulares, exceto o terreno de vegetação urbano ou aqueles que expressamente pertencem a outros. Demais locais, estabelecimentos públicos e locais para prestação de serviços imobiliários situados na zona de construção são de propriedade dos titulares.

Artigo 275: Dentro da zona de construção, as vagas de estacionamento e garagens planejados serão acordadas pelas partes mediante venda, doação ou arrendamento.

A ocupação de via de passagem ou outro espaço compartilhado pelos proprietários para estacionar carros deve pertencer aos proprietários para uso comum.

Artigo 276: Dentro da zona de construção, as vagas de estacionamento e as garagens planejadas devem atender primeiro às necessidades dos proprietários.

Artigo 277: Os proprietários podem convocar a Assembleia de proprietários para formar o comitê de proprietários. As condições e procedimentos específicos para o estabelecimento da Assembleia dos proprietários e do comitê dos proprietários devem estar de acordo com as disposições das leis e regulamentos.

Os departamentos pertinentes do governo popular local e do comitê de residentes devem fornecer orientação e assistência na formação da Assembleia de proprietários e na eleição do comitê de proprietários.

Artigo 278: Serão decididos conjuntamente pelos proprietários os seguintes assuntos:

(1) Constituição e modificação do regulamento interno da Assembleia de proprietários;

(2) Constituição e revisão de regulamentos de gestão;

(3) Eleição do comitê de proprietários ou substituição de membros do

comitê de proprietários;

(4) Seleção e demissão de empresas de serviços imobiliários ou outros administradores;

(5) Utilização dos fundos de manutenção do edifício e suas instalações auxiliares;

(6) Captação de recursos de manutenção para o edifício e suas instalações auxiliares;

(7) Reconstrução de edifícios e suas instalações acessórias;

(8) Alteração do objetivo da parte comum ou utilização da parte comum para desenvolver atividades comerciais;

(9) Outros assuntos importantes relacionados à propriedade conjunta e direitos de gerenciamento conjunto.

Na tomada de decisão conjunta, devem participar da votação os proprietários que possuem mais de dois porcento da parte exclusiva e cujo número representa mais de dois terços.

As decisões sobre os assuntos especificados nos itens 6 a 8 do parágrafo anterior serão aprovadas pelos proprietários que participaram da votação em mais de três quartos da área da parte exclusiva e em mais de três quartos do número de proprietários.

As decisões sobre outros assuntos mencionados no parágrafo anterior estarão sujeitas ao consentimento dos proprietários que participaram da votação em mais da metade da área da parte exclusiva e dos proprietários que participaram da votação.

Artigo 279: Os proprietários não poderão transformar suas residências em estabelecimentos de comércio, sob pena de violar a lei, regulamentos e regulamentos de gestão.

Se os proprietários transforarem suas residências em estabelecimentos comerciais, deverão obter o consentimento unânime de todos os outros proprietários interessados, além de cumprir a lei, os regulamentos e regulamentos de gestão.

Artigo 280: As decisões da Assembleia dos proprietários ou do comitê dos proprietários serão juridicamente vinculativas para os proprietários.

Se uma decisão tomada pela Assembleia dos proprietários ou pelo comitê dos proprietários violar os direitos e interesses legais dos proprietários, o proprietário violado poderá solicitar que o Tribunal do Povo a revogue.

Artigo 281: Os fundos de manutenção de edifícios e suas instalações auxiliares pertencem aos proprietários. Se decididas em conjunto pelos proprietários, podem ser usado para a manutenção, renovação e transformação de peças comuns, como elevadores, telhados, paredes externas, instalações sem barreiras, dentre outras necessidades.

A captação e utilização de fundos de manutenção para edifícios e suas instalações auxiliares devem ser anunciadas regularmente.

Em caso de emergência se for necessário reparar o edifício e suas instalações auxiliares, a reunião dos proprietários ou o comitê dos proprietários poderá solicitar a utilização de fundos de manutenção e instalações auxiliares de acordo com a lei.

Artigo 282: Pertencerão aos proprietários, após apuração financeira dos rendimentos gerados pelas unidades de construção, empresas de serviços imobiliários ou outros administradores que utilizem a parte comum dos proprietários.

Artigo 283: Se houver acordo sobre a divisão de custos e a distribuição de renda do edifício e de suas instalações auxiliares, o acordo deve ser seguido; se não houver acordo ou o contrato não for claro, será determinado conforme a proporção da área da parte exclusiva do proprietário.

Artigo 284: O proprietário pode administrar o edifício e suas instalações auxiliares por conta própria, ou delegar a administração do edifício e suas instalações auxiliares à uma empresa de serviços imobiliários ou a outro administrador.

O proprietário possui o direito de substituir livremente a empresa de serviços imobiliários ou qualquer outro administrador contratado pela unidade de construção de acordo com a lei.

Artigo 285: De acordo com as disposições da terceira parte desta lei sobre o contrato de serviços imobiliários, a empresa de serviços imobiliários ou outro administrador deve, mediante a atribuição do proprietário, administrar os edifícios e suas instalações auxiliares na zona de construção, aceitar a supervisão do proprietário e responder às perguntas do proprietário sobre os serviços de propriedade,

As empresas de serviços imobiliários ou outros gerentes devem implementar medidas de resposta a emergências e outras medidas de gerenciamento do governo de acordo com a lei e cooperar ativamente com o trabalho relevante.

Artigo 286: O proprietário deve cumprir as leis, regulamentos e regulamentos de gestão, e seus atos devem atender aos requisitos de conservação de recursos e proteção do meio ambiente ecológico. Para que empresas de serviços imobiliários ou outros administradores implementem medidas de resposta a emergências e outras medidas de gerenciamento do governo de acordo com a lei, o proprietário deverá cooperar de acordo com a lei.

A Assembleia dos proprietários ou o comitê dos proprietários deverão seguir as leis, regulamentos e protocolos de gerenciamento de atos que não violem os direitos e interesses legais de terceiros, para evitar o descarte arbitrário de lixo, descarga de poluentes ou ruídos, criação de animais, não devendo realizar construção ilegal, invasão ilegal de passagens, e recusa de pagar taxas de propriedade.

Cabe solicitação ao infrator para que cesse o ato ilegal, remova a obstrução, elimine o perigo, restaure o estado original e indenize o prejuízo.

Se o proprietário ou terceiros se recusarem a cumprir as obrigações pertinentes, as partes interessadas poderão relatar ou reclamar ao departamento administrativo, e este deverá agir conforme os procedimentos determinados por lei.

Artigo 287: O proprietário terá o direito de solicitar responsabilidade civil pela violação de seus direitos e interesses legais em unidades de construção, empresas de serviços imobiliários dentre outros atos praticados ilegalmente pelos administradores ou proprietários.

Capítulo VII - Direito da vizinhança

Artigo 288: Os titulares da vizinhança deverão manter um bom relacionamento com a vizinhança, respeitando os princípios de desenvolvimento saudável, boa convivência, solidariedade, assistência mútua, justiça e razoabilidade.

Artigo 289: Quando as leis e os regulamentos tiverem disposições sobre o tratamento das relações com os vizinhos, siga essas disposições; na ausência de previsão legal e regulamentar, poderão seguir os costumes locais.

Artigo 290: O titular do direito de propriedade imóvel fornecerá a assistência necessária aos titulares de direitos vizinhos com o acesso à água e à drenagem.

O uso de água corrente natural deve ser razoavelmente distribuído entre os vizinhos. A descarga da água natural deve respeitar a direção do fluxo natural.

Artigo 291: O titular do direito de propriedade imóvel deve proporcionar a ao detentor do direito vizinhança, o uso do seu terreno para a passagem necessária, dentre outras necessidades.

Artigo 292: Quando o titular do direito de propriedade imóvel precisar usar terrenos ou edifícios anexos para a construção, reparo de edifícios, instalação de fios, cabos, canos de água, tubulações de aquecimento e gás, os titulares do direito desses terrenos e edifícios deverão fornecer o auxílio necessário.

Artigo 293: A construção de edifícios não deve violar as normas nacionais pertinentes a construção de engenharia e não deve impedir a ventilação, iluminação e sol dos edifícios adjacentes.

Artigo 294: O titular de direitos de propriedade imóvel não deve descartar resíduos sólidos, despejar poluentes do ar, poluentes da água, poluentes do solo, ruído, radiação luminosa, radiação eletromagnética e outras substâncias nocivas, sob pena de violar às regulamentações nacionais.

Artigo 295: O titular do direito de propriedade imóvel não comprometerá a segurança de bens imóveis dos vizinhos cavando terrenos, construindo edifícios, instalando oleodutos ou equipamentos.

Artigo 296: Quando o titular do direito de propriedade imóvel usar imóveis vizinhos para prover água, drenagem, passagem, assentamento de oleodutos, e outras necessidades, deverão fazer o possível para evitar danos aos titulares de direitos imobiliários adjacentes.

Capítulo VIII - Da propriedade conjunta

Artigo 297: Os bens imóveis ou móveis podem ser propriedade conjunta de duas ou mais organizações ou indivíduos.A propriedade conjunta inclui propriedade divisível e propriedade indivisível.

Artigo 298: Os coproprietários do imóvel divisível terão a propriedade dos bens imóveis ou móveis em comum, de acordo com a parte de suas ações.

Artigo 299: Os coproprietários de propriedade indivisível assumirão em conjunto os direitos e obrigações do bem imóvel ou móvel.

Artigo 300: Na existência de previsão contratual, os coproprietários administrarão os bens imóveis ou móveis em conjunto; na ausência do acordo ou se este não for claro, cada coproprietário possuirá os direitos e obrigações proporcionalmente conforme suas ações.

Artigo 301: Para alienação ou realização de grandes reparos, alteração da natureza ou uso dos bens imóveis ou móveis de propriedade conjunta, deverá ter o consentimento de coproprietários que possuam mais de dois terços das ações ou de todos os coproprietários. Salvo existência de acordo em contrário entre os coproprietários.

Artigo 302: Na existência de acordo sobre as taxas de administração e outros encargos do coproprietário, este deverá ser seguido; se não houver acordo ou não for claro, os coproprietários pagarão proporcionalmente conforme a porcentagem das suas ações e os coproprietários de propriedade indivisível pagarão conjuntamente.

Artigo 303: A fim de manter o bem imóvel ou móvel indivisível, se os coproprietários concordarem em não dividir, deverão seguir o acordo, mas se os coproprietários tiverem razões significativas para a divisão, poderão solicitar a sua divisão; se não houver acordo ou este não estiver claro, os coproprietários podem solicitar a divisão a qualquer momento, também podem solicitá-la quando sua base comum for perdida ou se houver um motivo importante para a divisão. Se a divisão causar danos a outros coproprietários, estes deverão ser indenizados.

Artigo 304: Os coproprietários podem negociar e determinar a forma de divisão. Se o acordo não puder ser cumprido, o bem imóvel ou móvel poderá ser dividido, desde que não prejudique em diminuição do seu valor; se for difícil dividir ou constar diminuição do seu valor, deverá ser leiloado ou vendido, sendo o valor obtido dividido igualmente entre os coproprietários.

Se o bem imóvel ou móvel obtido pela divisão do coproprietário apresentar defeito, os demais coproprietários deverão arcar com o prejuízo.

Artigo 305: O coproprietário pode transferir parte de suas ações sobre o bem imóvel ou móvel do bem em conjunto. Os outros coproprietários possuem direito de preferência na compra sob as mesmas condições.

Artigo 306: Quando um coproprietário transfere as suas ações de bens móveis ou imóveis de propriedade conjunta, deve notificar imediatamente os outros coproprietários das condições da transferência. Os outros coproprietários poderão exercer o direito de preferência dentro de um prazo razoável.

Na disputa de dois ou mais coproprietários no exercício do direito de preferência, eles negociarão suas respectivas proporções de compra; se a negociação falhar, eles exercerão o direito de preferência de acordo com a proporção de suas respectivas ações no momento da transferência.

Artigo 307: Em termos de relações externas, os coproprietários possuem reinvindicações conjuntas e assumem dívidas conjuntas por reclamações e dívidas decorrentes do bem imóvel ou móveis conjuntos, salvo determinação legal em contrário ou quando o terceiro sabe que os coproprietários não possuem reivindicações e dívidas conjuntas. No que diz respeito às relações internas dos coproprietários, os coproprietários gozam de direitos e assumem as dívidas de acordo com a proporção de suas ações, salvo existência de acordo em sentido contrário formulado pelos coproprietários. Aqueles coproprietários por ações que assumirem obrigações em nome de outro, possuirá o direito de regresso.

Artigo 308: Se os coproprietários não concordarem que os bens imóveis ou bens móveis em comum sejam de propriedade conjunta de ações ou em conjunto, ou quando o contrato não for claro, eles serão considerados propriedade conjunta de ações. Salvo se os coproprietários tiverem relações familiares.

Artigo 309: As ações dos bens imóveis ou móveis que os coproprietários possuem em conjunto, será determinada de acordo com o valor da contribuição de capital de cada um, quando não houver acordo ou ele não for claro; se não puder ser determinado a contribuição de capital de cada um, as ações serão consideradas igualitárias.

Artigo 310: Quando duas ou mais organizações e indivíduos compartilham direitos de usufruto e direitos reais de garantia, as disposições pertinentes deste capítulo devem ser aplicadas.

Capítulo IX - Disposições Especiais sobre Aquisição de Propriedade

Artigo 311: Quando o sujeito sem o direito de transferir os bens, alienar ou transferir os bens imóveis ou móveis para um terceiro, o proprietário terá o direito de recuperá-los; salvo disposição em contrário da lei, o terceiro poderá obter o bem imóvel ou móvel nas seguintes circunstâncias:

(1) O terceiro estava de boa-fé quando os bens imóveis ou móveis foram transferidos;

(2) Transferência for realizada por um preço razoável;

(3) Os bens imóveis ou móveis transferidos devem ser registrados de acordo com a lei, e aqueles que não exigem registro poderão ser transferidos a terceiros.

Quando o terceiro obtiver a propriedade dos bens imóveis ou móveis de acordo com as disposições do parágrafo anterior, o proprietário originário terá o direito de solicitar indenização àquele sujeito que não possuía o direito de transferência.

Quando o terceiro obtiver direitos de propriedade de boa-fé, as disposições dos dois parágrafos anteriores serão mencionadas e aplicadas.

Artigo 312: O proprietário ou outro interessado possui o direito de recuperar os bens perdidos. Se o bem perdido estiver na posse de terceiro através da transferência, o proprietário do bem poderá solicitar indenização à pessoa sem o direito de transferência ou solicitar ao terceiro que devolva o bem transferido dentro do prazo de dois anos a contar da data em que conheceu ou deveria conhecer a transferência; no entanto, se um terceiro compra a propriedade perdida através de leilão ou de um corretor comercial qualificado, o proprietário originário deve pagar o valor pago pelo terceiro ao solicitar a devolução do bem. Depois que o proprietário originário tiver pagado as verbas devidas ao terceiro, ele terá o direito de regresso em face daquele que não possuía o direito de transferência.

Artigo 313: Após o terceiro de boa-fé obter os bens móveis, os direitos originais sobre os tais bens serão extintos. Salvo se o terceiro de boa fé souber ou deveria saber sobre quem era o verdadeiro titular do direito no momento da transferência.

Artigo 314: Os bens perdidos serão devolvidos ao titular do direito; se forem encontrados, a pessoa que os encontrou deve notificar imediatamente o proprietário do bem de recebê-lo ou entregá-lo à segurança pública ou a outros departamentos pertinentes.

Artigo 315: Os departamentos pertinentes notificarão imediatamente ao proprietário do bem perdido quando o receber e reconhecer o proprietário; se não souber, emitirá imediatamente um aviso de achado.

Artigo 316: Quando o localizador entregar o bem perdido para o departamento pertinente, o departamento deverá manter adequadamente o bem perdido antes de ser entregue ao proprietário. Caberá responsabilidade civil, se a propriedade perdida for danificada ou perdida devido a negligência deliberada ou grosseira.

Artigo 317: No momento de buscar o bem perdido, o proprietário deverá pagar ao terceiro que o encontrou ou ao departamento pertinente as despesas necessárias gastas para a manutenção do bem perdido.

Quando o proprietário oferecer uma recompensa por encontrar os bens perdidos, ele deverá cumprir suas obrigações conforme prometido. Nos casos em que a pessoa que encontrou o bem perdido causar danos ao bem, ele não terá mais o direito de solicitar as despesas necessárias com a guarda do bem perdido, tampouco o direito de solicitar ao proprietário para que cumpra suas obrigações conforme prometido.

Artigo 318: Os bens perdidos pertencem ao Estado se não forem reivindicados no prazo de um ano a contar da data do anúncio da descoberta.

Artigo 319: Quando são encontrados objetos à deriva, objetos enterrados ou objetos ocultos, deverá ser processado e tratado conforme os regulamentos pertinentes para os objetos encontrados. Salvo determinação legal em sentido contrário.

Artigo 320: Se o bem principal for transferido, o bem acessório será transferido com a propriedade principal, salvo acordo em contrário entre as partes.

Artigo 321: Os frutos naturais serão do proprietário, se houver um proprietário e um usufrutuário, serão do usufrutuário. Salvo acordo em sentido contrário pelas partes.

Se houver acordo entre as partes, os frutos estatutários serão obtidos de acordo com o contrato; se não houver acordo ou não for claro, será processado de acordo com as práticas comerciais.

Artigo 322: A posse de objetos resultantes da reforma, fixação ou mistura deve estar de acordo com o contrato; se não houver acordo ou não for claro, deverá ser tratada conforme a lei; se não houver previsão legal, a propriedade será utilizada conforme os interesses sociais e haverá proteção aos terceiros de boa-fé. Se uma das partes incorrer em erro ou causar dano a outra da devolução do bem, caberá a solicitação de indenização.

Parte III - Direitos de usufruto

Capítulo X - Disposições Gerais

Artigo 323: De acordo com a lei, o detentor dos direitos usufrutuários terá o direito de posse, uso e de benefício dos bens imóveis ou móveis de propriedade de terceiros.

Artigo 324: As organizações e os indivíduos podem possuir, usar e se beneficiar dos recursos naturais pertencentes ao Estado ou aqueles de uso coletivo de propriedade coletiva conforme disposição desta lei.

Artigo 325: O Estado pode implementar um sistema de uso remunerado dos recursos naturais, salvo disposição em contrário da lei.

Artigo 326: Os usufrutuários no exercício de seus direitos, devem cumprir as leis de proteção e desenvolvimento racional de utilização de recursos e proteção do meio ambiente ecológico. Não deve o proprietário interferir no exercício dos direitos do usufrutuário.

Artigo 327: Se o direito do usufrutuário for extinto ou revogado devido à desapropriação ou expropriação de bens imóveis ou móveis, o usufrutuário terá o direito de solicitar indenização conforme os artigos 243 e 215 desta Lei.

Artigo 328: Deverá ser protegido por lei, o direito de usufruto de áreas marítimas obtidas legalmente.

Artigo 329: São protegidos por lei, os direitos à prospecção, mineração, captação de água e do uso das águas e as marés para se dedicar à aquicultura ou à pesca.

Capítulo XI - Dos direitos de gestão contratual fundiária

Artigo 330: As organizações econômicas coletivas rurais devem implementar um sistema de gestão em dois níveis, um baseado na gestão de contratos familiares e outro na combinação de operações unificadas e descentralizadas.

Estão sujeitas a um sistema de gerenciamento de contratos de terra, as terras agrícolas, as florestas, as pastagens e outras terras usadas para a agricultura pertencentes coletivamente aos agricultores e ao Estado.

Artigo 331: O titular da gestão contratual fundiária terá o direito de possuir, usar e lucrar com a terra cultivada, terras florestais, pradarias, dentre outras, e desenvolver a produção agrícola, tais como o plantio, a silvicultura e a criação de animais.

Artigo 332: O período do contrato de gestão de terras cultivadas é de 30 anos. De terras de pastagens é de 30 a 50 anos. De terras florestais é de 30 a 70 anos.

Findo o prazo contratual previsto no parágrafo anterior, o titular do direito de gestão contratual fundiária poderá dar continuidade ao contrato conforme determina a lei.

Artigo 333: Os direitos contratuais de gestão fundiária serão constituídos quando o contrato se tornar efetivo.

A agência de registro deve emitir certificados, como o certificado de direitos de gestão contratual, de direitos florestais, e dentre outros, aos titulares de direitos de gestão contratual fundiária e registrá-los para confirmar o seu direito.

Artigo 334: De acordo com as disposições legais, o titular do direito de gestão contratual poderá trocar ou transferir o seu direito de gestão contratual.

Salvo aprovação legal, nenhuma terra contratada pode ser usada para atividade não agrícola.

Artigo 335: Quando o direito de gestão contratual fundiária for trocado ou transferido, as partes envolvidas poderão solicitar o registro da agência de registros; sem o devido registro, não poderão confrontar o direito de terceiros de boa fé.

Artigo 336: O cedente não deve ajustar as terras contratadas durante o período do contrato.

Em circunstâncias especiais, como danos graves às terras contratadas devido a desastres naturais, é necessário ajustar adequadamente as terras aráveis e pastagens contratadas de acordo com as leis e regulamentos.

Artigo 337: O cedente não recuperará as terras durante o período do contrato. Salvo determinação legal em sentido contrário.

Artigo 338: Em caso de desapropriação do terreno contratado, o titular do direito de gestão contratual do terreno tem direito à indenização correspondente, nos termos do artigo 243º desta Lei.

Artigo 339: O titular do direito de gestão contratual da terra poderá decidir, de forma independente, em transferir o direito de gestão da terra a terceiros mediante arrendamento, comprar ações ou outros métodos, de acordo com a lei

Artigo 340: O titular do direito de gestão contratual poderá ocupar a terra rural dentro do prazo estipulado no contrato, além de realizar independentemente a sua produção agrícola e obter lucros.

Artigo 341: O direito de gestão contratual da terra com período de transferência superior a cinco anos produzirá efeitos a partir da sua transferência efetiva.

As partes podem solicitar à agência de registro, o registro dos direitos de gestão da terra; sem registro, eles não podem confrontar terceiros de boa-fé.

Artigo 342: O direito à gestão da terra pode ser transferido de acordo com a lei mediante arrendamento, compra de ações, hipotecas ou outros métodos, quando as terras rurais são transferidas por meio de licitação, leilão ou consulta pública, e o certificado de propriedade é obtido por meio de registro nos termos da lei.

Artigo 343: As disposições pertinentes deste título serão aplicadas, quando as terras agrícolas estatais forem objeto de contrato de gerenciamento.

Capítulo XII - Direito de uso do terreno para construção

Artigo 344: O titular do direito de usufruto de terrenos para construção terá o direito de possuir, usar e se beneficiar de terrenos pertencentes ao Estado, de acordo com a lei, além de usar o terreno para construir edifícios, estruturas e instalações acessórias.

Artigo 345: O direito de uso de terrenos para construção pode ser estabelecido na superfície, no solo ou no subsolo.

Artigo 346: A constituição do direito de uso de terrenos para construção deve atender aos requisitos de conservação e proteção de recursos do meio ambiente ecológico, cumprir as disposições das leis e regulamentos administrativos e não deve prejudicar os direitos usufrutuários existentes.

Artigo 347: O direito ao uso de terrenos para construção pode ser estabelecido por meio de transferência ou alocação.

Para áreas industriais, comerciais, turismo, entretenimento, habitações comerciais e outras áreas de uso comercial, bem como aquelas com mais de dois usuários da mesma terra, esta será transferida por meio de licitação pública ou leilão.

Fica vedado o estabelecimento de direitos de uso da terra para construção através da alocação.

Artigo 348: Quando os direitos de uso do terreno de construção forem transferidos por meio de licitação, leilão, contrato ou outros métodos, as partes celebrarão o contrato por escrito.

O contrato de direito de uso do terreno para construção geralmente inclui as seguintes cláusulas:

(1) O nome e o domicílio da parte em questão;

(2) O limite de terra e a área:

(3) O espaço ocupado por edifícios, estruturas e suas instalações acessórias;

(4) O uso da terra e condições de planejamento;

(5) O prazo do direito de usufruto dos terrenos para construção;

(6) As taxas de transferência e seus métodos de pagamento;

(7) Os métodos para resolver disputas.

Artigo 349: Quando o direito de usar terrenos de construção for estabelecido, poderá solicitar à agência de registro o registro do direito de usufruto.

O direito de usufruto do terreno de construção é estabelecido no momento do registro. A agência de registro deve emitir o certificado de propriedade para o titular do direito de usufruto do terreno de construção.

Artigo 350: O titular do direito de usufruto do terreno para construção deve usar o terreno racionalmente, não devendo alterar o seu uso; se for necessário alterar o uso do terreno, deverá ser aprovado pelo departamento administrativo relevante de acordo com a lei.

Artigo 351: O titular do direito de usufruto do terreno para construção deve pagar o valor de transferência e outras despesas, de acordo com a lei e o contrato.

Artigo 352: A propriedade de edifícios, estruturas e instalações acessórias construídas pelo titular do direito de usufruto do terreno para construção pertence a este, salvo provas em contrário.

Artigo 353: O titular do direito de usufruto do terreno para construção tem o direito de transferir, trocar, investir com capital, doar ou hipotecar o direito de usufruto do terreno para construção, salvo disposição em contrário da lei.

Artigo 354: Quando o direito de usufruto de terreno para construção for transferido, trocado, investido, doado ou hipotecado, as partes celebrarão um contrato correspondente por escrito. O termo de uso deve ser acordado entre as partes, mas não deve exceder o prazo remanescente do direito de usar o terreno para construção.

Artigo 355: Quando o direito de usufruto de terreno para construção for transferido, trocado, investido ou doado, deverá ser apresentado à agência de registro o pedido da sua mudança.

Artigo 356: Quando o direito de usufruto do terreno para construção for transferido, trocado, investido ou doado, os edifícios, estruturas e instalações acessórias anexadas ao terreno serão transferidos juntos.

Artigo 357: Quando o edifício, sua estrutura e suas instalações acessórias forem transferidos, trocados, investidos ou doados, o direito de usufruto dos terrenos de construção no âmbito do edifício, da sua estrutura e de suas instalações acessórias devem ser transferidos juntos.

Artigo 358: Se for necessário recuperar com antecedência o direito de usufruto de terrenos para construção, por causa de interesse público, as casas e outros imóveis situados no terreno de construção receberão indenização conforme disposto no art. 243 desta lei, também será reembolsada a taxa de transferência correspondente.

Artigo 359: Findo o prazo do direito de usufruto do terreno para construção residencial, ele será renovado automaticamente. O pagamento, a redução ou a isenção das taxas de renovação serão tratadas de acordo com as disposições das leis e regulamentos administrativos.

A renovação do direito de usar terrenos de construção não residencial após o término do prazo será tratada de acordo com a lei. A propriedade de casas e outros imóveis no terreno será tratada, se houver, de acordo com o contrato; se não houver contrato ou este não for claro, será tratado de acordo com as disposições das leis e regulamentos administrativos.

Artigo 360: Quando o direito de usufruto do terreno da construção for extinto, o cedente deve realizar o registro de cancelamento em tempo hábil. A agência de registro deve requer de volta o certificado de propriedade.

Artigo 361: Quando as terras de propriedade coletiva forem usadas como terrenos para construção, elas serão tratadas de acordo com as leis e regulamentos sobre gestão de terras.

Capítulo XIII - Direito de uso de terrenos residências

Artigo 362: O titular do direito de usar terrenos residências poderá possuir e usar terras de propriedade coletiva, de acordo com a lei, e poderá usar as terras para construir residências e instalações acessórias, observando as disposições legais.

Artigo 363: A aquisição, exercício e transferência do direito de uso de terrenos residenciais serão regidos pelas leis de gestão da terra e pelos regulamentos nacionais pertinentes.

Artigo 364: O direito de uso de terrenos residenciais será extinto, se a propriedade for perdida devido a desastres naturais ou outros motivos. Os moradores que perderam suas propriedades serão indenizados de acordo com a lei.

Artigo 365: Quando o direito de uso de terrenos residenciais, devidamente registrada for transferido ou extinto, a modificação no registro deverá ser realizada em tempo hábil.

Capítulo XIV - Do Direito de moradia

Artigo 366: O titular do direito de moradia poderá possuir e usar os direitos usufrutuários das casas de outras pessoas de acordo com o contrato, de modo a atender às necessidades de moradia.

Artigo 367: Para estabelecer o direito de moradia, as partes celebrarão um contrato por escrito.

O contrato geralmente inclui as seguintes cláusulas:

(1) O nome e domicílio da parte em questão;
(2) A localização da residência;
(3) As condições e requisitos de residência;
(4) A duração do direito de moradia;
(5) Os métodos para resolução de conflitos.

Artigo 368: O direito de moradia é estabelecido gratuitamente, salvo acordo em contrário entre as partes. Quando o direito de moradia for estabelecido, deverá ser feito o pedido de registro do direito de residência na agência de registro. O direito de residência é estabelecido no momento do seu registro.

Artigo 369: O direito de moradia não será transferido ou herdado. A moradia para a qual o direito é estabelecido não será arrendada, salvo acordo em contrário entre as partes.

Artigo 370: O direito de moradia será extinto com o fim do prazo estipulado ou com o falecimento do titular do direito. Na extinção do direito de moradia, deverá ser realizado o cancelamento do seu registro.

Artigo 371: Quando o direito de residência for estabelecido sob a forma de testamento, as disposições pertinentes deste capítulo serão aplicadas se cabíveis.

Capítulo XV - Servidão

Artigo 372: O proprietário da servidão tem o direito de usar o imóvel de terceiros, de acordo com o contrato, para melhorar a eficiência de seu próprio imóvel.

O imóvel de outras pessoas mencionadas no parágrafo anterior é o prédio serviente e o imóvel próprio é o prédio dominante.

Artigo 373: Para estabelecer uma servidão, as partes celebrarão um contrato por escrito.

Os contratos de servidão geralmente incluem as seguintes cláusulas:
(1) O nome e domicílio da parte interessadas;
(2) A localização do prédio dominante e o prédio de servidão;
(3) A finalidade e método de utilização;
(4) O prazo de servidão;

(5) As taxas e métodos de pagamento;

(6) Os métodos para resolver disputas.

Artigo 374: A servidão será estabelecida a partir da vigência do contrato firmado. Se as partes solicitarem o registro, poderão solicitar à agência de registro o registro de servidão; na ausência do registro, não poderão se opor aos terceiros de boa fé.

Artigo 375: O titular do direito de servidão deve, de acordo com o contrato, permitir que o proprietário do prédio serviente use seus bens imóveis e não deve impedir que este exerça seus direitos.

Artigo 376: O titular do direito de servidão utilizará o prédio serviente de acordo com a finalidade e o método estabelecido no contrato, devendo minimizar as restrições ao direito do prédio serviente.

Artigo 377: O prazo de servidão será acordado pelas partes, no entanto, não poderá exceder o prazo remanescente de direitos usufrutuários, direitos contratuais de gestão de terras ou direitos de uso da terra para construção.

Artigo 378: Quando o proprietário do prédio serviente, possuir direito contratual de gestão fundiária da terra, o direito usufrutuário do imóvel ou outros direitos usufrutuários estabelecidos, este continuará a desfrutar dos seus direitos apesar da servidão estabelecida.

Artigo 379: O proprietário da terra não deve estabelecer servidões sem o consentimento do usufrutuário quando houver contratos dispondo sobre o direito contratual de gestão fundiária, direito de usufruto de terra para construção, direito de construção residencial ou demais direitos sobre a terra.

Artigo 380: As servidões não serão transferidas individualmente. Nos casos em que o direito à gestão contratual fundiária e o direito ao usufruto da terra da construção forem transferidos, a servidão será transferida em conjunto, salvo disposição contrária estabelecida em acordo.

Artigo 381: A servidão não deve ser hipotecada separadamente. Nos casos em que o direito à gestão contratual fundiária e o direito ao usufruto da terra da construção forem hipotecados, as servidões serão transferidas ao mesmo tempo em que os direitos da hipoteca forem realizados.

Artigo 382: Na transferência do direito de gestão fundiária da terra, do direito de construção ou outros direitos sobre a terra, a servidão existente sobre as terras também será transferida para o terceiro.

Artigo 383: Na transferência do direito de gestão fundiária da terra, do direito de construção ou outros direitos sobre a terra, a servidão existente sobre as terras possuirá efeito juridicamente vinculante a quem recebeu a terra.

Artigo 384: O titular do direito de servidão terá o contrato de servidão extinto, quando apresentar uma das seguintes circunstâncias:

(1) Abusar de direitos de servidão em violação de disposições legais ou acordos contratuais;

(2) Não realizar o pagamento da área usada para servidão, após o vencimento e tendo duas intimações em um período razoável.

Artigo 385: Quando a servidão registrada for alterada, transferida ou extinta, o registro de alteração ou de extinção deverá ser realizado em tempo hábil.

Parte IV - Do direito real de garantia

Capítulo XVI - Disposições Gerais

Artigo 386: No inadimplemento de dívidas pelo devedor ou quando as partes concordarem em realizar o direito real da garantia, o proprietário do bem garantido terá o direito prioritário de receber a compensação pelo bem garantido de acordo com a lei, salvo disposição em contrário da lei.

Artigo 387: Para garantir a realização de atividades civis, tais como o empréstimo, compra ou venda dentre outras atividades, o credor poderá estabelecer direitos reais de garantia, de acordo com as disposições desta lei e de outras leis.

Se um terceiro fornece uma garantia ao credor em nome do devedor, pode exigir que o devedor forneça uma contragarantia. Aplicam-se às contragarantias, as disposições desta lei e outras leis.

Artigo 388: Será celebrado o contrato de garantia para constituir o direito real de garantia, conforme as disposições desta lei e de outras leis. Os contratos de garantia incluem contratos hipotecários, contratos de penhor e outros contratos com funções de garantia. O contrato de garantia é o contrato subordinado do contrato principal de direitos e obrigações. Se os direitos e obrigações do credor principal forem inválidos, o contrato de garantia será inválido, salvo disposição em contrário por lei.

Após a confirmação da nulidade do contrato de garantia, se o devedor, fiador ou credor tiver culpa, cada um deles assumirá a responsabilidade civil correspondente com base nas suas faltas.

Artigo 389: O direito real de garantia inclui os direitos do credor principal, seus juros, as penalidades por danos, a custódia da propriedade garantida e as despesas para manutenção do bem garantido. Se as partes acordarem em contrário, deverá ser seguido conforme o acordo.

Artigo 390: Durante o período de garantia, se a propriedade garantida for danificada, perdida ou expropriada, o proprietário da propriedade garantida poderá ter prioridade no recebimento de do dinheiro do seguro, indenização ou compensação.

Se o período de execução dos direitos do credor garantido não tiver expirado, o dinheiro do seguro, da indenização ou o da compensação também poderão ser depositados.

Artigo 391: Se um terceiro fornecer uma garantia sem o consentimento por escrito, e o credor permitir ao devedor transferir a totalidade ou parte da dívida, o garantidor deixa de assumir a responsabilidade pela determinada garantia da obrigação.

Artigo 392: Se as obrigações são garantidas tanto pelo bem quanto pelo garantidor, e o devedor não adimplir suas obrigações ou as partes concordarem em realizar o contrato de garantia real, o credor deverá exigir seus direitos conforme o acordado no contrato;

Na ausência de um contrato ou se este não estiver claro, o próprio devedor deverá fornecer a garantia e o credor deverá primeiro exigir o cumprimento da obrigação através do bem garantido; se o terceiro fornecer a garantia, o credor poderá realizar a reivindicação sobre a o bem garantido ou solicitar ao garantidor que assuma a responsabilidade pela garantia. Depois que o terceiro prestador da garantia cumprir com as obrigações, ele terá o direito de regresso contra o devedor.

Artigo 393: O direito real de garantia será extinto em qualquer das seguintes circunstâncias,:

(1) Os direitos do credor principal são extintos;

(2) Cumprimento das obrigações garantidas pelos direitos reais garantia;

(3) O credor renuncia ao direito real da garantia;

(4) Outras circunstâncias em que a lei prevê a extinção de direitos reais de garantia.

Capítulo XVII - Direito hipotecário

Seção 1 - Direitos hipotecários gerais

Artigo 394: Para o cumprimento da dívida garantida, se o devedor ou terceiro não ceder a posse do bem e hipotecar o imóvel ao credor, o devedor deixará de pagar a dívida devida podendo as partes concordarem em realizar uma hipoteca, tendo o credor o direito prioritário no recebimento do pagamento do imóvel.

O devedor ou o terceiro mencionado no parágrafo anterior serão os garantidores hipotecários, o credor será o titular do direito hipotecário e o bem fornecido em garantia será o bem hipotecado.

Artigo 395: O devedor ou terceiro podem dispor e serem objeto de hipoteca, os seguintes bens :

(1) Bens imóveis e outros anexos de terra;

(2) O direito de usufruto de terrenos para construção;

(3) O direito de uso de áreas marítimas;

(4) Os equipamentos de produção, matérias-primas, produtos semiacabados e produtos;

(5) Os edifícios em construção, navios e aeronaves;

(6) Os meios de transporte;

(7) Outras propriedades que não são proibidas por leis e regulamentos administrativos de hipotecas.

O devedor pode hipotecar as propriedades listadas no parágrafo anterior.

Artigo 396: As empresas, grupos industriais e comerciais e os produtores agrícolas podem hipotecar equipamentos de produção existentes ou os que vierem a existir, matérias-primas, produtos semi-acabados e produtos, se o devedor não cumprir a dívida e as partes concordarem em realizar hipoteca circunstancial, o credor terá o direito de receber prioridade no pagamento pelos bens móveis hipotecados.

Artigo 397: Quando um bem imóvel estiver hipotecado, o direito de usar o terreno para construção dentro da área ocupada pelo bem imóvel será hipotecado também. Nos casos em que o direito de usar terrenos para construção seja hipotecado, os edifícios no terreno deverão ser hipotecados juntos.

Se o hipotecário não hipotecar conjuntamente, de acordo com as disposições do parágrafo anterior, os bens não hipotecados serão considerados hipotecados conjuntamente.

Artigo 398: O direito de usar terrenos para construção de um município ou vila não deve ser hipotecado separadamente. Quando edifícios de fabricas de municípios ou vilas são hipotecados, o direito de usar terrenos para construção dentro da área ocupada também será hipotecado.

Artigo 399: As seguintes propriedades não devem ser hipotecadas:

(1) O direito de propriedade da terra;

(2) O direito de usar terras de propriedade coletiva, como propriedades rurais, terras de conservação e montanhas de conservação, exceto aquelas que podem ser hipotecadas conforme determinação legal;

(3) Instituições educacionais, instituições médicas e de saúde e outras instituições de bem-estar público de pessoas coletivas sem fins lucrativos estabelecidas para fins de bem-estar público, como escolas, jardins de infância e instituições médicas;

(4) Bens cuja propriedade ou direito de uso não seja claro ou contestado;

(5) Propriedade que foi apreendida ou supervisionada de acordo com a lei;

(6) Outras propriedades que não podem ser hipotecadas conforme exigido por leis e regulamentos administrativos.

Artigo 400: Para estabelecer a hipoteca, as partes celebrarão um contrato por escrito.

Os contratos de hipoteca geralmente incluem as seguintes cláusulas:

(1) O tipo e a quantidade de obrigações garantidas;

(2) O prazo para o devedor cumprir a obrigação;

(3) O nome e a quantidade do bem hipotecado;

(4) As abrangências da garantia.

Artigo 401: Antes do término do período de pagamento da dívida, o credor pode realizar um acordo com o garantidor para que o bem hipotecado pertença ao credor em caso de que o devedor deixe de cumprir a sua obrigação, devendo o bem hipotecado ser vendido e o valor pago prioritariamente ao credor conforme os termos da lei.

Artigo 402: Se o bem especificado no parágrafo 1 a 3 do artigo 395 ou o edifício em construção especificado no parágrafo 5 for hipotecado, a hipoteca deverá ser registrada. A hipoteca será constituída no momento do seu registro.

Artigo 403: Quando os bens móveis forem hipotecados, o direito à hipoteca será constituído quando o contrato de hipoteca entrar em vigor; na ausência do registro não produzirá efeitos contra terceiros de boa-fé.

Artigo 404: A hipoteca de bens móveis não produzirá efeitos contra o comprador que pagou preço razoável e obteve os bens hipotecados em atividades comerciais normais.

Artigo 405: Antes de o direito hipotecário ser constituído, se o imóvel hipotecado for arrendado e a posse for transferida, a relação de arrendamento não será afetada pela constituição da hipoteca.

Artigo 406: Durante o prazo da hipoteca, o garantidor poderá transferir o imóvel hipotecado. Na existência de acordo em sentido contrário, deverá seguir o acordado.

Se o bem hipotecado for transferido, o direito da hipoteca não será afetado.

Se o garantidor transferir o bem hipotecado, deverá notificar imediatamente ao credor.

Se o credor puder provar que a transferência do bem hipotecado pode danificar o direito da hipoteca, poderá solicitar antecipadamente que o garantidor do bem cumpra a obrigação ou deposite o valor em conta.

A parte do preço transferido que exceder a quantia da obrigação pertencerá ao garantidor e a parte insuficiente será paga pelo devedor.

Artigo 407: O direito à hipoteca não deve ser separado das obrigações do devedor e transferido separadamente ou usado como garantia para outras obrigações.

Nos casos em que as obrigações são transferidas, os bens hipotecados que garantem as obrigações do credor serão transferidos juntos, a menos que a lei determine o contrário ou as partes concordem em contrário.

Artigo 408: Se o comportamento do garantidor constituir em diminuição do valor do bem garantido, o credor poderá solicitar a cessão do comportamento;

se o valor do bem hipotecado diminuir, o credor terá o direito de solicitar a restauração do valor do bem hipotecado ou fornecer outra garantia correspondente ao valor reduzido. Se o garantidor não reestabelecer o valor do bem hipotecado ou não fornecer uma nova garantia, o credor terá o direito de solicitar ao devedor o pagamento antecipado da dívida.

Artigo 409: O garantidor pode renunciar a hipoteca ou ao pedido de prestar hipoteca. O garantidor e o credor podem concordar em alterar a ordem de prestação da hipoteca e os valores. No entanto, a modificação da hipoteca não deverá ter efeito adverso sobre a outra hipoteca sem o consentimento por escrito dos outros garantidores.

Se o devedor estabelecer uma hipoteca com seus próprios bens, tendo o credor renunciado à hipoteca, à ordem da prestação da hipoteca ou à alteração do direito hipotecário, outros garantidores serão isentos da responsabilidade pela garantia no âmbito da perda de direitos e interesses prioritários da hipoteca, salvo se os outros garantidores fornecerem ainda outras promessas de garantia.

Artigo 410: Se o devedor não cumprir as suas obrigações ou se as partes concordarem em realizar uma hipoteca, o credor poderá concordar com o garantidor da hipoteca em descontar o bem hipotecado ou em receber pagamento prioritário do leilão ou venda do bem hipoteca-da. Se o contrato prejudicar os interesses de outros credores, os outros credores podem solicitar ao tribunal popular a revogação do contrato. Se o credor e o garantidor não chegarem a um acordo sobre a forma de realização da hipoteca, o credor poderá solicitar ao Tribunal do Povo que leiloe ou venda o bem hipotecado.

Quando o imóvel hipotecado for descontado ou vendido, deverá ser comercializado conforme o seu valor de mercado.

Artigo 411: Tratando-se de hipoteca constituída nos termos do artigo 396. desta lei, o bem hipotecado será apurado quando ocorrer uma das seguintes situações:

(1) O período de execução das obrigações vence e as obrigações com o credor não são adimplidas;

(2) O credor é declarado falido ou dissolvido;

(3) Circunstâncias de realização dos direitos de hipoteca acordados entre as partes;

(4) Outras circunstâncias que afetam seriamente a concretização das obrigações com o credor.

Artigo 412: Quando o devedor não cumprir com as obrigações devi-das ou inadimplir com as obrigações hipotecárias, conforme acordado pelas partes, e fazer com que o bem hipotecado seja apreendido pelo Tribunal do Povo de acordo com a lei, o credor terá o direito de receber os frutos naturais do bem hipotecado a partir da data da apreensão. O devedor deverá pagar os rendimentos legais dos frutos ou rendimentos legais, a menos que o garantidor não tenha notificado a parte.

Os frutos especificados no parágrafo anterior devem ser usados primeiro para pagar o custo de coleta dos frutos.

Artigo 413: Depois que o imóvel hipotecado for descontado, leiloado ou vendido, a parte do preço que exceder o valor da obrigação perten-cera ao garantidor e a parte que faltar será quitada pelo devedor.

Artigo 414: Quando o mesmo bem estiver hipotecado para dois ou mais credores, o preço obtido no leilão ou na venda do bem hipotecado será pago de acordo com as seguintes disposições:

(1) Se o direito hipotecário tiver sido registrado, a ordem de pagamento será determinada de acordo com a hora do registro;

(2) A hipoteca registrada deve ser compensada antes da hipoteca não registrada;

(3) Se o direito hipotecário não for registrado, será pago na proporção dos direitos do credor.

Para outros direitos reais de garantia registráveis, a ordem de pagamento deve seguir às disposições do parágrafo anterior.

Artigo 415: Quando o mesmo bem tiver hipoteca e penhor, a ordem de pagamento do leilão e da venda do bem será determinado de acordo com a data de registro e entrega.

Artigo 416: O principal direito do credor garantido pela hipoteca de bens móveis é o preço do bem hipotecado.

Se o registro da hipoteca for processado dentro de dez dias após a entrega do objeto, o credor terá prioridade no recebimento do pagamento sobre os demais titulares de bens garantidos do bem hipotecado, exceto o titular do direito de penhor.

Artigo 417: Após o direito de uso do terreno para construção ser hipotecado, os edifícios recém-adicionados ao terreno não serão mais objeto de hipoteca. Quando o direito de uso do terreno para construção estiver hipotecado, os edifícios recém-adicionados ao terreno serão alienados juntamente com o direito de uso do terreno para construção. No entanto, o credor não possui a prioridade de recebimento de pagamento pelo preço do edifício recém adicionado.

Artigo 418: Quando o direito de uso terras de propriedade coletiva for hipotecado, após a realização da hipoteca, a natureza da propriedade e do uso da terra não poderá ser alterada sem procedimentos legais.

Artigo 419: O credor deverá exercer o seu direito de hipoteca antes do prazo de prescrição: se não for exercido, o Tribunal do Povo não o protegerá.

<u>Seção 2 - Direito hipotecário de valor máximo</u>

Artigo 420: Na execução da dívida garantida por bens, em que o devedor ou um terceiro fornecer bens de forma contínua dentro de um certo período, quando o devedor não cumprir com suas obrigações ou as partes concordarem em realizar uma hipoteca, o credor terá direito de receber prioritariamente os valores máximos do bem garantido.
Os direitos do credor que existiam antes do estabelecimento da hipoteca máxima podem ser transferidos para compor a hipoteca máxima, desde que com o consentimento das partes.

Artigo 421: Antes da determinação da hipoteca de valor máximo, se parte dos direitos do credor for transferida, a hipoteca do valor máximo não poderá ser transferida, salvo acordo em contrário entre as partes.

Artigo 422: Antes de serem determinados os direitos do credor garantidos pela hipoteca do valor máximo, o credor e garantidor podem realizar um contrato para alterar o prazo, a abrangência dos direitos de hipoteca e o valor máximo da hipoteca. No entanto, o conteúdo do contrato de alteração não afetará outras hipotecas.

Artigo 423: Em qualquer uma das seguintes circunstâncias, os direitos do credor da hipoteca serão constituídos:

(1) O vencimento do prazo acordado para determinar os direitos do credor;

(2) Na ausência de disposição sobre o período para determinar os direitos do credor, ou se o acordo não é claro e o credor ou o garantidor solicitam a determinação dos direitos do credor dois anos após a data de estabelecimento da hipoteca máxima;

(3) Quando for improvável que novas reivindicações ocorram;

(4) O garantidor sabe ou deveria saber que a propriedade hipotecada foi selada ou confiscada;

(5) O devedor ou o garantidor é declarado falido ou dissolvido;

(6) Outras circunstâncias estipuladas por lei para a determinação dos direitos do credor.

Artigo 424: Além das disposições desta seção, as disposições pertinentes da Seção I deste capítulo poderão ser aplicadas à hipoteca de valor máximo.

Capítulo XVIII - Da Garantia

Seção 1 - Garantia de propriedade móvel

Artigo 425: O credor terá direito de receber prioritariamente os bens móveis para a execução da dívida garantida, se o devedor ou um terceiro comprometer seus bens móveis à posse do credor, e o devedor não cumprir a dívida devida ou as partes concordarem em realizar a promessa de pagamento.

O devedor ou terceiro especificado no parágrafo anterior será o promitente, o credor será o credor pignoratício e os bens móveis entregues serão os bens penhorados.

Artigo 426: Os bens móveis cuja transferência seja proibida por leis e regulamentos administrativos não serão dados em penhor.

Artigo 427: Para estabelecer o penhor, as partes celebrarão o contrato de penhor por escrito.

O contrato de penhor geralmente inclui as seguintes cláusulas:

(1) O tipo e a quantidade de reivindicações garantidas;

(2) O prazo para o devedor pagar a dívida;

(3) O nome e a quantidade de bens penhorados;

(4) A abrangência da penhora;

(5) A hora e o método de entrega dos bens dados em penhora.

Artigo 428: Se antes do vencimento do período de cumprimento da dívida, o credor pignoratício e o promitente concordam que o bem pertence ao credor, quando o devedor deixa de cumprir suas obrigações, o bem penhorado somente poderá ser pago prioritariamente nos casos determinados pela lei.

Artigo 429: O direito de penhor será estabelecido quando o promitente entregar os bens objetos do penhor.

Artigo 430: O credor pignoratício terá direito de colher os frutos do bem penhorado, salvo acordo em contrário no contrato.

Os frutos especificados no parágrafo anterior devem ser usados primeiro para pagar o custo da sua colheita.

Artigo 431: Se o credor pignoratício usar ou alienar os bens penhorados sem o consentimento do promitente a vigência do penhor e causar danos ao promitente, será responsável pela sua indenização.

Artigo 432: O credor pignoratício terá a obrigação de manter adequadamente os bens penhorados; se os bens penhorados forem danificados ou perdidos devido a armazenamento inadequado, este será responsável pela indenização.

Se as ações do credor pignoratício puderem danificar ou destruir o bem prometido, o promitente poderá solicitar o deposito do bem prometido ou o pagamento antecipado de dívidas e, assim, a devolução do bem.

Artigo 433: Se o bem penhorado puder ser danificado ou seu valor puder ser significativamente reduzido devido a razões não atribuíveis ao credor pignoratício, porém suficientes para pôr em risco os direitos deste, ele terá o direito de solicitar ao promitente que forneça garantias correspondentes; se o promitente não o fornecer, o credor poderá leiloar ou vender o bem e negociar com o promitente o pagamento da dívida ou o depósito antecipado do valor do leilão ou da venda.

Artigo 434: Quando o credor pignoratício transfere o penhor sem o consentimento do promitente durante a existência do penhor e causar perdas ou danos aos bens penhorados, este assumirá a responsabilidade pela indenização.

Artigo 435: O credor pignoratício pode renunciar ao direito de penhor. Se o devedor oferecer garantia com seus próprios bens e o credor renunciar à penhora, outros garantidores serão isentos da responsabilidade da garantia no âmbito da perda de direitos e interesses prioritários do credor, salvo se outros garantidores se comprometam ainda a fornecer garantias.

Artigo 436: Quando o devedor pagar a dívida ou o promitente a pagar antecipadamente, o credor devolverá o bem depositado.

Se o devedor não pagar a dívida devida ou as partes concordarem em realizar a penhora, o credor pignoratício poderá negociar com o promitente a conversão do bem penhorado em desconto ou poderá receber pagamento prioritário pelo preço obtido no leilão ou na venda do bem penhorado.

Quando o bem penhorado for descontado ou vendido, deverá seguir o preço de mercado.

Artigo 437: O promitente pode solicitar ao credor pignoratício que exerça imediatamente o penhor logo após o vencimento do período de pagamento da dívida; se o credor pignoratício não o exercer, poderá solicitar ao Tribunal do Povo que leiloe ou venda os bens penhorados. O promitente poderá solicitar que o credor pignoratício exerça a penhora em tempo hábil e, se por negligência do credor pignoratício causar danos ao promitente, o credor pignoratício será responsável pela sua indenização.

Artigo 438: Depois que o bem penhorado for descontado, leiloado ou vendido, a parte do valor que exceder o valor da obrigação com o credor pertencerá ao promitente, e a parte insuficiente será paga pelo devedor.

Artigo 439: O promitente e o credor pignoratício podem estabelecer um penhor de valor máximo mediante acordo.

Além das disposições relevantes desta seção, o penhor de valor máximo deve seguir às disposições relevantes da Seção 2 do Capítulo XVII desta lei.

Seção 2 - Dos direitos da penhora

Artigo 440: O devedor ou o terceiro possuem o direito de dispor os seguintes bens penhorados;

(1) Ordens de pagamento, notas promissórias, cheques;

(2) Títulos e recebimentos de depósitos;

(3) Recibos de depósito e conhecimentos de embarque;

(4) Ações e patrimônios de fundos que possam ser transferidos;

(5) Direitos de propriedade intelectual, como direitos exclusivos de marcas registradas, de patente, autorais, dentre outros que possam ser

transferidos;

(6) Contas a receber existentes e futuras;

(7) Outros direitos de propriedade que podem ser transferidos conforme as disposições legais e regulamentos administrativos.

Artigo 441: Se for prometida uma letra de câmbio, nota promissória, cheque, caução, depósito, recibo de depósito ou conhecimento de embarque, a promessa será estabelecida quando os títulos cartulares forem entregues ao credor; não havendo títulos cartulares, o direito de penhor será estabelecido no momento do processamento do registro deste. Se a lei determinar o contrário, siga essas disposições.

Artigo 442: Se a data de saque ou data de entrega de uma letra de câmbio, nota promissória, cheque, caução, depósito, recibo de depósito, conhecimento de embarque for anterior ao vencimento do crédito principal, o credor pignoratício pode sacar ou receber a entrega, também pode concordar com o promitente em saldar a dívida ou depositar antecipadamente o preço à vista ou a retirada dos bens.

Artigo 443: Quando forem prometidas ações ou patrimônios de investimento fundo, o direito de penhor será constituído a partir do seu registro.

Depois que as ações e os patrimônios dos fundos de investimento forem prometidos, eles não serão transferidos, a menos que o promitente e o credor pignoratício concordem através de aviso prévio. O preço obtido pelo promitente pela transferência de ações ou os patrimônios dos fundos de investimento devem ser pagos ou depositados antecipadamente para o credor.

Artigo 444: Quando o direito de usar marcas registradas, patentes, direitos autorais e outros direitos de propriedade intelectual for oferecido como garantia, o direito de penhor será constituído quando for devidamente registrado.

Uma vez que os direitos de propriedade forem prometidos, o promitente não deverá transferir ou permitir que outros o usem, a menos que o promitente e o credor pignoratício concordem mediante consulta. O preço obtido pelo promitente pela transferência ou permissão de uso deve ser pago ou depositado antecipadamente para o credor.

Artigo 445: Quando as contas a receber forem penhoradas, o direito de penhor será estabelecido quando for devidamente registrado.

Uma vez que a garantia da conta a receber for prometida, ela não poderá ser transferida a menos que o promitente e o credor pignoratício concordem mediante consulta. O preço obtido pelo prometedor da transferência das contas a receber deve ser pago ou depositado antecipadamente com o penhor.

Artigo 446: Além do disposto nesta seção, as disposições relacionadas da Seção 1 deste capítulo serão aplicáveis à garantia de direitos.

Capítulo XIX - Do direito de detenção

Artigo 447: Se o devedor deixar de cumprir a dívida devida, o credor poderá reter os bens móveis do devedor que se encontrem legalmente sobre sua posse, e terá direito ao pagamento preferencial em relação aos bens móveis.

O credor mencionado no parágrafo anterior é o detentor da garantia, e os bens móveis em posse são os bens da garantia.

Artigo 448: O penhor de bens móveis oferecidos ao credor deve pertencer à mesma relação jurídica entre o devedor e o credor, salvo no caso de penhora entre empresas.

Artigo 449: Os bens móveis proibidos por lei ou acordados pelas partes em não serem penhorados, não serão detidos pelo credor.

Artigo 450: Quando o bem detido for divisível, o valor do bem deverá ser equivalente ao valor da dívida.

Artigo 451: O detentor da garantia tem a obrigação de manter adequadamente o bem penhorado; se o bem penhorado for danificado ou perdido devido a armazenamento inadequado, o detentor será responsável pela indenização.

Artigo 452: O detentor da garantia tem o direito de receber os frutos do bem penhorado. Os frutos especificados no parágrafo anterior devem ser usados primeiro para pagamento dos custos da coleta dos frutos.

Artigo 453: O detentor e o devedor devem concordar com o prazo de pagamento da dívida após a penhora do bem; se não houver acordo ou não for claro, o detentor concederá ao devedor um período de mais de 60 dias para pagamento da dívida, exceto para bens móveis que não são fáceis de manter, como aqueles que são frescos ou perecíveis. Se o devedor não realizar o pagamento dentro do prazo, o detentor da garantia poderá negociar com o devedor o desconto ou poderá receber pagamento prioritário pelo leilão ou venda do bem penhorado.

Nos casos em que os bens penhorados são descontados ou vendidos, deverá observar o preço de mercado.

Artigo 454: O devedor pode solicitar ao detentor o exercício da garantia após o término do período de execução da dívida; se o detentor rejeitar o bem oferecido como garantia, o devedor poderá solicitar ao Tribunal do Povo que faça leilão ou venda do bem penhorado.

Artigo 455: Após o desconto, venda em leilão ou venda do bem penhorado, a parte do valor que exceder o valor para pagamento da dívida deverá pertencer ao devedor, e a parte insuficiente será paga pelo devedor.

Artigo 456: Quando for constituída penhor ou promessa sobre o mesmo bem móvel, e o bem móvel for detido novamente, o detentor receberá pagamento prioritário na indenização.

Artigo 457: Se o detentor da garantia perder a posse da propriedade sob a garantia ou se aceitar outra garantia prestada pelo devedor, a garantia será extinta.

Parte V - Da Posse

Capítulo XX - Da posse

Artigo 458: Deve estar em conformidade com o acordado a posse decorrente das relações contratuais, tais como o uso de bens imóveis ou móveis, rendimentos, responsabilidades por quebra de contrato ou dentre outros; se não houver contrato ou o contrato não for claro, as leis e regulamentos serão aplicáveis.

Artigo 459: Quando o possuidor usar os bens imóveis ou móveis e causar danos, o possuidor de má-fé será responsável pela indenização.

Artigo 460: Quando o imóvel ou móvel for ocupado pelo possuidor, o titular do direito poderá solicitar a devolução do bem original e de seus frutos; no entanto, caberá ao possuidor de boa-fé o pagamento referente às despesas necessárias para a manutenção do bem imóvel ou móvel.

Artigo 461: Quando os bens imóveis ou bens móveis de garantia estiverem danificados ou perdidos, o credor dos bens imóveis ou bens móveis poderá solicitar uma indenização, e deverá o possuidor devolver o valor da garantia, da indenização ou a indenização obtida devido ao dano ou perda ao credor; se o dano do credor não tiver sido adequadamente compensado, o detentor de má-fé também deverá compensar a perda.

Artigo 462: Quando os bens imóveis ou móveis de garantia forem violados, o possuidor terá o direito de solicitar a devolução do bem em seu estado original; para atos que impeçam a posse, o possuidor terá o direito de requerer a remoção do obstáculo ou a eliminação do perigo; se o dano for causado pela ocupação ou o obstáculo, o possuidor terá o direito de solicitar uma indenização por danos de acordo com a lei

Se o direito do possuidor de solicitar a restauração da propriedade original não for exercido no prazo de um ano a partir da data da ocupação, ele será extinto.

LIVRO III - CONTRATOS

Parte I - As regras gerais

Capítulo I - Disposições Gerais

Artigo 463: Esta parte da Lei regulamenta a relação civil decorrente do contrato.

Artigo 464: Um contrato é um acordo entre entidades civis para constituir, modificar e encerrar relações jurídicas civis.

Para casamento, adoção, tutela e outros acordos relacionados a relacionamentos de identidade, as disposições legais relacionadas serão aplicadas; se não houver disposições, poderão ser aplicadas as deste capítulo no que lhes couber.

Artigo 465: Os contratos constituídos de acordo com a lei serão protegidos por lei.

Um contrato constituído conforme a lei será juridicamente vinculativo para as partes, salvo disposição legal em contrário.

Artigo 466: Quando as partes tiverem uma disputa sobre o entendimento dos termos do contrato, o entendimento será determinado de acordo com o disposto no primeiro parágrafo do artigo 142 desta lei.

Se o texto do contrato for elaborado em dois ou mais idiomas e o contrato tiver o mesmo objetivo, presume-se que as palavras e frases usadas em cada texto tenham o mesmo significado. Se as palavras e frases usadas nos textos forem inconsistentes, a interpretação deverá se basear nas cláusulas relevantes na natureza, na finalidade e nos princípios de integridade do contrato.

Artigo 467: Os contratos que não estejam expressamente previstos nesta lei ou em outras leis serão regidos pelas disposições das Normas Gerais desta Parte, e poderão ser usadas as disposições desta Parte ou os contratos mais semelhantes de outras leis.

Aplicam-se as leis da República Popular da China aos contratos de joint venture sino-estrangeiras, contratos de empreendimentos cooperativos sino-estrangeiros e contratos de exploração e desenvolvimento de recursos naturais cooperativos sino-estrangeiros realizados no território da República Popular da China.

Artigo 468: Serão aplicáveis para a relação de direitos e dívidas do credor não resultante de um contrato, as disposições legais relativas à relação de direitos e devedores do credor; se não houver uma disposição, poderão ser aplicadas as disposições relevantes desta norma geral, salvo aquelas que não possam ser aplicadas devido à sua natureza.

Capítulo II - Elaboração de Contratos

Artigo 469: As partes podem celebrar contrato por escrito, oral ou de outras formas.

São contratos os documentos escritos, as cartas, telegramas, telex, fax dentre outros meios que possam expressar de maneira tangível o conteúdo contido.

São consideradas formas escritas, o conteúdo contido que pode ser expresso de forma tangível por meio de troca eletrônica de dados, e-mail ou outros meios, com mensagens de dados que podem ser recuperadas a qualquer momento.

Artigo 470: O conteúdo do contrato deve ser acordado pelas partes e geralmente inclui as seguintes cláusulas:

(1) O nome e domicílio das partes;

(2) O objeto;

(3) A quantidade;

(4) A qualidade;

(5) O preço ou remuneração;

(6) O prazo, local e método de execução;

(7) A responsabilidade por quebra de contrato;

(8) Os métodos para resolver disputas.

As partes podem celebrar contratos com referência aos textos modelo de vários tipos de contratos.

Artigo 471: As partes podem celebrar um contrato sob a forma de oferta, promessa ou outros métodos.

Artigo 472: Uma oferta é uma expressão de intenção de celebrar um contrato com outra pessoa, e a expressão de intenção deve atender às seguintes condições:

(1) O conteúdo é determinado especificamente;

(2) É indicado que o ofertante está vinculado à promessa do ofertando.

Artigo 473: Um convite para uma oferta é um sinal de que você deseja que outras pessoas façam uma oferta para este. São convites para ofertas, os anúncios de leilão, anúncios de licitação, prospectos, medidas de solicitação de títulos, prospecto de fundos, anúncios comerciais, publicidade e listas de preços enviadas,

anúncios comerciais e publicidade que atendem às condições da oferta constituem uma oferta.

Artigo 474: O momento em que a oferta se tornar efetiva será regido pelo disposto no artigo 137 desta lei.

Artigo 475: A oferta pode ser retirada. A retirada da oferta será regida pelo disposto no artigo 141 desta Lei.

Artigo 476: A oferta pode ser revogada, salvo nas seguintes circunstâncias:

(1) O ofertante confirma o prazo de aceitação ou outras formas para indicar expressamente que a oferta é irrevogável;

(2) O destinatário tem motivos para acreditar que a oferta é irrevogável e fez os preparativos razoáveis para a execução do contrato.

Artigo 477: Se a intenção de retirar uma oferta for feita por meio de diálogo, o conteúdo da intenção deve ser conhecido pelo destinatário antes ele faça uma promessa; se a intenção de retirar uma oferta for feita em um sem diálogo, a intenção deve chegar ao destinatário antes que este faça uma promessa.

Artigo 478: A oferta se tornará inválida, em qualquer uma das seguintes circunstâncias,

(1) A oferta é rejeitada;

(2) A oferta é revogada de acordo com a lei;

(3) O prazo da promessa expira e o destinatário não fez a sua promessa;

(4) O destinatário realiza alterações substanciais no conteúdo da oferta.

Artigo 479: Uma promessa é uma expressão do consentimento do destinatário à oferta.

Artigo 480: As promessas devem ser feitas por meio de aviso prévio, porém, a promessa pode ser feita também por meio do comportamento, se mostrado pelo costume da transação ou pela oferta.

Artigo 481: A aceitação chegará ao ofertante dentro do prazo determinado pela oferta.

Se a oferta não determinar o prazo para aceitação, esta deve chegar de acordo com as seguintes disposições:

(1) Quando a oferta for feita por meio de diálogo, a promessa será feita imediatamente;

(2) Quando a oferta for feita sem diálogo, a promessa deve chegar dentro de um prazo razoável.

Artigo 482: Quando a oferta for feita por carta ou telegrama, o prazo de aceitação será calculado a partir da data especificada na carta ou na data em que o telegrama for entregue para envio. Se a carta não especificar uma data, o cálculo do prazo começará a partir da data do carimbo da carta. Nos casos em que a oferta é feita por métodos de comunicação rápidos, como telefone, fax, email, dentre outros, o período de aceitação começa a contar quando a oferta chega ao destinatário.

Artigo 483: O contrato será constituído quando a aceitação se tornar efetiva, salvo disposição em contrário na lei ou acordado entre as partes.

Artigo 484: O prazo efetivo de uma promessa assumido por meio de notificação será regido pelo disposto no artigo 137 desta Lei.

Se a promessa não exigir notificação, ele entrará em vigor conforme os hábitos de negociação ou requisitos da oferta.

Artigo 485: As promessas podem ser retiradas. O artigo 141 desta lei é aplicável à retirada da promessa.

Artigo 486: Se o ofertado emitir uma promessa após o prazo de aceitação, ou se não chegar ao ofertante a tempo em circunstâncias normais, será considerado como uma nova oferta; exceto que o destinatário informe prontamente ao destinatário de que a promessa é válida.

Artigo 487: Se o ofertado emite uma promessa dentro do prazo e pode chegar ao ofertante em tempo e circunstâncias normais, mas por outros motivos, a promessa chega ao ofertante após o prazo, o compromisso será válido se o ofertante informe prontamente ao ofertado de que não o aceitará porque o mesmo está fora do prazo.

Artigo 488: O conteúdo da promessa deve ser consistente com o conteúdo da oferta. Se o ofertado fizer uma alteração substancial no conteúdo da oferta, será considerado como uma nova oferta. São alterações substanciais no conteúdo da oferta, as alterações no objeto do contrato, quantidade, qualidade, preço ou remuneração, prazo de execução, local e método de execução, responsabilidade por quebra de contrato e métodos de resolução de disputas

Artigo 489: Quando uma alteração não substancial ao conteúdo da oferta for realizada, salvo se o ofertante expresse sua objeção em tempo hábil ou indique que não realizará alterações no conteúdo da oferta, a promessa é válida e o conteúdo do contrato deve prevalecer.

Artigo 490: Quando as partes celebrarem um acordo sob a forma de contrato, este será constituído se ambas as partes assinarem e selarem ou seguirem suas impressões digitais. Antes da assinatura, lacre ou impressão digital, uma parte cumprirá suas principais obrigações e o contrato será constituído se a outra parte o aceita.

O contratado seguirá a forma escrita quando for determinado por lei, regulamentos administrativos ou acordo das partes, se as partes não utilizarem a forma escrita quando exigido, porém uma das partes cumprir as obrigações principais e a outra parte o aceita, o contrato será concluído.

Artigo 491: Se as partes celebram um contrato na forma de cartas, mensagens de dados, ou outras formas, e exigem a assinatura de uma carta de confirmação, o contrato será constituído quando a carta de confirmação for assinada.

Se as informações dos produtos ou serviços divulgadas por uma parte na Internet ou outras redes de informação atenderem às condições da oferta, o contrato será estabelecido quando a outra parte selecionar o produto ou serviço e realizar o pedido com êxito, a menos que seja acordado de outra forma pelas partes.

Artigo 492: O local em que a promessa entra em vigor é o local da celebração do contrato.

Se um contrato for celebrado na forma de mensagem de dados, o estabelecimento principal de trabalho do destinatário será o local onde o contrato foi constituído; na ausência de estabelecimento principal de trabalho, o domicílio será considerado o local em que o contrato foi constituído. Se as partes acordaram em contrário, deverão seguir o acordado.

Artigo 493: Quando as partes celebrarem um acordo sob a forma de contrato, o local final da assinatura, do selo ou da impressão digital será o local de constituição do contrato, salvo acordo em contrário das partes.

Artigo 494: Quando o Estado emitir tarefas nacionais de pedidos ou tarefas obrigatórias com base em resgate, auxílio em desastres, prevenção e controle de epidemias ou outras necessidades, as entidades civis relevantes deverão celebrar contratos em conformidade com os direitos e obrigações estipulados pelas leis e regulamentos administrativos.

As partes que são obrigadas a fazer uma oferta de acordo com as disposições das leis e regulamentos administrativos deverão fazer a oferta de forma razoável e em tempo hábil.

A parte que é obrigada a se comprometer de acordo com as leis e regulamentos administrativos não deve recusar a solicitação razoável da outra parte para concluir o contrato.

Artigo 495: O contrato de nomeação se constituí quando as partes celebram em um determinado período para que no futuro seja realizada a assinatura, o pedido, a reserva ou outros.

Se uma das partes não cumprir as obrigações contratuais estipuladas no contrato de nomeação, a outra parte poderá solicitar que ela assuma a responsabilidade pela quebra do contrato de nomeação.

Artigo 496: As cláusulas padrão são aquelas que são elaboradas previamente pelas partes para uso repetido e não são negociadas com a outra parte quando o contrato é celebrado.

Quando as cláusulas padrão são usados para concluir um contrato, a parte que fornece as cláusulas padrão deve determinar os direitos e obrigações entre as partes de acordo com o princípio da justiça e adotar métodos razoáveis para lembrar à outra parte de isentar ou reduzir suas responsabilidades e outros termos que têm um interesse maior. Os requisitos desta cláusula são explicados. Se a parte que fornece os termos padrão deixar de cumprir sua obrigação de solicitar ou explicar, fazendo com que a outra parte não preste atenção ou não compreenda os termos que têm um interesse maior neles, a outra parte pode alegar que os termos não se tornam o conteúdo do contrato.

Artigo 497: A cláusula padrão será inválida, em qualquer uma das seguintes circunstâncias;

(1) Possuir as circunstâncias inválidas, conforme previsto no Capítulo

VI, Seção 3 do Título I desta Lei e no artigo 506 desta Lei;

(2) A parte que fornece as cláusulas padrão isenta ou reduz injustificadamente sua responsabilidade, agravando a responsabilidade e restringindo os principais direitos da outra parte;

(3) A parte que fornece as cláusulas padrão exclui os principais direitos da outra parte.

Artigo 498: Quando houver disputa sobre o entendimento das cláusulas padrão, deverá ser interpretado de acordo com o entendimento comum. Se houver duas ou mais interpretações das cláusulas padrão, deverá ser feita uma explicação que seja favorável ao aderente. Em eventual disputa entre as cláusulas padrão e não padronizadas, deverão ser adotadas as cláusulas não padronizadas.

Artigo 499: Se a pessoa que oferece uma recompensa declarar publicamente que quem realizar um determinado ato será paga, a pessoa que realizar o ato poderá solicitar a recompensa.

Artigo 500: No processo de celebração do contrato, as partes serão responsáveis pela indenização se tiverem uma das seguintes circunstâncias que causem prejuízos à outra parte:

(1) Realizar contrato sob o pretexto de negociar maliciosamente;

(2) Ocultar intencionalmente fatos importantes relacionados à celebração do contrato ou fornecer informações falsas;

(3) Outros atos que violem o princípio da boa fé.

Artigo 501: Independentemente do contrato ser celebrado ou não, os segredos comerciais ou outras informações devem ser mantidas em sigilo, inclusive aquelas que as partes adquiriram durante o processo de celebração do contrato, não podendo ser divulgados ou usados de maneira inadequada; se os segredos ou as informações comerciais forem vazados ou usados indevidamente, causando prejuízos à outra parte, haverá responsabilidade civil e caberá indenização.

Capítulo III - Validade dos Contratos

Artigo 502: O contrato celebrado conforme a lei, entrará em vigor a partir do momento da sua constituição, salvo disposição legal em sentido contrário ou acordo entre as partes.

De acordo com as disposições legais e regulamentos administrativos, se o contrato exigir formalidades para sua validade, siga-as. O não cumprimento das formalidades afetará a eficácia do contrato, contudo não afetará a vigência das obrigações contratuais e das cláusulas relacionadas.

Se a parte que deve cumprir as formalidades não cumprir suas obrigações, a outra parte poderá solicitar que assuma a responsabilidade pela violação desse dever.

De acordo com as disposições das leis e regulamentos administrativos, os procedimentos do parágrafo anterior serão aplicados às alterações, transferências e revogações do contrato.

Artigo 503: O contrato será considerado ratificado, quando um mandatário não autorizado celebrar o contrato em nome do mandante, e ele começar a cumprir as obrigações contratuais ou aceitar o desempenho da contraparte.

Artigo 504: Um contrato celebrado pelo representante legal de uma pessoa jurídica ou responsável por uma organização não incorporada além do poder delegado, salvo se a contraparte conheça ou deva estar ciente da autoridade excedente, o ato do representante será considerado válido e o contrato celebrado também será considerado válido para a pessoa jurídica ou organização não incorporada.

Artigo 505: A validade do contrato celebrado entre as partes além do escopo de negócios será determinada de acordo com as disposições do Capítulo VI, Seção III desta Lei e com as disposições pertinentes desta Parte, a não devendo a invalidade do contrato ser alegada com base apenas no excesso do escopo do negócio.

Artigo 506: As seguintes cláusulas de isenção de responsabilidade no contrato são inválidas:

(1) Aquela que causar danos pessoais à outra parte;

(2) Aquelas que causem perdas de bens da outra parte por negligência ou imprudência.

Artigo 507: Se o contrato for ineficaz, inválido, extinto ou rescindido, não afetará a validade das cláusulas do contrato relacionadas aos métodos de resolução de disputas.

Artigo 508: Na ausência de estipulação de validade de um contrato neste capítulo, serão aplicáveis as disposições pertinentes do Capítulo VI da Parte I desta Lei.

Capítulo IV - Execução do Contrato

Artigo 509: As partes cumprirão integralmente suas obrigações de acordo com o contrato.

As partes devem respeitar o princípio da boa-fé e cumprir as obrigações de notificação, assistência e confidencialidade de acordo com a natureza, finalidade e hábitos de negociação do contrato.

No processo de cumprimento do contrato, as partes devem evitar desperdiçar recursos, poluir o meio ambiente e desmatamento ecológico.

Artigo 510: Após a vigência do contrato, se as partes não concordarem com a qualidade, preço, remuneração, ou local da execução, poderão aditá-lo mediante acordo; se o contrato aditado não puder ser cumprido, será determinado de acordo com os termos relativos ao contrato ou das práticas de transação.

Artigo 511: Quando as partes não tiverem concordado claramente com o conteúdo do contrato e não puderem ser determinadas de acordo com o disposto no artigo anterior, serão aplicadas as seguintes disposições:

(1) Se os requisitos de qualidade não forem claros, siga os padrões nacionais obrigatórios; se não houver padrões nacionais obrigatórios, siga os padrões nacionais recomendados; se não houver padrões nacionais recomendados, siga os padrões do setor; se não houver padrões nacionais ou padrões do setor, o contrato deverá seguir com os padrões normais ou os padrões que atendam ao objetivo do contrato.

(2) Se o preço ou remuneração não for claro, ele deve ser cumprido de acordo com o preço de mercado do local de execução do momento da celebração do contrato; quando o preço fixo do governo ou o preço recomendado pelo governo devem ser implementados de acordo com a lei, os contratos devem ser cumpridos de acordo com os termos legais.

(3) Se o local de cumprimento não for claro ou se o pagamento já for efetuado, o contrato será realizado no local da moeda usada para o pagamento; a execução do contrato será realizada na localização do imóvel, se o imóvel já for entregue; para outros bens, a execução será realizada no local do devedor.

(4) Se o prazo de execução não for claro, o devedor poderá executá-la a qualquer momento e o credor também poderá solicitar a execução a qualquer momento, mas o devedor deverá ter o prazo de preparação necessário.

(5) Se o método de execução não for claro, deverá ser executado de maneira que seja condizente à realização do objetivo do contrato.

(6) Se o ônus das despesas da execução não for claro, o devedor assumirá a obrigação de pagar; as despesas de execução aumentadas devido às razões do credor serão suportadas por ele.

Artigo 512: Quando o objeto de um contrato eletrônico for concluído através da Internet ou de outras redes de informação e a entrega de mercadorias for entregue pela transportadora expressa, o horário do recebimento pelo destinatário será considerado como o horário da entrega. Se o objeto do contrato eletrônico for prestar serviços, o horário especificado no comprovante eletrônico gerado ou no comprovante físico será considerado como o horário da prestação do serviço; se o comprovante acima mencionado não especificar o horário ou a hora declarada for inconsistente com a hora real do serviço, esta última deverá prevalecer.

Se o objeto do contrato eletrônico for entregue por transmissão on--line, o momento em que o objeto do contrato entra no sistema específico designado pela outra parte e que passar a ser identificado será considerado a hora de entrega.

Se as partes de um contrato eletrônico tiverem acordado de outra forma o método e o horário da entrega de mercadorias ou prestação de serviços, o contrato deverá ser seguido.

Artigo 513: Quando os preços governamentais ou preços recomendados pelo governo são implementados, e o preço do governo é ajustado dentro do prazo de entrega acordado no contrato, o preço deverá ser reajustado para o preço do momento da entrega. Em caso de atraso na entrega do objeto será adotado o preço original, somente será adotado o preço novo se este for menor que o original. No caso de retirada tardia do objeto ou atraso no pagamento, o novo preço será adotado quando o preço aumentar, e o preço original será adotado quando o preço diminuir.

Artigo 514: Salvo disposição em contrário da lei ou acordado pelas partes, o credor pode solicitar ao devedor que pague a dívida na moeda oficial do local de cumprimento do contrato, exceto quando previsto de outra forma pelo pagamento em dinheiro.

Artigo 515: Quando houver várias obrigações e o devedor precisar apenas executar uma delas, ele terá o direito de escolher; a menos que a lei determine o contrário, as partes podem concordar de forma diversa ou estabelecer outras formas de negociação.

Se a parte que tem o direito de escolher não fizer uma escolha dentro do prazo acordado ou no prazo de vencimento da obrigação, após notificação, o direito de escolha será transferido para a outra parte.

Artigo 516: Quando as partes exercerem seu direito de escolha, notificarão a outra parte em tempo hábil e, quando a notificação chegar à outra parte a obrigação será determinada. A obrigação não pode ser alterada depois de confirmado, exceto com o consentimento da outra parte.

No caso em que a obrigação opcional não puder ser cumprida a parte com o direito de escolha não deverá escolher a obrigação não cumprida, salvo se a obrigação não cumprida for causada pela outra parte.

Artigo 517: Se houver dois ou mais credores, a obrigação poderá ser dividida em ações, cabendo a cada credor a sua parte; se houver dois ou mais devedores, a obrigação também poderá ser dividida de acordo com as ações de cada um.

Se for difícil determinar a parte do credor por ação ou do devedor por ação, considerar-se-á que as ações são iguais.

Artigo 518: Na existência de dois ou mais credores, poderão todos ou alguns deles exigir o cumprimento da obrigação, considerando-se como obrigação solidária; se houver dois ou mais devedores e o credor puder solicitar o cumprimento em parte ou total da obrigação, considera-se como obrigação em conjunto.

As reivindicações conjuntas ou as obrigações solidárias devem ser estipuladas por lei ou acordadas entre as partes.

Artigo 519: Quando for difícil determinar a parte de cada devedor solidário, a obrigação será dividida em partes igualitárias para cada devedor.

Quando um devedor de obrigação solidária assumir mais do que sua parte da dívida, ele possui direito de regresso contra o outro devedor também se sub-rogará na posição do credor, mas não deve prejudicar os interesses do credor originário. As reclamações dos demais devedores solidários contra o credor, poderá ser pleiteada contra o devedor. Se o devedor solidário em recuperação judicial não puder cumprir a sua parte, os demais devedores deverão dividir a parte dele proporcionalmente dentro do escopo correspondente.

Artigo 520: Quando parte dos devedores solidários cumprir, compensar a dívida ou depositar o valor, a dívida dos demais devedores para com o credor será liquidada no âmbito correspondente; e o devedor poderá cobrar de outros devedores de acordo com as disposições do artigo anterior.

Se as dívidas de parte dos devedores solidários forem perdoadas pelos credores, as dívidas dos demais devedores aos credores extinguir-se-ão no âmbito da parcela dos devedores solidários.

Se as dívidas de parte do devedor solidário e os direitos do credor pertencerem à mesma pessoa, os direitos do credor para com os demais devedores continuam a existir após dedução da parte que o devedor deve suportar.

Se o credor conceder prazo maior para o pagamento da parcela da dívida, o mesmo será válido para os demais devedores solidários.

Artigo 521: Se for difícil determinar as partes dos credores em conjunto, elas serão consideradas iguais.

Os credores em conjunto que receberem o pagamento da dívida deverão dividir o valor com os demais na proporção de suas partes.

Para cobranças conjuntas, aplica-se as disposições deste capítulo sobre dívidas conjuntas.

Artigo 522: Se as partes concordarem que o devedor deve pagar a dívida a terceiros e o devedor não pagar a dívida para o terceiro ou se a forma pagamento não seguir aquilo determinado pelo contrato, o devedor será responsável por quebra de contrato.

Por determinação legal ou acordo entre as partes, o terceiro pode solicitar diretamente ao devedor o pagamento da dívida, se o terceiro não recusar a oferta expressamente dentro de um prazo razoável, e se o devedor não realizar o pagamento da dívida ou se a forma de pagamento não atender aquilo estabelecido no contrato, o terceiro pode solicitar ao devedor para que assuma a responsabilidade por quebra de contrato;

a reclamação contra o credor pode ser direcionada também ao terceiro.

Artigo 523: Se por acordo as partes estabelecerem que o terceiro pagará a dívida ao credor, e este não pagar a dívida ou realizar o pagamento de forma diversa daquilo estabelecido no contrato, o devedor assumirá a responsabilidade por quebra de contrato com o credor.

Artigo 524: Se o devedor não pagar a dívida e o terceiro tiver interesse legítimo no pagamento da dívida, este poderá cobrar a dívida ao credor; salvo se a obrigação somente puder ser executada pelo devedor em razão da natureza, do acordo entre as partes ou por determinação legal.

Após o credor aceitar o pagamento de terceiros, o terceiro se sub-roga nos direitos do credor, salvo se o devedor e o terceiro tenham acordado em contrário.

Artigo 525: Se as partes tiverem dívidas entre si e não houver ordem de pagamento, elas serão cumpridas simultaneamente. A parte possui o direito de recusar sua solicitação de execução da obrigação antes que a outra parte a realize. Da mesma forma, a parte possui o direito de recusar sua solicitação de cumprimento da obrigação correspondente quando a outra parte não atender as disposições do contrato.

Artigo 526: Havendo dívidas simultâneas entre ambas partes e existindo uma ordem no cumprimento das obrigações: se a parte que deve pagar a dívida primeiro não o fizer, a outra parte terá o direito de recusar sua solicitação de pagamento. Se a parte que deve pagar a dívida primeiro não o fizer de acordo com o contrato, a outra parte terá o direito de recusar o pagamento.

Artigo 527: A execução da obrigação poderá ser suspensa, se a parte que deve pagar a dívida primeiro tiver provas conclusivas de que a outra parte tem uma das seguintes circunstâncias:

(1) As condições comerciais deterioraram-se seriamente;

(2) Houve transferência de bens e evacuação de fundos para evitar dívidas;

(3) perda de reputação nos negócios;

(4) Outras circunstâncias em que o pagamento da dívida tenha sido ou possa ser perdido

Se a parte suspender o pagamento sem provas conclusivas, será responsável pela quebra do contrato.

Artigo 528: Se uma parte suspender a execução de acordo com o disposto no artigo anterior, notificará imediatamente a outra parte. Se a outra parte fornecer uma garantia apropriada, a execução será retomada. Após a suspensão da execução, se a outra parte não reestabelecer a execução e deixar de fornecer garantias apropriadas dentro de um prazo razoável será considerado inadimplente da dívida principal por sua própria conduta, a parte que suspendeu a execução pode rescindir o contrato e solicitar à outra parte a responsabilidade por quebra de contrato.

Artigo 529: Quando a divisão, fusão ou mudança de domicílio do credor não for notificado ao devedor, causando dificuldades no cumprimento da dívida, o devedor poderá suspender o cumprimento da dívida ou depositar o valor referente.

Artigo 530: O credor pode recusar o pagamento antecipado da dívida, salvo se o pagamento antecipado não prejudicar os interesses do credor.

O devedor arcará com as despesas adicionais quando ele optar por pagar antecipadamente a dívida ao credor.

Artigo 531: O credor pode recusar o recebimento parcial da dívida, salvo se o pagamento parcial não causar prejuízos aos interesses do credor.

Se aumentar o valor das despesas do credor no pagamento da dívida, serão custeadas pelo devedor.

Artigo 532: Após o contrato entrar em vigor, as partes não deixarão de cumprir suas obrigações contratuais devido a alterações em seus nomes ou mudanças de seus representantes legais, responsáveis ou administradores.

Artigo 533: Após a entrada em vigor do contrato, se as condições básicas do contrato sofreram grandes alterações que não eram previsíveis pelas partes na hora de sua celebração, a parte prejudicada poderá renegociar os termos do contrato caso não gere risco comercial; se a negociação falhar dentro de um prazo razoável, as partes poderão solicitar ao Tribunal do Povo, ou à instituição da arbitragem, que altere ou resolva o contrato.

O Tribunal do Povo ou a instituição de arbitragem deve, à luz da situação real do caso, modificar ou resolver o contrato de acordo com o princípio da justiça.

Artigo 534: A supervisão e gestão do mercado e outras autoridades administrativas pertinentes serão responsáveis pela supervisão e tratamento das partes que usam contratos para cometer atos que causem risco aos interesses públicos nacionais ou sociais, de acordo com as leis e regulamentos administrativos.

Capítulo V - Preservação dos Contratos

Artigo 535: Se o devedor for negligente no cumprimento das obrigações com o credor ou com as obrigações subordinados relacionados ao credor, o credor poderá solicitar ao tribunal popular a sub-rogação para cumprir as obrigações do devedor com a contraparte, salvo se os direitos pertencem exclusivamente ao próprio devedor.

A forma de exercício dos direitos de sub-rogação é limitada às obrigações devidas aos credores. As despesas necessárias para o credor exercer o direito de sub-rogação serão custeadas pelo devedor.

Eventual reclamação da contraparte contra o devedor pode ser direcionada contra o credor.

Artigo 536: Antes do vencimento dos direitos do credor ou dos diretos relacionados aos direitos do credor, como quando estejam na iminência da prescrição ou quando os créditos da falência não estejam habilitados em tempo hábil podendo prejudicar a execução dos direitos do credor, o credor pode requerer a sub-rogação da contraparte do devedor para requerer ao administrador da falência a habilitação dos créditos ou praticar outros atos necessários.

Artigo 537: Se o Tribunal do Povo determinar a constituição do direito de sub-rogação, a contraparte do devedor cumprirá as obrigações para com o credor. Depois que o credor aceitar o cumprimento da obrigação, os direitos e obrigações correspondentes entre o credor e o devedor e entre o devedor e a contraparte serão extintos. Se os créditos do devedor com a contraparte ou os direitos subordinados relacionados com o crédito estiverem sujeitos a medidas de preservação e execução, ou se o devedor for à falência, isso será tratado de acordo com as leis aplicáveis.

Artigo 538: Quando o devedor dispõe de bens livremente, dos direitos do credor, as garantias dos direitos do credor, transferindo bens gratuitamente, ou estende maliciosamente o prazo de cumprimento dos direitos do credor, afetando o cumprimento das obrigações, o credor pode solicitar ao Tribunal do Povo que cesse o comportamento do devedor.

Artigo 539: Se o devedor transfere bens a um preço excessivamente baixo, aceita os bens de outra pessoa a um preço excessivamente alto ou oferece garantia para a dívida de outra pessoa, afetando o cumprimento das obrigações do credor, caso a contraparte do devedor sabe ou deveria saber, o credor poderá solicitar ao Tribunal do Povo que cesse o comportamento do devedor.

Artigo 540: A abrangência do exercício do direito de revogação é limitado aos direitos do credor. As despesas necessárias para o credor exercer o direito de revogação serão custeadas pelo devedor.

Artigo 541: O direito de revogação será exercido no prazo de um ano a partir da data em que o credor souber ou deveria saber o motivo da revogação. Se o direito de revogação não for exercido dentro de cinco anos a partir da data em que o ato do devedor ocorreu, ele será extinto.

Artigo 542: Se os comportamentos que afetem o cumprimento das obrigações do credor forem revogados, eles não terão força vinculativa desde o início.

Capítulo VI - Modificação e Cessão de Contrato

Artigo 543: As partes podem concordar em alterar o contrato mediante consulta.

Artigo 544: Se as partes não tiverem concordado claramente sobre o conteúdo da alteração do contrato, presume-se que não foi alterado.

Artigo 545: O credor pode transferir a totalidade ou parte dos direitos do credor para terceiros, exceto nas seguintes circunstâncias:

(1) Não transferível pela natureza dos direitos do credor;

(2) Não transferível de acordo com o acordo das partes;

(3) Não transferível de acordo com a lei.

Se as partes concordarem que reivindicações não monetárias não serão transferidas, elas não deverão confrontar terceiros de boa-fé. Se as partes concordarem que as reivindicações monetárias não serão transferidas, elas não deverão confrontar terceiros.

Artigo 546: Se o credor ceder seus direitos sem notificar o devedor, a cessão não terá efeito sobre o devedor.

O aviso de cessão de direitos do credor não será revogado, exceto com o consentimento do cessionário.

Artigo 547: Quando um credor transferir os direitos do credor, o cessionário obterá os direitos acessórios relacionados aos direitos do credor, exceto aqueles que pertencem exclusivamente ao credor.

A aquisição do direito acessório pelo cessionário não será afetada pelo não cumprimento dos procedimentos de registro de transferência ou pela posse não transferida do direito acessório.

Artigo 548: Após o devedor receber a notificação da cessão dos direitos do credor, as reclamações do devedor contra o cedente poderão ser reivindicadas contra o cessionário.

Artigo 549: O devedor poderá solicitar indenização contra o cessionário em qualquer uma das seguintes circunstâncias:

(1) Quando o devedor recebe a notificação da cessão dos direitos do credor, o devedor passa a ter os direitos do credor em relação ao cedente, e os direitos do credor expiram antes dos direitos do credor transferido ou ao mesmo tempo;

(2) As reivindicações do devedor e as reivindicações atribuídas são baseadas no mesmo contrato.

Artigo 550: Os custos majorados devido à cessão de direitos do credor serão suportados pelo cedente.

Artigo 551: Se o devedor transferir a totalidade ou parte da dívida para terceiros, deverá obter o consentimento do credor.

O devedor ou um terceiro pode pedir ao credor que dê consentimento dentro de um prazo razoável: se o credor não se manifestar será considerado como não anuente.

Artigo 552: Se o terceiro e o devedor concordam em aderir ao pagamento à dívida e notificar o credor, ou o terceiro manifestar sua disposição de aderir à dívida ao credor, e o credor não se recusar expressamente dentro de um prazo razoável, o credor poderá solicitar que o terceiro pague a dívida uma vez que ele se tornará em devedor solidário.

Artigo 553: Quando o devedor transfere a dívida, o novo devedor pode reclamar do devedor original contra o credor; se o devedor original tiver reclamações contra o credor, o novo devedor não solicitará indenização contra o credor.

Artigo 554: Quando o devedor transferir a dívida, o novo devedor deve assumir também a dívida acessória relacionada à dívida principal, salvo se a dívida acessória que pertencer exclusivamente ao devedor original.

Artigo 555: Com o consentimento da outra parte, uma parte poderá ceder seus direitos e obrigações no contrato a terceiros.

Artigo 556: Quando os direitos e obrigações do contrato forem transferidos em conjunto, aplicar-se-ão as disposições relevantes sobre a transferência dos direitos do credor e da dívida.

Capítulo VII - Extinção de Direitos e Obrigações de Contratos

Artigo 557: Os direitos e obrigações do credor serão extintos em qualquer uma das seguintes circunstâncias:
(1) A dívida foi cumprida;
(2) A dívida se compensa;
(3) O devedor deposita o valor em juízo;
(4) O credor perdoa a dívida;
(5) Os direitos e obrigações do credor pertencem à mesma pessoa;
(6) Outras circunstâncias estipuladas por lei ou acordadas pelas partes.
Se o contrato for extinto, os direitos e obrigações do contrato também serão.

Artigo 558: Após o término dos direitos e obrigações do credor, as partes seguirão os princípios de boa fé e cumprirão as obrigações de notificação, assistência, confidencialidade e reciclagem de objetos antigos, de acordo com os hábitos de negociação.

Artigo 559: Quando os direitos e obrigações do credor forem extintos, os direitos acessórios do direito do credor serão extintos ao mesmo tempo, salvo disposição em contrário na lei ou acordado entre as partes.

Artigo 560: Caso o devedor tiver várias dívidas ao mesmo credor da mesma espécie e o pagamento do devedor não seja suficiente para quitar todas as dívidas, a menos que as partes tenham acordado em contrário, o devedor deve designar as dívidas a serem executadas no momento do pagamento.
Se o devedor não fizer uma designação, priorizará as dívidas vencidas; se várias dívidas forem devidas, será dada prioridade às dívidas sem ou com menos garantias ao credor; se não houver garantias ou as garantias forem iguais, será dada prioridade às dívidas com maior ônus; se o ônus for o mesmo, a dívida será cumprida na ordem do vencimento; se o prazo de vencimento for o mesmo, a dívida será cumprida na proporção da dívida.

Artigo 561: Além do cumprimento da dívida principal, o devedor também pagará os juros e as despesas relacionadas à realização dos direitos do credor e, se o pagamento não for suficiente para quitar todas as dívidas, salvo acordo em contrário entre as partes, a dívida será paga na seguinte ordem:

(1) As despesas relacionadas à realização dos direitos do credor;

(2) Os juros;

(3) A dívida principal.

Artigo 562: As partes podem rescindir o contrato se chegarem a um consenso.

As partes podem concordar com os motivos da rescisão do contrato. Quando os motivos da rescisão do contrato ocorrer, a pessoa com o direito de rescisão poderá rescindir o contrato.

Artigo 563: As partes podem resolver o contrato, em qualquer uma das seguintes circunstâncias:

(1) O objetivo do contrato não puder ser cumprido devido a força maior;

(2) Antes do término do período de cumprimento, uma das partes declarou explicitamente ou indicou através do seu próprio comportamento que não executaria a dívida principal;

(3) Uma das partes atrasa o cumprimento da dívida principal e deixa de executá-la dentro de um prazo razoável após ser notificada;

(4) Uma das partes atrasa o cumprimento da dívida ou tem outras violações ao contrato que impossibilitam a continuação do contrato;

(5) Outras circunstâncias estipuladas por lei.

Para contratos sem prazo determinado baseado em cumprimento de dívidas contínuas, as partes podem resilir o contrato a qualquer momento, mas a outra parte deve ser notificada previamente dentro de um prazo razoável.

Artigo 564: Para o exercício do direito de resolução, necessita-se de estipulação legal ou acordo entre as partes sobre o prazo, se a parte deixar de exercer o direito de resolução após o decurso do prazo, o direito extingue-se.

Quando a lei não estipular ou as partes não tiverem acordado o prazo para o exercício do direito de resolução, o direito será extinto se a pessoa que tiver o direito de resolução não o exercer dentro de um ano, contado a partir da data em que a pessoa souber ou deveria saber o motivo da resolução, ou deixar de exercê-lo dentro de um período razoável após ser notificado pela outra parte.

Artigo 565: Se uma parte solicitar a resolução do contrato de acordo com a lei, deverá notifica a outra parte. O contrato é resolvido quando a notificação chega à outra parte; a notificação afirmará que o devedor deve cumprir a dívida dentro do prazo previsto, o não cumprimento gerará a resolução automática.

Se o devedor não cumprir a dívida dentro desse período, o contrato será resolvido com o vencimento do prazo especificado na notificação.

Se a outra parte tiver objeções à resolução do contrato, qualquer uma das partes poderá solicitar ao Tribunal do Povo ou instituição de arbitragem que confirme a validade da resolução.

Se uma das partes não notificar a outra parte, pleitear diretamente a resolução do contrato entrando com uma ação judicial ou solicitando a arbitragem, e o tribunal do povo ou instituição de arbitragem confirmar a reivindicação, o contrato será resolvido quando a cópia da nota da ação judicial ou o pedido de arbitragem for entregue à outra parte.

Artigo 566: Após a resolução do contrato, caso não tenha sido executado, a execução será resolvida; se tiver sido executado, as partes podem solicitar a restauração da situação original ou tomar outras medidas corretivas de acordo com a execução e a natureza do contrato, poderão ainda solicitar indenização pelos eventuais prejuízos.

Se o contrato for resolvido devido a quebra de contrato, a pessoa com o direito de resolver poderá solicitar à parte infratora a responsabilidade por quebra de contrato, salvo acordo em sentido contrário.

Após a resolução do contrato principal, o garantidor ainda arcará com a responsabilidade civis do devedor, salvo acordo em contrário no contrato de garantia.

Artigo 567: A resolução dos direitos e obrigações do contrato não afeta a validade das cláusulas de liquidação e liquidação total do contrato.

Artigo 568: Se as partes pagarem dívidas uma com a outra e o objeto das dívidas for do mesmo tipo e qualidade, qualquer uma das partes poderá compensar suas dívidas com as devidas da contraparte; salvo aquelas que não possam ser compensadas com base na natureza da dívida, no acordo das partes ou na lei

Se as partes optarem pela compensação, devem notificar a outra parte. A notificação entrará em vigor quando a outra parte o receber. A compensação não estará sujeita a condições ou prazos.

Artigo 569: Se as partes tiverem dívidas umas com as outras, e os tipos e qualidades do objeto da dívida são diferentes, eles também podem ser compensados por acordo.

Artigo 570: O devedor poderá depositar o objeto, se for difícil executar a dívida em qualquer uma das seguintes circunstâncias:

(1) O credor se recusa a aceitar sem motivos justificados;

(2) O paradeiro do credor é desconhecido;

(3) Quando o credor morre, o herdeiro ou o administrador da herança não foi determinado, ou o responsável não foi determinado pela perda de capacidade civil;

(4) Outras circunstâncias estipuladas por lei.

Se o objeto não for adequado para depósito ou a taxa de depósito for muito alta, o devedor poderá leiloar ou vender o objeto de acordo com a lei e depositar os recursos.

Artigo 571: O depósito será concluído, quando o devedor entregar o objeto ou o produto do leilão ou venda do objeto ao departamento depositário.

Se o depósito for concluído, considerar-se-á que o devedor entregou o objeto dentro do escopo do depósito.

Artigo 572: Após o depósito do objeto, o devedor deve notificar imediatamente o credor ou o herdeiro, administrador da herança, guardião ou custodiante do credor.

Artigo 573: O risco de dano ou perda será assumido pelo credor, após o depósito do objeto. Durante o período do depósito, os frutos do objeto pertencem ao credor. O custo da retirada será paga pelo credor.

Artigo 574: O credor pode receber o depósito a qualquer momento. Salvo, se o credor tiver dívidas não pagas com o devedor, antes do credor cumprir a dívida ou fornecer uma garantia, o departamento depositário se recusará a receber o depósito de acordo com a solicitação do devedor.

O direito do credor de receber o depósito será extinto se não o exercer dentro de cinco anos a partir da data do depósito, e o depósito pertencerá ao Estado após dedução das despesas de depósito. No entanto, se o credor não executar a dívida devida ao devedor, ou renunciar ao direito de receber o depósito por escrito ao departamento de depósito, o devedor terá o direito de recuperar o depósito após pagar as despesas de depósito.

Artigo 575: Quando o credor isentar o pagamento parcial ou a total das dívidas do devedor, os direitos e dívidas do credor cessam parcial ou totalmente, a menos que o devedor se recuse dentro de um prazo razoável.

Artigo 576: Quando os direitos e dívidas do credor pertencerem à mesma pessoa, estes cessarão, salvo aqueles que prejudiquem os interesses de terceiros.

Capítulo VIII - Responsabilidade por quebra de contrato

Artigo 577: Se uma das partes não cumprir as obrigações contratuais ou o cumprimento das obrigações contratuais não estiverem em conformidade com o contrato, esta será responsabilizada por quebra de contrato, e poderá ser exigido que continue a cumprir o contrato, a adotar medidas corretivas ou a indenizar pelo prejuízo sofrido.

Artigo 578: Quando uma parte se manifestar expressamente ou demonstrar através do seu próprio comportamento que não cumprirá suas obrigações nos termos do contrato, a outra parte poderá solicitar que seja responsabilizado pela quebra de contrato antes do término do prazo previsto para sua execução.

Artigo 579: Se uma das partes não pagar o valor, a remuneração, o aluguel ou os juros, ou não executar outras dívidas monetárias, a outra parte poderá solicitar o pagamento.

Artigo 580: Se uma das partes deixar de pagar a dívida não monetária ou o pagamento não for condizente com o acordado, a outra parte poderá solicitar o pagamento, exceto em uma das seguintes circunstâncias:

(1) Incapaz de atuar legalmente ou de fato;

(2) O objeto da dívida não é adequado para o pagamento compulsório ou o custo de pagamento é muito alto;

(3) O credor não solicitou o pagamento dentro de um prazo razoável.

Se uma das exceções previstas no parágrafo anterior impossibilitar a cumprimento do objetivo do contrato, o Tribunal do Povo ou a instituição de arbitragem poderá revogar os direitos e obrigações contratuais a pedido das partes, mas caberá ainda a responsabilidade por quebra de contrato.

Artigo 581: Quando uma parte não cumprir a dívida ou a execução não for conforme o contrato e não puder ser executada compulsoriamente com base na natureza da dívida, a outra parte poderá requerer que a contraparte pague o custo da execução realizado por reposição do terceiro.

Artigo 582: Se a execução da obrigação não estiver em conformidade com o contrato, as partes serão responsáveis pela quebra do contrato de acordo os termos do contrato.

Se a responsabilidade por quebra de contrato não for acordada ou o contrato não for claro e não puder ser determinado, de acordo com as disposições do Artigo 510 desta lei, a parte prejudicada poderá optar por solicitar à outra parte que realize reparos, reformas ou substituições com base na natureza do objeto e na magnitude da perda, também pode optar pela devolução de mercadorias, redução de preço ou remuneração e outras responsabilidades por quebra de contrato.

Artigo 583: Se uma das partes não cumprir suas obrigações contratuais ou o cumprimento das obrigações contratuais não estiverem em conformidade com o contrato, e a contraparte tiver outras perdas após cumprir suas obrigações ou precisar tomar medidas corretivas, caberá indenização pelas perdas.

Artigo 584: Se uma das partes deixar de cumprir suas obrigações contratuais ou não as cumprir conforme o contrato, causando prejuízos à outra parte, o valor da indenização será equivalente aos prejuízos causados pela quebra do contrato, incluindo os benefícios obtidos após a execução do contrato; porém, não deverá exceder as possíveis perdas decorrentes de quebra de contrato que a parte em violação previu ou deveria ter previsto ao assinar o contrato.

Artigo 585: As partes podem concordar em que uma das partes pagará o valor referente aos danos liquidados à outra parte, de acordo com as circunstâncias da quebra do contrato, também podem acordar o método de cálculo da indenização.

Se os danos liquidados acordados forem inferiores às perdas causadas, o Tribunal do Povo ou instituição de arbitragem poderá aumentá-los a pedido das partes; se os danos liquidados acordados forem excessivamente maiores que os prejuízos causados, os Tribunais do Povo ou instituições de arbitragem poderão reduzi-los proporcionalmente a pedido das partes.

Se as partes previrem os danos por atraso no cumprimento, a parte inadimplente pagará as dívidas após o pagamento dos danos.

Artigo 586: As partes podem concordar que uma das partes pagará um depósito como garantia dos direitos do credor. O contrato de depósito é concluído quando o objeto é realmente entregue.

O valor do depósito será acordado entre as partes; porém, não deverá exceder 20% do valor do objeto principal do contrato sendo que o excesso não terá efeito sobre o depósito. Se o valor real do depósito for maior ou menor que o valor acordado, poderá ser alterado até o valor acordado do depósito.

Artigo 587: Quando o devedor cumprir a dívida, o depósito será compensado com o preço ou reembolsado. Se a parte que realizou o depósito inadimplir as obrigações ou a forma de adimplemento não estiver em conformidade com o contrato, de modo que o objetivo do contrato não possa ser alcançado, não terá o direito de solicitar o reembolso do depósito; se a parte que receber o depósito inadimplir as obrigações ou a forma de adimplemento não estiverem em conformidade com o contrato, contribuindo para o inadimplemento do objeto do contrato, deverá ser reembolsado em dobro.

Artigo 588: Se as partes acordarem com o pagamento dos danos ou os depósitos, e a parte violar o contrato, a outra parte poderá optar pelo pagamento dos danos ou o depósito.

Se o depósito for insuficiente para compensar as perdas causadas pela quebra de contrato de uma parte, a outra parte poderá solicitar indenização por perdas que excedam o valor do depósito.

Artigo 589: Quando o devedor pagar a dívida de acordo com o contrato e o credor se recusar a aceitá-la sem motivo justificado, o devedor poderá solicitar ao credor o pagamento pelas despesas acrescidas.

Durante o atraso na aceitação pelo credor, o devedor não pagará juros.

Artigo 590: Se uma das partes não puder cumprir o contrato por motivo de força maior, parte ou a totalidade da responsabilidade será isenta com base na força maior, salvo disposição em contrário da lei. Se o contrato não puder ser executado devido a força maior, a outra parte será notificada a tempo de reduzir os prejuízos que possam ser causadas à outra parte, e a prova deverá ser fornecida dentro de um prazo razoável.

Se ocorrer força maior após a mora no cumprimento, a responsabilidade por quebra de contrato não será isenta.

Artigo 591: Se uma das partes descumprir o contrato, a outra parte tomará as medidas apropriadas para impedir o aumento do prejuízo; na ausência de medidas apropriadas, não deverá solicitar indenização pelo excesso de prejuízo.

As despesas razoáveis incorridas pela parte para impedir a expansão do prejuízo serão custeadas pela parte infratora.

Artigo 592: Se ambas as partes descomprimirem o contrato, cada uma delas assumirá as responsabilidades correspondentes.

Se uma parte violar o contrato e causar prejuízo à outra parte, e a outra parte for a responsável, a indenização pelo prejuízo correspondente poderá ser reduzida.

Artigo 593: Se uma das partes violar o contrato devido a terceiros, será responsável perante a outra parte pela quebra do contrato nos termos da lei. As disputas entre a parte e um terceiro serão tratadas de acordo com a lei ou de acordo com o contrato.

Artigo 594: O prazo de prescrição para entrar com uma ação judicial ou solicitar uma arbitragem devido a disputas sobre contratos internacionais de venda de mercadorias e contratos de importação e exportação de tecnologia é de quatro anos.

Parte II - Do contrato típico

Capítulo IX - Contrato de venda

Artigo 595: O contrato de venda é aquele em que o vendedor transfere a propriedade do bem para o comprador e o comprador paga o preço.

Artigo 596: O conteúdo do contrato de vendas geralmente inclui o nome, quantidade, qualidade, preço, período de cumprimento, local forma, método de embalagem, padrão de inspeção e, forma de liquidação, texto usado no contrato e sua validade dentre outros termos.

Artigo 597: Se a propriedade do bem não puder ser transferido porque o vendedor não obteve o direito de alienação, o comprador poderá resolver o contrato e solicitar ao vendedor a responsabilidade por quebra de contrato.

A transferência de bens proibidos ou restritos por leis e regulamentos administrativos deve estar de acordo com suas disposições.

Artigo 598: O vendedor cumprirá a obrigação de entregar o bem ao comprador ou entregar os documentos para retirar o bem e transferir a propriedade.

Artigo 599: O vendedor deve entregar os documentos e materiais pertinentes, além dos documentos para levar o objeto ao comprador de acordo com o acordo ou hábitos de negociação.

Artigo 600: Quando o bem que tiver direitos de propriedade intelectual é vendido, os direitos de propriedade intelectual não pertencerão ao comprador, salvo disposição em contrário da lei ou acordado pelas partes.

Artigo 601: O vendedor deverá entregar o objeto dentro do prazo acordado. O vendedor poderá entregar a qualquer momento dentro do prazo de entrega, se houver acordo de prazo de entrega.

Artigo 602: Quando as partes não tiverem acordado o prazo para a entrega do bem ou o contrato não for claro, serão aplicáveis as disposições do Artigo 510 e do Parágrafo 4 do Artigo 511 desta Lei.

Artigo 603: O vendedor entregará o bem no local acordado.

Se as partes não estabelecerem o local da entrega ou o contrato não for claro, e não puder ser determinado de acordo com o disposto no artigo 510 desta Lei, serão aplicadas as seguintes disposições:

(1) Se o bem precisar ser transportado, o vendedor deverá entregá-lo à primeira transportadora para entrega ao comprador;

(2) Quando o bem não precisa ser transportado, se o vendedor e o comprador souberem que o bem está em um determinado local ao celebrar o contrato, o vendedor entregará o bem naquele local; se souber o local me que se encontra o bem, deverá ser vendido e entregue no local da celebração do contrato.

Artigo 604: O risco de perda ou dano do bem será assumido pelo vendedor antes da entrega do bem e pelo comprador após a entrega, salvo disposição em contrário da lei ou acordo entre as partes.

Artigo 605: Se o bem não for entregue dentro do prazo acordado por culpa do comprador, o comprador assumirá o risco de danos ou perda do objeto desde o momento da violação do contrato.

Artigo 606: Salvo acordo em contrário das partes, o risco de dano ou perda será assumido pelo comprador quando o vendedor entregar o bem para a transportadora.

Artigo 607: Depois que o vendedor entregar o bem no local designado pelo comprador de acordo com o contrato e entregá-lo à transportadora, o risco de dano ou perda do objeto será assumido pelo comprador.

Se as partes não tiverem estabelecido o local de entrega ou o contrato não for claro, e o bem precisar ser transportado de acordo com as disposições do Artigo 603, parágrafo 2, parágrafo 1, desta lei, depois que o vendedor entregar o bem à primeira transportadora, se o bem for danificado, o risco de perda é suportado pelo comprador.

Artigo 608: Quando o vendedor entrega o bem no local de entrega, de acordo com o contrato ou as disposições do segundo parágrafo do artigo 603 desta Lei. Se o comprador violar o contrato e deixar de receber o objeto, o bem será considerado como danificado ou perdido, e o risco será assumido pelo comprador a partir do momento em que o contrato for violado.

Artigo 609: Se o vendedor não entregar os documentos e materiais relacionados ao bem em conformidade com o contrato, isso não afetará a transferência do risco de perda ou dano do bem.

Artigo 610: Se o bem não atender aos requisitos de qualidade e o objetivo do contrato não puder ser alcançado, o comprador poderá se recusar a aceitar ou resolver o contrato. Se o comprador se recusar a aceitar o bem ou rescindir o contrato, o risco de perda ou dano será assumido pelo vendedor.

Artigo 611: Quando o risco de perda ou dano do bem for suportado pelo comprador, isso não afeta o direito do comprador de solicitar que o vendedor seja responsabilizado por quebra de contrato pelo inadimplemento de suas obrigações que não atenderam ao contrato.

Artigo 612: O vendedor tem a obrigação de garantir que o terceiro não tenha direitos sobre o bem já entregue, a menos que seja estabelecido de outra forma por lei.

Artigo 613: Quando o comprador souber ou deveria saber que um terceiro tem direitos sobre o bem da venda na hora da celebração do contrato, o vendedor não arcará com as obrigações estipuladas no artigo anterior.

Artigo 614: Quando o comprador tiver provas definitivas de que terceiros têm direitos sobre o objeto, o pagamento do preço correspondente poderá ser suspenso, a menos que o vendedor forneça garantias apropriadas.

Artigo 615: O vendedor entregará o bem de acordo com os requisitos de qualidade acordados. Se o vendedor fornecer uma descrição da qualidade do objeto, ele deverá atender aos requisitos de qualidade da descrição.

Artigo 616: Quando as partes não tiverem estabelecido os requisitos de qualidade do bem ou o acordo não for claro e não puder ser determinado de acordo com o disposto no artigo 510 desta lei, será aplicável as disposições do primeiro parágrafo do artigo 511 desta lei.

Artigo 617: Quando o bem entregue pelo vendedor não atender aos requisitos de qualidade, o comprador poderá solicitar responsabilidade por quebra de contrato, de acordo com o disposto nos artigos 582 a 584 desta Lei.

Artigo 618: Quando as partes concordarem em reduzir ou isentar a responsabilidade do vendedor pelos defeitos do bem, o vendedor não terá o direito de solicitar redução ou isenção de responsabilidade se ele não informar ao comprador do defeito do bem devido a negligência ou imprudência.

Artigo 619: O vendedor entregará o bem de acordo com a forma de embalagem acordado. Se não houver acordo sobre a forma de embalagem ou o acordo não for claro e não puder ser determinado de acordo com as disposições do artigo 510 desta lei, ele deve ser embalado de maneira comum; se não houver uma maneiro comum, a embalagem utilizada deve ser suficiente para proteger o bem e propiciar a conservação de recursos. As formas de embalagem devem protegem o meio ambiente ecológico.

Artigo 620: Quando o comprador receber o bem, ele deverá inspecioná-lo dentro do prazo de inspeção acordado. Se não houver um prazo de inspeção acordado, a inspeção será realizada em tempo hábil.

Artigo 621: Quando as partes estabelecerem um prazo de inspeção, o comprador notificará o vendedor, dentro do período de inspeção, o fato de que a quantidade ou a qualidade do objeto não cumpre o acordado. Se o comprador não notificar, será considerado que a quantidade ou qualidade do objeto está em conformidade com o contrato.

Se as partes não estabelecerem o prazo de inspeção, o comprador notificará o vendedor dentro de um prazo razoável quando a quantidade ou a qualidade do objeto for considerada inconsistente com o contrato. Se o comprador não notificar dentro de um prazo razoável ou não notificar o vendedor dentro de dois anos a partir da data de recebimento do objeto, a quantidade ou a qualidade do objeto será considerada em conformidade com o contrato; no entanto, se o objeto tiver um período de garantia de qualidade, a garantia será aplicada, o período de garantia não se aplica à regra de dois anos.

Se o vendedor souber ou deveria saber que o objeto fornecido não está em conformidade com o contrato, não será aplicado ao comprador o tempo de notificação especificado nos dois parágrafos anteriores.

Artigo 622: Se o período de inspeção acordado pelas partes for muito curto, a inspeção será procedida de acordo com a natureza do bem e os hábitos de negociação, se for difícil para o comprador concluir a inspeção dentro do período acordado, o período será considerado apenas como um prazo para o comprador contestar à aparência do objeto.

Se o período de inspeção acordado ou o período de garantia da qualidade for menor que o prazo previsto em leis ou em regulamentos administrativos, deverá prevalecer o período previsto por leis ou regulamentos administrativos.

Artigo 623: Se as partes não concordarem com o período de inspeção, a nota de entrega, a folha de confirmação, ou outros documentos, que estejam assinados pelo comprador contendo a descrição da quantidade, do modelo ou das especificações do objeto, presume-se que o comprador tenha inspecionado os defeitos de quantidade e aparência, exceto quando apresentar evidências suficientes para provar o contrário.

Artigo 624: Quando o vendedor entregar o objeto a terceiros conforme as instruções do comprador, sendo o tempo de inspeção acordado entre o vendedor e o comprador diferente daquilo acordado entre o comprador e o terceiro, deverá prevalecer os padrões de inspeção acordados entre o vendedor e o comprador.

Artigo 625: De acordo com as disposições das leis, regulamentos administrativos ou o acordo das partes, se o objeto deve ser recuperado após o término da vida útil efetiva, o vendedor tem a obrigação de recuperar o objeto por si mesmo ou delegar a terceiros.

Artigo 626: O comprador pagará o preço de acordo com o acordado e na forma de pagamento. Se o valor do bem e a forma de pagamento não forem acordados ou o contrato não for claro, serão aplicáveis as disposições do Artigo 510, Parágrafo 2 e do Artigo 511 Parágrafo 5 desta Lei.

Artigo 627: O comprador pagará o preço no local acordado. Se não houver acordo sobre o local de pagamento ou o contrato não for claro e não puder ser determinado de acordo com as disposições do Artigo 510 desta lei, o comprador pagará no local do vendedor; Salvo, se for acordado que o pagamento estará condicionado à entrega do objeto ou à entrega dos documentos para retirada do objeto, o pagamento será feito no local em que o objeto será entregue ou os documentos para retirada do objeto forem entregues.

Artigo 628: O comprador pagará o preço no prazo acordado. Se não houver acordo no momento do pagamento ou o acordo não for claro e não puder ser determinado de acordo com as disposições do Artigo 510 desta lei, o comprador pagará ao mesmo tempo em que recebe o objeto ou os documentos para retirada do objeto.

Artigo 629: Quando o vendedor exceder a quantidade na entrega dos objetos, o comprador poderá aceitar ou recusar-se a parte excedente. Se o comprador aceitar o objeto em excesso, pagará o preço acordado; se o comprador se recusar a aceitar o excesso, notificará imediatamente o vendedor.

Artigo 630: Os frutos percebidos antes da entrega do objeto pertencem ao vendedor; os frutos percebidos após a entrega pertencem ao comprador. Salvo acordo em contrário entre as partes.

Artigo 631: Se o contrato for resolvido porque o objeto principal não está em conformidade com o contrato, o efeito da resolução do contrato recairá também nos bens acessórios. Porém, se os bens acessórios não estiverem em conformidade com o contrato, a sua resolução não afetará ao bem principal.

Artigo 632: Sendo o objeto diversificado, se um deles não atender ao contrato, o comprador poderá optar pela desistência. O comprador poderá resolver o contrato, salvo, se a separação dos objetos prejudicar o seu valor.

Artigo 633: Quando o vendedor entrega o objeto em lotes, e este não entregar um lote do objeto ou a entrega não atender ao contrato, de modo que o objeto do lote não possa atingir a finalidade do contrato, o comprador poderá fazer uma reivindicação pelo lote.

Se o vendedor falhar na entrega de um lote do objeto ou a entrega não cumprir o contrato, caso a entrega subsequente de outros lotes do objeto não consiga cumprir a finalidade do contrato, o comprador poderá encerrar o lote e outros lotes subsequentes.

Se o comprador cancelar a entrega de um lote, e este lote for interdependente de outros lotes, ele poderá cancelar cada lote que tenha sido entregue ou não.

Artigo 634: Se o comprador que realizar o pagamento parcelado deixar de pagar o preço devido e a dívida atingir um quinto do preço total, e o comprador não pagar o preço devido em um prazo razoável após a notificação, o vendedor pode solicitar ao comprador que pague o preço total ou resolva o contrato.

Se o vendedor resolver o contrato, poderá solicitar que o comprador pague a taxa de uso do objeto.

Artigo 635: As partes envolvidas na venda por amostras determinarão as amostras e poderão especificar a qualidade das amostras. O objeto entregue pelo vendedor deve ser da mesma qualidade da amostra e da sua descrição.

Artigo 636: Quando o comprador que compra e vende por amostra não sabe que a amostra tem falhas ocultas, mesmo que o objeto entregue seja o mesmo que a amostra, a qualidade do material entregue pelo vendedor ainda deve atender aos padrões usuais para o mesmo tipo de material.

Artigo 637: As partes envolvidas na venda por teste podem concordar com o prazo do teste do objeto. Se não houver acordo sobre o prazo de teste ou o contrato não for claro, e não puder ser determinado de acordo com as disposições do artigo 510 desta lei, caberá ao vendedor determinar.

Artigo 638: O comprador de venda por teste pode adquirir o objeto durante o período de teste ou se recusar a comprá-lo. Ao término do período de avaliação, se o comprador não indicar se deseja comprar o objeto, ele será considerado uma compra.

Se o comprador da venda por teste tiver pago parte do preço, vendido, alugado ou estabelecido direito real sobre o objeto durante o período experimental, será considerado que concordou com a compra.

Artigo 639: Se as partes envolvidas na venda por teste não concordarem com o pagamento de valor pelo uso do objeto ou o contrato não for claro, o vendedor não terá o direito de solicitar que o comprador pague o valor.

Artigo 640: O risco de perda ou dano do objeto durante o período de teste será assumido pelo vendedor.

Artigo 641: As partes podem concordar no contrato de venda que se o comprador não realizar o pagamento ou outras obrigações, a propriedade do objeto pertencerá ao vendedor.

A propriedade retida pelo vendedor do objeto sem registro não deve confrontar terceiros de boa-fé.

Artigo 642: As partes podem concordar que o vendedor retenha o objeto do contrato. Antes da transferência da propriedade do objeto, se o comprador tiver uma das seguintes circunstâncias, causando danos ao vendedor, a menos que as partes acordem em contrário, o vendedor poderá de recuperar o objeto:

(1) Deixar de pagar o preço conforme acordado e não pagar dentro do prazo razoável após um lembrete;

(2) Deixar de cumprir condições específicas, conforme acordado;

(3) Vender, prometer ou impor outras sanções impróprias ao objeto do contrato.

O vendedor pode negociar com o comprador para recuperar o objeto; se a negociação falhar, pode consultar os procedimentos de implementação do direito real de garantia aplicável.

Artigo 643: Após o vendedor recuperar o objeto em conformidade com o primeiro parágrafo do artigo anterior, se o comprador extinguir a razão para recuperar o objeto dentro do prazo de resgate razoável acordado pelas partes ou designado pelo vendedor, ele pode solicitar o resgate do objeto.

Se o comprador não resgatar o objeto dentro do prazo acordado, o vendedor poderá vendê-lo a terceiros por um preço razoável. Se o produto da venda deduzir o preço não pago e as despesas necessárias do comprador, e ainda houver um excedente, deverá ser devolvida ao comprado; caso o valor seja insuficiente caberá ao comprador pagar.

Artigo 644: Os direitos e obrigações das partes envolvidas em licitações e procedimentos de licitação devem estar de acordo com as leis e regulamentos administrativos pertinentes.

Artigo 645: Os direitos e obrigações das partes no leilão e os procedimentos do leilão deverão estar de acordo com as leis e regulamentos administrativos pertinentes.

Artigo 646: Se a lei contiver disposições sobre outros contratos onerosos, siga essas disposições; se não houver disposições, consulte as disposições pertinentes do contrato de venda aplicável.

Artigo 647: Quando as partes concordarem em uma transação de troca para transferir a propriedade do objeto, as disposições pertinentes do contrato de venda serão aplicáveis.

Capítulo X - Contratos de fornecimento de eletricidade, água, gás e aquecimento

Artigo 648: O contrato de fornecimento e uso de eletricidade é um contrato no qual o fornecedor de energia fornece energia ao usuário e o usuário paga a conta de luz.

O fornecedor de energia que fornece energia ao público não deve recusar os requisitos contratuais razoáveis determinados pelo usuário de energia.

Artigo 649: O conteúdo do contrato de fornecimento de energia geralmente inclui o método de fornecimento de energia, qualidade, tempo, capacidade de consumo de energia, endereço, natureza, método de medição, preço, método de liquidação da tarifa de eletricidade e a responsabilidade de manutenção das instalações de fornecimento de energia.

Artigo 650: O local de execução do contrato de fornecimento de energia será acordado pelas partes; se as partes não tiverem concordado ou o acordo não for claro, o limite de propriedade da instalação de fornecimento de energia será o local de execução.

Artigo 651: O fornecedor de energia deve fornecê-la com segurança, de acordo com os padrões de qualidade da fonte de energia prescritos pelo Estado e pelo contrato. O fornecedor de energia será responsável pela indenização se não fornecer energia com segurança, de acordo com os padrões de qualidade da fonte de energia estipulados pelo Estado e pelo contrato, causando perdas ao usuário.

Artigo 652: Quando o fornecedor de energia precisar interromper a fonte de energia devido a reformas planejadas, reformas temporárias nas instalações de fornecimento de energia, restrição de energia de acordo com a lei ou uso ilegal de eletricidade pelo usuário, deverá notificar ao usuário com antecedência, de acordo com os regulamentos estaduais; se o fornecedor interromper o fornecimento de energia sem aviso prévio e causar prejuízo ao usuário, o fornecedor será responsável pela indenização.

Artigo 653: Se a fonte de energia for cortada devido a desastres naturais ou por outros motivos, o fornecedor de energia deve repará-la imediatamente, de acordo com as disposições normativas do Estado; se a fonte de energia não for reparada a tempo, causando prejuízo ao usuário, o fornecedor será responsabilizado pela indenização.

Artigo 654: O usuário pagará as taxas de eletricidade em tempo hábil, de acordo com os regulamentos estaduais e com o contrato das partes. Se o usuário não pagar a taxa de eletricidade dentro do prazo, deverá pagar os danos liquidados de acordo com o contrato. Se o usuário não pagar as taxas de eletricidade e os danos liquidados dentro de um prazo razoável após ser notificado, o fornecedor poderá suspender o fornecimento de energia de acordo com as normativas estatais.

Se o fornecedor suspender o fornecimento de energia de acordo com as disposições do parágrafo anterior, deverá notificar ao usuário com antecedência.

Artigo 655: O usuário deve usar a energia elétrica de forma segura, econômica e seguir os regulamentos estaduais e o contrato das partes. Se o usuário não usar a energia elétrica de acordo com os regulamentos estaduais e o contrato, causando prejuízos ao fornecedor, o usuário será responsável pela indenização.

Artigo 656: Os contratos de fornecimento de água, gás e energia elétrica para aquecimento podem ser aplicados às disposições relevantes do contrato de fornecimento de eletricidade aplicável.

Capítulo XI - Contrato de doação

Artigo 657: Um contrato de doação é aquele em que o doador dá seu bem gratuitamente ao donatário e expressa a aceitação do presente.

Artigo 658: O doador pode revogar a doação antes da transferência do direito do bem doado.

Não se aplicam às disposições do parágrafo anterior, ao contrato de doação com firma reconhecida ou ao contrato de doação que tenha objetivo de oferecer bem-estar público e contenham obrigações morais, como assistência de desastres, redução da pobreza e assistência a deficientes, que não possam ser revogados de acordo com a lei.

Artigo 659: Quando os bens doados exigirem registro ou outras formalidades de acordo com a lei, as formalidades deverão ser cumpridas.

Artigo 660: Nos contrato de doação com reconhecimento de firma ou um contrato de doação que tenha objetivo de oferecer bem-estar público e contenham obrigações morais, como assistência de desastres, redução da pobreza e assistência a deficientes que não possam ser revogados de acordo com a lei, se o doador não entregar o bem de doação, o donatário poderá solicitar a entrega.

Se os bens doados que devem ser entregues de acordo com as disposições do parágrafo anterior forem danificados ou perdidos devido a dolo ou negligência do doador, o doador será responsável pela indenização.

Artigo 661: Os bens doados podem estar sujeitos a obrigações.

Quando a doação for acompanhada de obrigações, o donatário deve cumprir as obrigações de acordo com o contrato.

Artigo 662: Quando os bens doados estiverem com defeito, o doador não será responsável. Para os bens com obrigações, se este for doado e estiver com defeito, o doador assumirá as mesmas responsabilidades que o vendedor dentro dos limites das obrigações.

Se o doador deliberadamente não informar o defeito ou garantir que não estava com defeito, causando prejuízos à contraparte ele será responsável pela indenização.

Artigo 663: O doador poderá revogar a doação quando o donatário tiver uma das seguintes circunstâncias,

(1) Violar seriamente os direitos e interesses legais do doador ou parentes próximos do doador;

(2) Inadimplir a obrigação de suporte ao doador;

(3) Inadimplir as obrigações estipuladas no contrato de doação.

O direito de revogação do doador deve ser exercido dentro de um ano a partir da data em que ele sabia ou deveria saber o motivo.

Artigo 664: Se o ato ilegal do donatário causar a morte ou a incapacidade do doador, o herdeiro ou representante legal do doador poderá revogar a doação.

O direito de revogação do herdeiro ou representante legal deve ser exercido dentro de seis meses a partir da data em que ele sabia ou deveria saber o motivo.

Artigo 665: Se a pessoa com o direito de revogação revogar a doação, ela pode solicitar ao donatário a devolução do bem doado.

Artigo 666: Se a situação econômica do doador se deteriorar significativamente, o que afeta seriamente seu sustento, trabalho ou vida familiar, ele não poderá mais cumprir a obrigação de doação.

Capítulo XII - Contrato de empréstimo

Artigo 667: O contrato de empréstimo é aquele no qual o mutuário toma emprestado do credor, devolve o empréstimo e paga juros no vencimento.

Artigo 668: O contrato de empréstimo deve ser escrito, salvo acordo em contrário entre pessoas físicas.

O conteúdo do contrato de empréstimo geralmente inclui as cláusulas como o tipo de empréstimo, moeda, objetivo, valor, taxa de juros, prazo e forma de pagamento.

Artigo 669: Na celebração do contrato de empréstimo, o mutuário deve fornecer as informações verdadeiras das atividades comerciais e da situação financeira relacionada ao empréstimo, de acordo com os requisitos do credor.

Artigo 670: Os juros do empréstimo não serão deduzidos do empréstimo antecipadamente. Se os juros forem deduzidos antecipadamente, o empréstimo será devolvido de acordo com o valor real do empréstimo e os juros serão calculados.

Artigo 671: Quando o credor não conceder o empréstimo de acordo com a data e o valor acordado, causando prejuízos ao mutuário, caberá a ele a indenização pelo prejuízo.

Se o mutuário deixar de cobrar o empréstimo na data e no valor acordado, deverá pagar os juros na data e no valor acordado.

Artigo 672: O credor pode inspecionar e supervisionar o uso do empréstimo, de acordo com o contrato. O mutuário deve fornecer regularmente ao credor demonstrações contábeis, financeiras ou outros materiais previstos no contrato.

Artigo 673: Quando o mutuário não usar o empréstimo para os fins acordados, o credor poderá parar de emitir, retirar o empréstimo antecipadamente ou resolver o contrato.

Artigo 674: O mutuário pagará os juros no prazo acordado. Na ausência de acordo ou o acordo não for claro sobre o prazo para pagamento de juros e não puder ser determinado de acordo com o disposto no artigo 510 desta lei. Será determinado da seguinte forma; se o período do empréstimo for inferior a um ano, o pagamento será feito no momento da devolução do empréstimo; se o período do empréstimo for superior a um ano, o pagamento deve ser feito no final de cada ano e, se o período restante for inferior a um ano, o pagamento será feito quando o empréstimo for devolvido.

Artigo 675: O mutuário pagará o empréstimo dentro do prazo acordado. Se não houver acordo sobre o prazo ou o contrato não for claro, e não puder ser determinado de acordo com as disposições do Artigo 510 desta lei, o mutuário poderá pagá-lo a qualquer momento; o credor poderá exigir o pagamento ao mutuário dentro de um prazo razoável.

Artigo 676: Se o mutuário não pagar o empréstimo dentro do prazo acordado, pagará juros vencidos de acordo com o contrato ou com as regulamentações estaduais.

Artigo 677: Se o mutuário devolver o empréstimo antecipadamente, salvo acordo em contrário entre as partes, os juros serão calculados de acordo com o período real do empréstimo.

Artigo 678: O mutuário pode solicitar ao credor uma prorrogação antes do término do período de pagamento; se o credor concordar, poderá ser prorrogado.

Artigo 679: O contrato de empréstimo entre pessoas físicas é concluído quando o credor concede o empréstimo.

Artigo 680: A usura de empréstimos é proibida e a taxa de juros de empréstimos não deve violar as regulamentações nacionais relevantes. Se o contrato de empréstimo não estipular o pagamento de juros, será considerado sem juros.

Se o contrato de empréstimo não for claro sobre o pagamento de juros e as partes não conseguirem chegar a um acordo, os juros serão determinados de acordo com os métodos de transação local ou das partes, hábitos de negociação, taxas de juros de mercado e outros fatores; os empréstimos entre pessoas físicas são considerados sem juros.

Capítulo XIII - Contrato de Garantia

Seção 1 - Disposições Gerais

Artigo 681: Contrato de garantia consiste que o garantidor e o credor concordam que o garantidor pagará a dívida ou assumirá a responsabilidade quando o devedor deixar de pagar a dívida vencida ou quando ocorrer uma situação acordada entre as partes.

Artigo 682: O contrato de garantia é um contrato subordinado aos direitos e contratos de dívida do credor principal. Se os direitos e contratos de dívida do credor principal forem inválidos, o contrato de garantia também será inválido, salvo disposição em contrário da lei.

Depois de confirmada a invalidade do contrato de garantia, se o devedor, garantidor ou credor tiverem culpa, cada um deles assumirá a responsabilidade civil correspondente.

Artigo 683: As instituições e pessoas jurídicas não devem ser garantidoras, exceto aquelas aprovadas pelo Conselho de Estado para usar empréstimos de governos estrangeiros ou organizações econômicas internacionais para repasse.

Pessoas jurídicas sem fins lucrativos e organizações sem personalidade jurídica para fins de bem-estar público não devem ser garantidores.

Artigo 684: O conteúdo de um contrato de garantia geralmente inclui o tipo e o valor dos direitos do credor principal a serem garantidos, o prazo para o devedor pagar a dívida, o método, o escopo e o período da garantia.

Artigo 685: O contrato de garantia pode ser um contrato escrito celebrado separadamente ou uma cláusula de garantia no contrato de direitos e dívidas do credor principal.

Quando o terceiro fornecer unilateralmente uma garantia ao credor por escrito, se o credor aceitar e não levantar objeções, o contrato de garantia será estabelecido.

Artigo 686: Os métodos de garantia incluem garantia geral e garantia de responsabilidade conjunta.

Se não houver acordo sobre o método de garantia ou o contrato não estiver claro, as partes assumirão a responsabilidade pela garantia de acordo com a garantia geral.

Artigo 687: Será garantia geral, se as partes concordarem no contrato de garantia que, quando o devedor não puder pagar a dívida, o garantidor assumirá a responsabilidade.

O garantidor tem o direito de recusar-se a assumir a responsabilidade da garantia perante o credor desde que a disputa contratual principal não tenha sido julgada ou arbitrada previamente, e a propriedade do devedor seja executada de acordo com a lei ocasionando o inadimplemento da dívida, exceto em uma das seguintes circunstâncias:

(1) O paradeiro do devedor é desconhecido e não há bens disponíveis para execução;

(2) O Tribunal do Povo aceitou a situação de falência do devedor;

(3) O credor possui provas de que os bens do devedor são insuficientes para pagar todas as dívidas ou perde a capacidade de pagar as dívidas;

(4) O garantidor renúncia por escrito aos direitos estipulados neste

parágrafo.

Artigo 688: Será garantia de responsabilidade solidária, quando as partes estipularem no contrato de garantia que o garantidor e o devedor devem assumir responsabilidade solidária pela dívida.

Quando o devedor deixar de pagar a dívida devida ou ocorrerem as circunstâncias acordadas entre as partes, o credor poderá solicitar que o devedor pague a dívida ou solicitar que o garantidor assuma a responsabilidade dentro dos escopos determinados.

Artigo 689: O garantidor pode solicitar ao devedor uma contragarantia.

Artigo 690: O garantidor e o credor podem negociar o contrato de garantia máxima, concordando em fornecer garantias para sinistros que ocorram continuamente dentro de um determinado período e dentro do limite máximo do prazo da dívida.

Para além do disposto neste capítulo, a garantia máxima refere-se às disposições pertinentes da hipoteca máxima da Parte II desta lei.

Seção 2 - Responsabilidade de Garantia

Artigo 691: O escopo da garantia inclui os direitos do credor principal, respectivos juros, indenizações, perdas e danos e despesas pela realização dos direitos do credor. Se as partes acordaram em contrário, deverá seguir o acordado.

Artigo 692: O prazo de garantia é o período durante o qual o garantidor assume a responsabilidade pela garantia e não deve ser suspenso, interrompido ou prorrogado.

O credor e o garantidor podem concordar com o prazo de garantia, mas se o período de garantia acordado for anterior ao período principal de cumprimento da dívida ou se expirar ao mesmo tempo será considerado como inválido; se não houver acordo ou o contrato não for claro, o período de garantia expirará seis meses a partir da data.

Se o credor e o devedor não concordarem com o prazo de pagamento da dívida principal ou o contrato não for claro, o período de garantia será calculado a partir do vencimento do período de carência para o credor solicitar ao devedor que pague a dívida.

Artigo 693: Se o credor da garantia geral não ajuizar ação judicial ou solicitar a arbitragem contra o devedor durante o período de garantia, o garantidor deixará de arcar com a responsabilidade da garantia.

 Se o credor da garantia de responsabilidade solidária não solicitar ao garantidor que assuma a responsabilidade dentro do prazo de garantia, o garantidor deixará de assumi-la.

Artigo 694: Quando o credor de uma garantia geral ajuizar ação judicial ou solicitar a arbitragem contra o devedor antes do vencimento do período de garantia, o prazo de prescrição da dívida será calculado a partir da data em que o direito do garantidor de se recusar a assumir a responsabilidade pela garantia for extinto.

Se o credor da garantia de responsabilidade solidária solicitar que o garantidor assuma a dívida da garantia antes do vencimento, o prazo de prescrição será calculado a partir do dia em que o credor solicitar que o garantidor assuma a dívida.

Artigo 695: Se o credor e o devedor negociarem alterar o conteúdo do contrato principal e o contrato de dívida sem o consentimento por escrito do garantidor reduzindo o valor da dívida, o garantidor ainda assumirá a responsabilidade pela garantia da dívida alterada; se a dívida for aumentada, o garantidor não arcará com a parte excedente.

Se o credor e o devedor mudarem o prazo de pagamento dos direitos e alterarem o contrato de dívida sem o consentimento por escrito do garantidor, o período de garantia não será afetado.

Artigo 696: Se o credor transferir todos ou parte dos direitos do credor sem notificar o garantidor, a cessão não será válida para o garantidor.

O garantidor e o credor podem concordar em proibir a transferência dos direitos do credor. Se o credor transferir os direitos do credor sem o consentimento por escrito do garantidor, ele não terá mais a responsabilidade da garantia para com o cessionário.

Artigo 697: Se o credor permite que o devedor transfira a totalidade ou parte da dívida sem o consentimento por escrito do garantidor, o garantidor não possuirá mais responsabilidade pelas dívidas transferidas sem o seu consentimento, salvo acordo em sentido contrário entre o credor e o garantidor.

 Quando um terceiro se juntar à dívida, a responsabilidade da garantia do fiador não será afetada.

Artigo 698: O garantidor da garantia geral fornecerá ao credor as informações verdadeiras dos bens do devedor disponíveis para execução após o término do período de cumprimento da dívida principal.

Se o credor renunciar ou negligenciar o exercício de seus direitos de modo que o bem não possa ser executada, o garantidor fornecerá a parte de valor dos bens disponíveis para execução. O garantidor não assume mais a responsabilidade pela garantia dentro da faixa de valor do bem que fornece para execução.

Artigo 699: Quando houver dois ou mais garantidores da mesma dívida, o garantidor assumirá a responsabilidade de acordo com a sua parte acordada no contrato; se não houver acordo, o credor poderá solicitar a qualquer garantidor que assuma a responsabilidade da garantia na sua parte.

Artigo 700: Depois que o garantidor assume a responsabilidade pela garantia, salvo acordo em contrário entre as partes, o garantidor terá o direito de recuperar do devedor no âmbito da responsabilidade da garantia e gozar dos direitos do credor contra o devedor, mas não deverá prejudicar os interesses do credor.

Artigo 701: O garantidor pode ajuizar a ação que possui contra o devedor ou contra o credor. Se o devedor renunciar, o garantidor ainda possui o direito de ajuizar sua ação contra o credor.

Artigo 702: Quando o devedor tiver o direito de compensação ou resolução, o garantidor pode recusar-se a assumir a responsabilidade da garantia no escopo correspondente.

Capítulo XIV - Contrato de locação

Artigo 703: O contrato de locação é aquele pelo qual o locador entrega o bem ao locatário para uso e obtenção de lucro, e o locatário paga o aluguel.

Artigo 704: O conteúdo do contrato de locação geralmente inclui o nome, a quantidade, a finalidade, o prazo, o valor, as formas de pagamento e a manutenção do imóvel alugado.

Artigo 705: O prazo da locação não deve exceder 20 anos. Se exceder 20 anos, a parte excedente será inválida.

Após o vencimento do prazo, as partes podem renovar o contrato, no entanto, o prazo de locação não deve exceder vinte anos a partir da data de renovação.

Artigo 706: Se as partes agirem conforme a lei, na elaboração do contrato de locação e na execução dos procedimentos de registro, a validade do contrato não será afetada.

Artigo 707: Se o prazo do contrato de locação for superior a seis meses, deverá ser feito por escrito. Se a parte deixar de adotar a forma escrita e não puder determinar o prazo da locação, será considerado uma locação com indeterminado.

Artigo 708: O locador entregará o bem ao locatário de acordo com o acordado e o locatário usará o bem em conformidade com o contrato durante o prazo da locação.

Artigo 709: O locatário deve usar o bem em conformidade com o contrato. Se não houver contrato sobre a forma de uso do bem ou o contrato não for claro e não puder ser determinado de acordo com o disposto no artigo 510 desta lei, o bem será utilizado de acordo com a sua natureza.

Artigo 710: O locátario não será responsabilizado a pagar indenização, se ele utilizar o bem em conformidade com o contrato ou de acordo com a sua natureza e causar danos ao bem.

Artigo 711: Quando o locatário deixar de usar o bem de acordo com a forma acordado ou de acordo com a sua natureza, causando prejuízos ao bem, o locador poderá resolver o contrato e solicitar indenização pelo prejuízo.

Artigo 712: O locador cumprirá a obrigação de manutenção dos bens alugados, salvo acordo em contrário entre as partes.

Artigo 713: Quando o imóvel precisar ser reparado, o locatário poderá solicitar que o locador o repare dentro de um prazo razoável. Se o locador deixar de cumprir a obrigação de manutenção, o locatário poderá consertá-lo, ficando os custos à cargo do locador. Se a manutenção do bem afetar o uso do locatário, o aluguel poderá ser reduzido ou o prazo da locação será estendido.

Se o imóvel precisar ser reparado por culpa do locatário, o locador não será responsável pelas obrigações de manutenção do parágrafo anterior.

Artigo 714: O locatário deve manter adequadamente o bem e será responsável pela indenização se o bem for danificado ou perdido devido a armazenamento inadequado.

Artigo 715: Com o consentimento do locador, o locatário pode melhorar o bem ou adicionar outros bens.

Nos casos em que o locatário faça melhorias ou acréscimos ao bem principal sem o consentimento do locador, o locador poderá solicitar ao locatário que restaure a condição original ou indenize a perda.

Artigo 716: Com o consentimento do locador, o locatário pode sublocar a propriedade locada a um terceiro. Se o locatário sublocar, o contrato de locação entre o locatário e o locador continua a ser válido; se um terceiro causar prejuízo da propriedade locada, o locatário deve indenizá-la;

Se o locatário sublocar sem o consentimento do locador, o locador poderá resolver o contrato.

Artigo 717: O locatário deve sublocar o bem a terceiros com o consentimento do locador. Se o período de sublocação exceder o prazo remanescente do locatário, a parte excedente do contrato não será juridicamente vinculativa para o locador, salvo acordo em contrário com o locatário.

Artigo 718: Se o locador souber ou deveria saber da sublocação, mas não levantar objeções dentro de seis meses, considerar-se-á que o locador concordou com a sublocação.

Artigo 719: Se o locatário deixar de pagar o aluguel, o sublocatário poderá pagar o aluguel e os danos liquidados em nome do locatário, a menos que o contrato de sublocação não seja juridicamente vinculativo para ele.

O aluguel e os danos liquidados pagos pelo sublocatário em seu nome podem ser usados para compensar o aluguel que o sublocatário deveria pagar ao locatário; se exceder o valor do aluguel, poderá ser reembolsado pelo locatário.

Artigo 720: Durante o prazo da locação, a renda obtida com a posse e uso do bem pertence ao locatário, salvo acordo em contrário das partes

Artigo 721: O locatário pagará o aluguel dentro do prazo acordado. Caso não houver acordo ou acordo não for claro sobre o prazo para o pagamento do aluguel e não puder ser determinado de acordo com o disposto no artigo 510 desta Lei. Se o prazo da locação for inferior a um ano, ele será pago no vencimento do contrato de locação; se o prazo da locação for superior a um ano será pago no final de cada ano e, se o período restante for inferior a um ano será pago ao final do prazo da locação.

Artigo 722: Se o locatário não pagar o aluguel ou atrasar o pagamento sem uma razão válida, o locador poderá solicitar que o locatário pague dentro de um prazo razoável; se o locatário não pagar dentro do prazo, o locador poderá resolver o contrato.

Artigo 723: Quando o locatário não puder usar ou se beneficiar do bem porque terceiros reivindicam seus direitos, o locatário poderá solicitar uma redução no aluguel ou não pagar o aluguel.

Se um terceiro reivindicar direitos, o locatário deverá notificar imediatamente o locador.

Artigo 724: Em qualquer uma das seguintes circunstâncias, o locatário pode resolver o contrato se o bem não puder ser utilizado devido a outros motivos que não foram causados por ele:

(1) O imóvel locado é lacrado ou apreendido pelo órgão judicial ou administrativo de acordo com a lei;

(2) A propriedade do bem arrendado é disputada;

(3) O imóvel alugado viola as disposições obrigatórias das leis e regulamentos administrativos sobre as condições de uso.

Artigo 725: A validade do contrato de locação não será afetada, se a propriedade do bem mudar durante o período de ocupação pelo locatário de acordo com o contrato de locação.

Artigo 726: Se o locador vender o bem imóvel, deverá notificar o locatário dentro de um prazo razoável antes da venda. O locatário possui o direito de preferência de compra nas mesmas condições; porém, o coproprietário do bem terá o direito de preferência de compra, salvo se o locador vender o bem imóvel para seus parentes próximos.

Após o locador cumprir sua obrigação de notificação, se o locatário não se manifestar expressamente dentro de 15 dias, será considerado que o locatário renunciou ao direito de preferência de compra.

Artigo 727: Se o locador delegar ao leiloeiro para leiloar o bem, deve notificar o locatário no prazo de cinco dias antes do leilão. Se o locatário deixar de participar no leilão, será considerado como renúncia ao direito de preferência de compra.

Artigo 728: Quando o locador não notificar o locatário ou se houver outras circunstâncias que dificultem o exercício do direito de preferência do locatário, o locatário poderá solicitar que locador seja responsabilizado pela indenização. No entanto, a validade do contrato de compra do bem imóvel celebrado entre o locador e o terceiro não será afetado.

Artigo 729: Se o bem alugado for parcial ou totalmente danificado ou perdido por motivos não atribuíveis ao locatário, o locatário poderá solicitar uma redução no aluguel ou o não pagamento do aluguel; se o bem alugado for parcial ou completamente danificado ou perdido, e o objetivo do contrato não puder ser cumprido, o locatário poderá resolve o contrato.

Artigo 730: Se as partes não concordarem com o prazo da locação ou o contrato não for claro, e não puder ser determinado de acordo com o artigo 510 desta lei, será considerado como locação por tempo indeterminado; as partes poderão resolver o contrato a qualquer momento, mas deverá notificar a outra parte dentro de um prazo razoável.

Artigo 731: Se o bem alugado colocar em risco a segurança ou a saúde do locatário, mesmo que este saiba que a qualidade do imóvel locado não é qualificada no momento da assinatura do contrato, o locatário ainda pode resolver o contrato a qualquer momento.

Artigo 732: Se o locatário falecer durante o prazo de locação da casa, a pessoa que vive com ele ou o cooperador poderá alugar o bem de acordo com o contrato de locação original.

Artigo 733: No término do prazo da locação, o locatário devolverá o bem. O bem devolvido deve estar em conformidade com as condições após o uso, de acordo com o contrato ou com a natureza do bem alugado.

Artigo 734: Quando o prazo da locação expirar e o locatário continuar a usar o bem, e o locador não levantar objeções, o contrato de locação original continuará válido, mas o prazo do será indeterminado.

Ao término do prazo da locação, o locatário terá o direito de alugar preferencial nas mesmas condições.

Capítulo XV - Contrato de arrendamento financeiro

Artigo 735: O contrato de arrendamento financeiro é aquele pelo qual o arrendador compra o bem arrendado do vendedor, o fornece ao arrendatário e este paga o aluguel, tendo a escolha de compra do bem no fim do contrato.

Artigo 736: O conteúdo do contrato de arrendamento financeiro geralmente inclui o nome, quantidade, especificações, desempenho técnico, método de inspeção, prazo do arrendamento, composição do aluguel e período e método de pagamento, moeda e propriedade do objeto arrendado no final do prazo do arrendamento.

O contrato de arrendamento financeiro deve ser feito por escrito.

Artigo 737: O contrato de arrendamento financeiro celebrado pelas partes sob a forma de arrendamento fictício é inválido.

Artigo 738: De acordo com as disposições das leis e regulamentos administrativos, se for exigida licença administrativa para a exploração e uso do bem arrendado, a omissão do locador em obter a licença administrativa não afetará a validade do contrato de locação financeira.

Artigo 739: No contrato de venda celebrado pelo arrendador com base na escolha do locatário e do bem arrendado, o arrendador entregará o bem ao arrendatário de acordo com o contrato.

Artigo 740: O arrendatário poderá recusar-se a receber o objeto entregue pelo arrendador, quando este não entregar o bem ao arrendatário e tiver uma das seguintes circunstâncias:

(1) O bem não está em conformidade com o contrato;

(2) Falha na entrega do objeto, de acordo com o contrato, e o arrendador não o entregar dentro de um prazo razoável após notificação do arrendatário.

Se o arrendatário se recusar a aceitar o bem, notificará imediatamente o arrendador.

Artigo 741: O arrendador, o vendedor e o arrendatário podem concordar que, se o vendedor não cumprir as obrigações do contrato de venda, o arrendatário poderá exercer o direito de solicitar indenização. Nos casos em que o arrendatário solicite a indenização, o arrendador deverá prestar assistência.

Artigo 742: O exercício do direito de reclamação contra o vendedor pelo locatário não afetará o cumprimento de sua obrigação de pagar aluguel. Salvo, se o arrendatário delegar determinados requisitos ao arrendador para determinar o bem e ele não o fizer, ou quando o arrendador interferir na seleção do bem, o arrendatário poderá solicitar uma redução ou isenção de aluguel correspondente.

Artigo 743: O arrendatário poderá solicitar que o arrendador assuma a responsabilidade, se o arrendatário não exercer seu direito de solicitar indenização contra o vendedor em uma das seguintes circunstâncias:

(1) O arrendador sabia que o imóvel arrendado possuía defeitos de qualidade e não informou ao arrendatário;

(2) O arrendador não prestou a assistência necessária para exercer o direito de solicitar indenização.

Se o arrendador deixar de exercer o direito de solicitar indenização que só pode ser exercido contra o vendedor, causando prejuízos ao arrendatário, o arrendatário terá o direito de solicitar que o arrendador assuma a responsabilidade pela indenização.

Artigo 744: O arrendador não deve alterar o conteúdo do contrato relacionado ao arrendatário sem o consentimento deste no contrato de venda celebrado, em que consta a escolha do arrendatário sobre o vendedor e o bem que será objeto do arrendamento.

Artigo 745: Sem o devido registro, o bem arrendado não deve confrontar com terceiros de boa-fé.

Artigo 746: Salvo acordo em contrário entre as partes, o aluguel de um contrato de arrendamento financeiro será determinado com base na maioria ou no custo total da compra do bem arrendado e no lucro razoável do arrendador.

Artigo 747: O arrendador não será responsável se o bem arrendado não cumprir o contrato ou não cumprir o objetivo de uso. Salvo se o arrendatário depender das habilidades do arrendador para determinar o bem ou o arrendador interfere na seleção do bem.

Artigo 748: O arrendador deve garantir a posse e o uso do bem.

O arrendatário terá o direito de solicitar indenização pela perda, se o arrendador tiver uma das seguintes circunstâncias:

(1) Recuperar o bem arrendado sem motivo razoável;

(2) Obstruir ou interferir na posse e uso do bem arrendado pelo arrendatário sem razões justificáveis;

(3) Por motivos do arrendador, um terceiro reivindica direitos do bem arrendado;

(4) Outras circunstâncias que afetem indevidamente a posse e o uso do bem arrendado pelo arrendatário.

Artigo 749: Durante o período em que o arrendatário estiver na posse do bem arrendado, se o bem arrendado causar prejuízo ou perda de bens de um terceiro, o arrendador não será responsabilizado.

Artigo 750: O arrendatário deve manter e usar adequadamente o bem arrendado.

O arrendatário deve cumprir as obrigações de manutenção durante a posse do bem arrendado.

Artigo 751: Durante o período em que o arrendatário está na posse do bem arrendado, se o bem arrendado for danificado ou perdido, o arrendador terá o direito de solicitar que o arrendatário continue a pagar o aluguel, salvo se a lei ou as partes acordem em contrário.

Artigo 752: O arrendatário pagará o aluguel de acordo com o contrato. Se o arrendatário não pagar o aluguel dentro de um prazo razoável após ser notificado, o arrendador poderá solicitar o pagamento do aluguel na sua totalidade; também poderá optar por rescindir o contrato e retomar o bem arrendado.

Artigo 753: Quando o arrendatário transfere, hipoteca, penhora, investe em ações ou de outra forma aliena o bem arrendado sem o consentimento do arrendador, o arrendador pode rescindir o contrato.

Artigo 754: O arrendador ou arrendatário pode rescindir o contrato de arrendamento financeiro em qualquer das seguintes circunstâncias:

(1) O contrato de venda entre o arrendador e o vendedor é rescindido, confirmado como inválido ou extinto, causando impossibilidade de celebração do contrato.

(2) Se o bem arrendado é danificado ou perdido devido a razões não atribuíveis às partes, e o bem arrendado não puder ser reparado ou determinar o seu substituto;

(3) Devido às razões do vendedor o objetivo do contrato de arrendamento financeiro não puder ser realizado.

Artigo 755: Se o contrato de arrendamento financeiro for resolvido devido a confirmação de invalidez ou revogação do contrato de venda, sendo o vendedor e o bem arrendado selecionados pelo arrendatário, o arrendador terá o direito de solicitar ao arrendatário a indenização pelos prejuízos correspondentes. Salvo se por motivo do arrendador o contrato de arrendamento financeiro for resolvido por confirmação de invalidez ou revogado.

Se as perdas do arrendador forem indenizadas quando o contrato de venda for resolvido, confirmado como inválido ou revogado, o arrendatário não será mais responsável pela compensação.

Artigo 756: Se o contrato de arrendamento financeiro for resolvido por dano acidental ou perda após a entrega do bem arrendado ao arrendatário, o arrendador pode solicitar ao arrendatário uma indenização de acordo com a depreciação do bem arrendado.

Artigo 757: O arrendador e o arrendatário podem concordar com a posse do bem arrendado ao término do prazo do arrendamento; se não houver acordo ou o acordo não for claro sobre a posse do bem arrendado e não puder ser determinado de acordo com as disposições do artigo 510 desta lei, a posse do bem arrendado pertencerá ao arrendador.

Artigo 758: As partes podem concordar que o bem arrendado pertencerá ao arrendatário no vencimento do prazo do arrendamento.

Se o arrendatário adimpliu a maior parte do aluguel, mas não pode pagar o valor restante, o arrendador poderá revogar o contrato e recuperar o bem arrendado. Caso o valor do bem arrendado recuperado, exceder o valor do arrendamento, o aluguel e outras despesas pagas pelo arrendatário, ele poderá solicitar o reembolso correspondente.

As partes também podem concordar que o bem arrendado pertencerá ao arrendador ao término do prazo do arrendamento e, se o bem arrendado for danificado, perdido, anexado ou misturado com outras propriedades para que o arrendatário não possa devolvê-lo, o arrendador terá o direito de solicitar ao arrendatário uma indenização razoável.

Artigo 759: Quando as partes concordarem que no prazo do vencimento do contrato de arrendamento, o arrendatário apenas precisará pagar um preço nominal ao arrendador, considera-se que a propriedade do bem arrendado deverá pertencer ao arrendatário após o pagamento do aluguel acordado.

Artigo 760: Se o contrato de arrendamento financeiro for inválido, e as partes tiverem concordado com a posse do bem arrendado nesta circunstância, o contrato deve ser seguido; se não houver acordo ou não estiver claro, o bem arrendado será devolvido ao arrendador.

No entanto, se o contrato for inválido por culpa do arrendador e se ele não solicitar a devolução ou a devolução reduzirá significativamente o valor do bem arrendado, a propriedade do bem arrendado pertencerá ao arrendatário e este pagará ao arrendador uma indenização razoável.

Capítulo XVI - Contratos de Faturação

Artigo 761: O contrato de faturação é um contrato de prestação de serviços, em que o faturizado transfere seus créditos existentes ou que vierem a existir para o facturizador, o facturizador fornecerá financiamento, gestão e cobrança dos créditos à receber e prestará a garantia de pagamento pelo devedor.

Artigo 762: O conteúdo do contrato de faturização geralmente inclui as cláusulas de tipo de negócio, escopo de serviço, período de serviço, condições básicas do contrato de transação, informações sobre os créditos a receber, financiamento ou remuneração do seu serviço e seu método de pagamento.

O contrato de faturização deve ser realizado por escrito.

Artigo 763: Quando o faturizado e o devedor estipulam os créditos a receber como objeto de transferência e celebram contrato de faturização com o facturizador, o devedor não se oporá ao facturizador com base na inexistência do crédito, salvo se o facturizador souber que é fictício.

Artigo 764: Quando o facturizador emite aviso de transferência de créditos a receber ao devedor, deve indicar a identidade dele e juntar os certificados necessários.

Artigo 765: Após o devedor receber a notificação da transferência dos créditos a receber, se o faturizado negociar com o devedor a alteração ou rescisão do contrato de transação subjacente sem motivos justificáveis, que afetem negativamente o facturizador, esse contrato não produzirá efeitos contra o facturizador.

Artigo 766: Quando as partes concordarem que existe direito de regresso, o faturador pode exigir do faturizado o reembolso do principal e juros do financiamento ou a recompra dos créditos sobre as contas a receber ou também pode optar por receber os direitos dos créditos a receber. Se houver um excedente após dedução do principal, juros dos financiamentos e despesas relacionadas, a parte restante será devolvida ao faturizado.

Artigo 767: Quando as partes acordarem em realizar o contrato sem direito de regresso, o facturizador reivindicará os direitos do faturizado contra o devedor, e o faturizado obterá a parte que excede do principal, os juros do financiamento e as despesas relacionadas, sem necessidade de devolução de tais valores para o faturizado.

Artigo 768: Quando o faturizado celebrar múltiplos contratos de faturação para a mesma conta a receber, fazendo com que vários faturadores reivindiquem seu direito, os créditos a receber registradas serão obtidas antes daquelas não registradas; Se todos forem registrados, os créditos a receber serão pagos na ordem do tempo de registro; se nenhum tiver sido registrado será obtido pelo fator especificado no aviso de cessão primeiro ao devedor; se não for notificado, os créditos a receber serão obtidos proporcionalmente ao financiamento da faturização ou remuneração do serviço.

Artigo 769: Na falta de disposições no presente capítulo, aplicam-se as disposições pertinentes sobre a cessão de direitos do credor no capítulo VI.

Capítulo XVII - Contrato de empreitada

Artigo 770: O contrato de empreitada é aquele em que o empreiteiro conclui o trabalho de acordo com os requisitos do solicitante, entrega os resultados do trabalho e o solicitante paga a remuneração.

O contrato inclui processamento, pedido, reparo, cópia, teste, inspeção dentre outros.

Artigo 771: O conteúdo de um contrato de empreitada geralmente inclui as cláusulas referentes ao objeto, quantidade, qualidade, remuneração, método de contratação, fornecimento de materiais, período de execução e critérios, e métodos de aceitação.

Artigo 772: O empreiteiro usará seu próprio equipamento, tecnologia e mão-de-obra para concluir o trabalho, salvo se acordado de forma diversa pelas partes.

Se o empreiteiro atribuir o trabalho principal a um terceiro para ser concluído, ele será responsável perante o solicitante pelos resultados do trabalho realizado pelo terceiro; se o solicitante não concordar, ele poderá resolver o contrato.

Artigo 773: O empreiteiro pode designar a terceiros a realização do trabalho auxiliar. Se o empreiteiro designar o trabalho auxiliar a terceiros, ele será responsável perante o solicitante pelos resultados do trabalho concluídos por terceiros.

Artigo 774: Quando o empreiteiro fornece materiais, ele deve selecionar os materiais de acordo com o contrato e aceitar a inspeção do solicitante.

Artigo 775: Quando o solicitante fornecer materiais, deverá fornecer materiais de acordo com o contrato. O empreiteiro deve inspecionar prontamente os materiais fornecidos pelo solicitante e deve notificar imediatamente a este para substituir, suplementar ou tomar outras medidas corretivas, se for considerado inconsistente com o contrato.

O empreiteiro não deve substituir os materiais fornecidos pelo solicitante sem autorização e não deve substituir as peças que não precisam de reparo.

Artigo 776: Se o empreiteiro considerar que os desenhos ou requisitos técnicos fornecidos pela parte não são razoáveis, deverá notificar imediatamente ao solicitante. Se o empreiteiro sofrer perdas devido à falta de resposta do solicitante, ele deverá indenizar as perdas.

Artigo 777: Quando o solicitante alterar os requisitos da obra contratada na metade da obra, causando prejuízos ao empreiteiro, o solicitante deverá indenizar os prejuízos.

Artigo 778: Se o trabalho do empreiteiro exigir a assistência do solicitante, ele terá a obrigação de auxiliar. Se a parte solicitante deixar de cumprir a obrigação de assistência e o trabalho não puder ser concluído, o empreiteiro pode solicitar que a parte solicitante cumpra as obrigações dentro de um prazo razoável, e o período de cumprimento do contrato poderá ser estendido; se a parte solicitante deixar de cumprir no prazo, o empreiteiro pode resolver o contrato.

Artigo 779: Durante o período de trabalho, o empreiteiro deve aceitar a supervisão e inspeção necessária pelo solicitante. O solicitante não deve atrapalhar o trabalho do empreiteiro devido à supervisão e inspeção.

Artigo 780: Quando o empreiteiro concluir o trabalho, ele entregará os resultados do trabalho ao solicitante, enviará os materiais técnicos necessários e os certificados de qualidade pertinentes. A solicitante deve verificar e aceitar o resultado do trabalho.

Artigo 781: Se os resultados do trabalho entregues pelo empreiteiro não atenderem aos requisitos de qualidade, a parte solicitante pode razoavelmente escolher solicitar que a contratada arcará com a responsabilidade por violação de contrato, como reparos, reformas, redução de remuneração e indenização pelo prejuízo.

Artigo 782: O solicitante pagará a remuneração dentro do prazo acordado. Se o prazo para pagamento da remuneração não for acordado ou o contrato não for claro, e não puder ser determinado de acordo com o artigo 510 desta lei, a parte solicitante pagará quando o empreiteiro entregar os resultados do trabalho; se os resultados do trabalho forem parcialmente entregues, a parte solicitante deve pagar na sua proporcionalidade.

Artigo 783: Quando o solicitante não pagar ao empreiteiro o equivalente a remuneração ou custos materiais, o empreiteiro terá garantia sobre o produto do trabalho acabado ou terá o direito de recusar a entrega, salvo acordo contrário entre as partes.

Artigo 784: O empreiteiro deverá guardar adequadamente os materiais fornecidos pelo solicitante e os resultados do trabalho concluído, e será responsável pela indenização se o dano ou perda for causado por armazenamento impróprio.

Artigo 785: O empreiteiro deve manter o sigilo de acordo com os requisitos do solicitante e não deve manter cópias ou materiais técnicos sem a permissão do solicitante.

Artigo 786: Os empreiteiros que atuaram em conjunto deverão assumir responsabilidades conjuntas e solidárias para com a parte solicitante, salvo se as partes acordem de outra forma.

Artigo 787: O solicitante pode resolver o contrato a qualquer momento antes do empreiteiro concluir a obra e, se causar prejuízos ao empreiteiro, deverá indenizar as perdas.

Capítulo XVIII - Contrato de engenharia de construção

Artigo 788: O contrato de engenharia de construção é aquele no qual o contratado realiza a construção do projeto e o solicitante paga o preço. Os contratos de engenharia de construção incluem pesquisas de engenharia, design e contratos de construção.

Artigo 789: O contrato de projeto de engenharia de construção deve ser realizado por escrito.

Artigo 790: As atividades de licitação para projetos de construção devem ser realizadas de forma aberta e justa, de acordo com as disposições das leis pertinentes.

Artigo 791: O solicitante pode celebrar o contrato de projeto de engenharia de construção com o contratado, ou pode celebrar separadamente um contrato de pesquisa, projeto e construção com o topógrafo, projetista e construtor. O solicitante não pode dividir o projeto de construção que deve ser concluído por um contratado em várias partes e designá-lo para vários outros contratados.

O contratado geral ou o contratado para pesquisa, projeto ou construção pode, com o consentimento do solicitante, designar parte do trabalho contratado a terceiros para a sua realização. O terceiro e o contratado geral ou o contratado para vistoria, projeto e construção serão conjunta e solidariamente responsáveis perante o desenvolvedor pelos resultados do trabalho que tenham concluído. O contratado não deve subcontratar todos os projetos de construção que tenha contratado a um terceiro ou subcontratado todos os projetos de construção que tenha contratado a um terceiro em nome da subcontratação.

Os contratados são proibidos de subcontratar projetos para unidades que não possuem as qualificações correspondentes. Os subcontratados são proibidos de subcontratar os projetos que contrataram. A construção da estrutura principal do projeto de construção deve ser concluída pelo contratante.

Artigo 792: Os contratos de engenharia de construção destinados aos principais projetos nacionais de construção serão celebrados de acordo com os procedimentos prescritos pelo Estado, os planos de investimento e relatórios de estudos de viabilidade aprovados pelo Estado.

Artigo 793: Se o contrato de engenharia de construção for inválido, mas o projeto de construção tiver passado na aceitação, o contratado pode ser indenizado com base no acordo do contrato e sobre o preço do projeto.

Se o contrato de engenharia de construção for inválido e a aceitação do projeto de construção não for qualificada, ele será tratado de acordo com as seguintes maneiras:

(1)   Se o projeto de construção reformulado passou na aceitação, o solicitante pode solicitar que o contratado suporte os custos da reparação;

(2)   Se não houver aceitação do projeto de construção reformulada, o contratado não terá o direito de solicitar desconto com base no contrato sobre o preço do projeto.

Se o solicitante for o culpado pelos prejuízos causados pelo projeto de construção não qualificado, ele deve arcar com os passivos correspondentes.

Artigo 794: O conteúdo de um contrato de pesquisa e projeto geralmente inclui o prazo para o envio de materiais básicos, estimativas orçamentárias pertinentes, requisitos de qualidade, custos e outras condições de cooperação.

Artigo 795: O conteúdo de um contrato de construção geralmente inclui o escopo do projeto, o período de construção, o tempo de início e conclusão do projeto intermediário, a qualidade do projeto, o custo do projeto, o tempo de entrega de dados técnicos, o fornecimento de materiais e equipamentos, a alocação e liquidação e a conclusão do projeto. Termos de aceitação, formas da garantia da qualidade e período da garantia da qualidade e a cooperação.

Artigo 796: Se o projeto de construção estiver sujeito a supervisão, o solicitante e o supervisor devem celebrar um contrato de supervisão por escrito. Os direitos, obrigações e responsabilidades legais do solicitante e do supervisor devem estar de acordo com o contrato de previsto nesta lei, em outras leis e em regulamentos administrativos pertinentes.

Artigo 797: O solicitante pode verificar o andamento e a qualidade da obra a qualquer momento, sem prejudicar o trabalho do contratante.

Artigo 798: Antes de ocultar um projeto sigiloso, o contratado deve notificar a inspeção para o solicitante. Se o solicitante não fizer a inspeção, o contratado pode adiar a data do projeto e terá o direito de solicitar indenização por perdas, como interrupções no trabalho e inatividade.

Artigo 799: Após a conclusão do projeto de engenharia de construção, o solicitante deve realizar a inspeção e a aceitação em tempo hábil, de acordo com os desenhos e instruções da construção e as especificações de aceitação da construção e os padrões de inspeção de qualidade emitidos pelo Estado.

Se estiver de acordo com o projeto após a verificação, o solicitante deve pagar o preço de acordo com o contrato e aceitar o projeto de engenharia de construção.

O projeto de engenharia de construção somente pode ser entregue para uso após a aprovação da inspeção; na ausência da aceitação ou na reprovação na inspeção, ele não poderá ser entregue para uso.

Artigo 800: Se a qualidade da pesquisa e do projeto não atender aos requisitos, ou o atraso na apresentação dos documentos da pesquisa e do projeto dentro do limite de tempo causar prejuízos ao contratante, o pesquisador e o projetista devem continuar a melhorar a pesquisa e o projeto, reduzir ou isentar as taxas de pesquisa e projeto, além de indenizar os prejuízos.

Artigo 801: Se a qualidade do projeto de construção não estiver em conformidade com o contrato por motivos do construtor, o solicitante terá o direito de solicitar ao construtor que repare, reforme ou reconstrua sem compensação dentro de um prazo razoável. Após o reparo ou reconstrução, se a entrega estiver atrasada, o construtor será responsabilizado pela quebra do contrato.

Artigo 802: Se o projeto de construção causar danos pessoais e perda de propriedade dentro do período razoável de uso devido aos motivos do contratado, o contratado será responsabilizado e pagará a indenização.

Artigo 803: Se o solicitante não fornecer matérias-primas, equipamentos, local, fundos e dados técnicos de acordo com o tempo e os requisitos acordados, o contratado poderá adiar a data do projeto e terá o direito de solicitar indenização por perdas, como interrupções e atrasos no trabalho.

Artigo 804: Se o projeto for suspenso ou adiado por razões do solicitante, ele deverá tomar medidas para compensar ou reduzir a perda e indenizar o contratado pela suspensão, tempo de trabalho, transporte para locomoção, transferência de máquinas e equipamentos, materiais, perdas e custos reais, como lista de pendências de componentes.

Artigo 805: Se o solicitante alterar o projeto e fornecer informações imprecisas ou não fornecer as condições necessárias de trabalho de pesquisa e projeto dentro do prazo, resultando em reforma, suspensão ou modificação de projeto da pesquisa ou projeto de construção, o solicitante deverá pagar taxas adicionais com base na carga de trabalho realmente dedicada pelo topógrafo e projetista.

Quando o contratado subcontrata ou celebra ilegalmente o projeto de construção, o solicitante poderá resolver o contrato.

Se os principais materiais de construção, componentes de construção e equipamentos fornecidos pelo solicitante não cumprirem os padrões obrigatórios ou não cumprirem a obrigação de assistência, fazendo com que o contratado não consiga executar a construção, o contratado poderá resolver o contrato se o contrato não for cumprido dentro de um prazo razoável após a notificação.

Depois que o contrato for resolvido, se a qualidade do projeto de construção concluído for adequada, o solicitante pagará o preço correspondente de acordo com o contrato; se a qualidade do projeto de construção concluído não for adequada, deve ser tratado de acordo com o Artigo 793 desta lei.

Artigo 807: Quando o solicitante não pagar o preço conforme acordado, o contratado notificará o solicitante para pagar o preço dentro de um prazo razoável. Se o solicitante não pagar dentro do prazo, o contratado poderá concordar em descontar o projeto ou solicitar que o Tribunal do Povo leiloe o projeto de acordo com os termos da lei, salvo se o projeto não for adequado para descontos ou leilões com base na natureza do projeto de construção. O preço de um projeto de construção deve ser compensado com prioridade em relação ao preço descontado ou em leilão do projeto.

Artigo 808: Na ausência de disposições neste capítulo, aplicam-se as disposições pertinentes do contrato.

Capítulo XIX - Contrato de Transporte

Seção 1 - Disposições Gerais

Artigo 809: O contrato de transporte é aquele em que a transportadora transporta o passageiro ou a carga do local de partida para o local de destino e o passageiro, remetente ou destinatário paga a tarifa ou as despesas de transporte.

Artigo 810: As transportadoras envolvidas em transporte público não devem desrespeitar os requisitos usuais e razoáveis de transporte de passageiros e cargas.

Artigo 811: A transportadora transportará com segurança passageiros e cargas para o local acordado dentro do prazo acordado ou dentro de um prazo razoável.

Artigo 812: A transportadora transportará passageiros e cargas para o local acordado, de acordo com a rota acordada ou habitual.

Artigo 813: O passageiro, remetente ou destinatário pagará a tarifa ou as despesas de transporte. Se a transportadora não aumentar o custo da tarifa ou do transporte de acordo com a rota acordada ou a rota usual, o passageiro, o remetente ou o destinatário poderá recusar-se a pagar o aumento da tarifa ou o valor de transporte.

Seção 02 - Contrato de transporte de passageiros

Artigo 814: O contrato de transporte de passageiros é estabelecido quando a transportadora emite o bilhete para o passageiro, salvo acordo em contrário entre as partes ou tenham outras práticas de transação.

Artigo 815: Os passageiros deverão viajar de acordo com a hora, número do voo e número do assento registrados no bilhete. Os passageiros que viajam sem bilhete, ou usem bilhetes que não atendam às condições de tarifa reduzida, pagarão a tarifa completa e a transportadora poderá cobrar tarifa adicional de acordo com os regulamentos;

se o passageiro não pagar a tarifa, a transportadora poderá recusar-se transportá-lo.

Se um passageiro com o contrato de transporte em nome próprio perder sua passagem, ele poderá solicitar que a transportadora relate a perda e solicite outro bilhete novamente, e a transportadora não cobrará novamente a passagem ou outras taxas não razoáveis.

Artigo 816: Os passageiros que não puderem embarcar no horário indicado no bilhete devido a seus próprios motivos devem realizar os procedimentos de reembolso ou alteração dentro do prazo acordado; se estiver atrasado, a transportadora não poderá reembolsar o bilhete e não arcará mais com a obrigação de transporte.

Artigo 817: A bagagem de mão dos passageiros deve atender aos requisitos de limite e categoria acordados; aqueles que transportam bagagem além do limite ou violam os requisitos da categoria devem passar pelos procedimentos de despacho.

Artigo 818: Os passageiros não devem transportar ou levar consigo na bagagem artigos perigosos ou proibidos que sejam inflamáveis, explosivos, tóxicos, corrosivos, radioativos ou que possam pôr em risco a segurança de pessoas e bens nos meios de transporte.

Se o passageiro violar as disposições do parágrafo anterior, a transportadora poderá descarregar, destruir ou entregar artigos perigosos ou proibidos às autoridades pertinentes. Se o passageiro insistir em transportar ou levar consigo os itens perigosos ou proibidos, a transportadora se recusará a embarcá-lo.

Artigo 819: A transportadora deve cumprir rigorosamente a obrigação de transporte seguro e informar imediatamente os passageiros sobre as informações relevantes para o transporte seguro. Os passageiros devem ajudar e cooperar ativamente com as providências razoáveis tomadas pela transportadora para o transporte seguro.

Artigo 820: A transportadora transportará passageiros de acordo com a hora, número de embarque e número de assentos registrados no bilhete válido. Se a transportadora atrasar ou tiver outras condições anormais, deverá informar e lembrar prontamente os passageiros, tomar as medidas necessárias de remarcação e providenciar a mudança para outros voos ou reembolsar o bilhete de acordo com as necessidades dos passageiros; a transportadora suportará as perdas causadas pelos passageiros. Possuirá responsabilidade pela indenização, salvo os casos não atribuíveis à transportadora.

Artigo 821: Se a transportadora diminuir o padrão de serviço sem autorização, deverá reembolsar o valor pago no bilhete ou reduzir o valor da tarifa de acordo com a solicitação do passageiro; se o padrão de serviço for aprimorado, nenhuma tarifa adicional será cobrada.

Artigo 822: Durante o transporte, a transportadora fará o possível para socorrer os passageiros que sofrem de doença súbita, parto ou angústia.

Artigo 823: O transportador será responsável pela indenização do passageiro que sofrer danos durante o transporte; salvo se o acidente for causado por problemas de saúde próprios do passageiro ou o transportador prove que o acidente é causado por negligência intencional ou grave do passageiro.

As disposições do parágrafo anterior aplicam-se a passageiros com isenção de pagamento da passagem, portadora de passagem preferencial ou viaja com a permissão do transportador.

Artigo 824: Se a bagagem de mão do passageiro for danificada ou perdida durante o transporte e o transportador for o culpado, ele será responsável pelo pagamento de indenização.

Se a bagagem despachada dos passageiros for danificada ou perdida, serão aplicáveis os regulamentos relevantes sobre transporte de carga.

Seção 3 - Do contrato de transporte de mercadorias

Artigo 825: Quando o remetente lida com o transporte de mercadorias, deve indicar com precisão ao transportador o nome do destinatário e o nome do produto, mediante instruções a sua natureza, peso, quantidade das mercadorias, local de recebimento e outros pontos relevantes e necessário para o transporte.

O remetente será responsável pela indenização se o transportador perder devido à declaração falsa do remetente ou omissão de informações importantes.

Artigo 826: Quando o transporte de mercadorias exigir aprovação, inspeção e outros procedimentos, o remetente deverá enviar os documentos para concluir os procedimentos pertinentes ao transportador.

Artigo 827: O remetente deve embalar as mercadorias da maneira acordada. Se não houver acordo sobre o método de embalagem ou o acordo não for claro, serão aplicáveis as disposições do artigo 619 desta lei.

Se o remetente violar as disposições do parágrafo anterior, a transportadora poderá recusar o transporte.

Artigo 828: Se o remetente enviar mercadorias perigosas, como inflamáveis, explosivas, tóxicas, corrosivas, radioativas ou dentre outros, as mercadorias perigosas deverão ser adequadamente embaladas de acordo com as regulamentações nacionais sobre o transporte de mercadorias perigosas, e as mercadorias perigosas deverão ser marcadas e etiquetadas, que devem conter o nome, natureza e medidas cautelares de mercadorias perigosas para dar ciência ao transportador.

Se o remetente violar as disposições do parágrafo anterior, o transportador poderá recusar-se a transportar ou tomar as medidas correspondentes para evitar prejuízos, e as despesas serão suportadas pelo remetente.

Artigo 829: Antes de o transportador entregar as mercadorias ao destinatário, o remetente pode exigir que o transportador suspenda o transporte, devolva as mercadorias, mude o local de chegada ou entregue as mercadorias a outros destinatários, mas deverá indenizar o transportador pelos eventuais prejuízos sofridos.

Artigo 830: Após a chegada da carga, se o transportador conhecer o destinatário, notificará o destinatário a tempo, e o destinatário retirará as mercadorias. Se o destinatário chegar atrasado na retirada das mercadorias, pagará à transportadora as taxas de armazenamento e outras despesas.

Artigo 831: O destinatário deve inspecionar as mercadorias dentro do prazo acordado. Se não houver acordo sobre o prazo para a inspeção das mercadorias ou o acordo não for claro, e as mercadorias não puderem ser determinadas de acordo com o disposto no artigo 510 desta lei, as mercadorias deverão ser inspecionadas dentro de um prazo razoável. Se o destinatário não levantar objeções à quantidade ou alegar qualquer dano das mercadorias dentro do prazo acordado ou dentro de um prazo razoável, será considerado uma evidência preliminar de que a transportadora entregou as mercadorias de acordo com os registros no documento de transporte.

Artigo 832: O transportador será responsável por perdas e danos das mercadorias durante o transporte. O transportador não será responsável por indenização se provar que as perdas e danos das mercadorias foi causado por força maior, a natureza das mercadorias ou perdas razoáveis e pela culpa do remetente ou consignatário.

Artigo 833: Quando as partes tiverem acordado o valor da indenização por perdas ou danos de mercadorias, o acordo será seguido; se não houver acordo ou não for claro, e o valor da indenização não puder ser determinado de acordo com o artigo 510 desta lei, o valor será calculado pelo valor de mercado do local na hora da entrega ou na hora que deveria ser entregue. Nos casos em que as leis e os regulamentos administrativos prevejam a forma de cálculo e o limite da indenização, essas disposições devem ser seguidas.

Artigo 834: Quando duas ou mais transportadoras usam a mesma modalidade de transporte, o transportador que celebrou o contrato com o remetente será responsável por todo o transporte; se a perda ocorrer em um determinado trecho da trajetória, a transportadora daquele trecho e o remetente que celebraram o contrato, serão solidariamente responsáveis.

Artigo 835: Se as mercadorias forem perdidas por força maior durante o transporte e o frete não for recebido, o transportador não solicitará o pagamento do frete; se o frete for recebido, o remetente poderá solicitar a devolução. Se a lei determinar o contrário, siga essas disposições.

Artigo 836: Quando o remetente ou destinatário deixar de pagar frete, taxas de armazenamento ou outras despesas, o transportador terá uma garantia sobre as mercadorias transportadas correspondentes, salvo acordo em contrário entre as partes.

Artigo 837: Quando o destinatário for desconhecido ou se recusar a aceitar as mercadorias sem motivos adequados, o transportador poderá depositá-las de acordo com a lei.

Seção 4 - Contrato de transporte multimodal

Artigo 838: O operador de transporte multimodal será responsável por executar ou organizar a execução do contrato de transporte multimodal, gozando dos direitos da transportadora e assumindo as obrigações da transportadora por todo o transporte.

Artigo 839: O operador de transporte multimodal pode concordar com as transportadoras participantes em cada trecho do transporte multimodal sobre as responsabilidades de cada um no contrato de transporte multimodal; entretanto, este contrato não afeta a responsabilidade total da operadora de transporte multimodal em todo a trajetória.

Artigo 840: Quando um operador de transporte multimodal recebe as mercadorias entregues pelo remetente, deve emitir um documento de transporte multimodal. De acordo com os requisitos do remetente, o documento de transporte multimodal pode ser um documento transferível ou um documento intransferível.

Artigo 841: Quando o operador de transporte multimodal sofrer prejuízo devido a culpa do remetente no envio das mercadorias, mesmo que o remetente tenha transferido os documentos de transporte multimodal, o remetente ainda será responsável pela indenização.

Artigo 842: Se a perda ou o dano de mercadorias ocorrer em uma determinada seção do transporte multimodal, a responsabilidade e o limite de responsabilidade do operador de transporte multimodal serão regidos pelas leis e regulamentos pertinentes que ajustam o modo de transporte das mercadorias; se o trecho da trajetória de transporte em que a perda ou dano ocorreu não puder ser determinada, a responsabilidade pela indenização será assumida de acordo com as disposições deste capítulo.

Capítulo XX - Contrato de tecnologia

Seção 1 - Disposições Gerais

Artigo 843: O contrato de tecnologia é um contrato que estabelece direitos e obrigações mútuos com relação ao desenvolvimento, a transferência, o licenciamento, a consultoria ou demais serviços de tecnologia.

Artigo 844: A celebração de um contrato de tecnologia deverá conter a proteção dos direitos de propriedade intelectual, o progresso da ciência e da tecnologia, além de promover a pesquisa, desenvolvimento, transformação, aplicação e a promoção de realizações científicas e tecnológicas.

Artigo 845: O conteúdo de um contrato de tecnologia geralmente inclui o nome do projeto, o conteúdo, o escopo e os requisitos, o plano, o local e o método de execução, a confidencialidade das informações e materiais técnicos, a propriedade das realizações técnicas e o método de distribuição de lucros, termos e critérios de aceitação de métodos, explicação de termos e linguagens específicas, dentre outros requisitos. Os materiais técnicos relacionados à execução do contrato, relatórios de demonstração e avaliação técnica de viabilidade, designações e planos de projetos, normas técnicas, especificações técnicas, documentos originais de design e processo ou outros documentos técnicos podem ser incluídos no contrato de acordo com o acordo das partes.

Quando o contrato de tecnologia envolver uma patente, deve indicar o nome da criação, da invenção, o requerente da patente e o titular da patente, a data do pedido, o número do pedido, o número da patente e o período de validade do direito da patente.

Artigo 846: O preço do valor, a remuneração ou taxa de uso do contrato de tecnologia devem ser acordados pelas partes, pode ser estabelecido a forma de pagamento total, pagamento à vista, pagamento calculado de um vez, pagamento parcelado, pagamento de comissão ou pagamento de comissão com o pagamento um valor de entrada.

Se for acordado o pagamento de uma comissão, ela pode ser calculada com base em uma certa porcentagem do preço do produto, novo valor de produção, lucro ou vendas do produto após a implementação de patentes e o uso de segredos técnicos ou outros métodos acordados. A porcentagem do pagamento da comissão pode ser uma proporção fixa, uma proporção crescente a cada ano ou uma proporção decrescente a cada ano.

Quando o pagamento de comissão é acordado, as partes podem concordar sobre o método para consultar as contas contábeis pertinentes.

Artigo 847: Quando o direito de usar ou transferir a tecnologia pertencente a uma pessoa jurídica ou organização não registrada, elas poderão celebrar um contrato de tecnologia. Quando uma pessoa jurídica ou organização não registrada celebram um contrato de tecnologia para a transferência de realizações técnicas, a pessoa que completa as realizações técnicas deve ter a prioridade de receber a transferência nas mesmas condições.

Realizações técnicas são aquelas realizadas por uma pessoa jurídica ou organização não registrada, que são realizadas principalmente pelo uso das condições materiais e técnicas de uma pessoa jurídica ou organização não registrada.

Artigo 848: O direito de usar e transferir as realizações técnicas não relacionadas ao serviço pertence ao indivíduo que conclui a realização técnica, e o indivíduo que conclui a realização técnica pode celebrar um contrato de tecnologia para a realização técnica não prestada.

Artigo 849: Os indivíduos que concluíram realizações técnicas têm o direito de declarar que são os autores de realizações técnicas em documentos de realizações técnicas e o direito de obter certificados e prêmios honorários

Artigo 850: O contrato de tecnologia que monopolize ilegalmente uma determinada tecnologia ou infrinja as realizações tecnológicas de terceiros é inválido.

<u>Seção 2 - Contrato de desenvolvimento de tecnologia</u>

Artigo 851: O contrato de desenvolvimento de tecnologia é um contrato entre as partes para a pesquisa e desenvolvimento de novas tecnologias, novos produtos, novos processos, novas variedades ou novos materiais e seus sistemas.

Os contratos de desenvolvimento de tecnologia incluem contratos de desenvolvimento comissionado e contratos de desenvolvimento cooperativo.

O contrato de desenvolvimento de tecnologia deve ser celebrado por escrito.

Para contratos celebrados entre as partes sobre a transformação de realizações científicas e tecnológicas com valor prático, consulte as disposições pertinentes nos contratos de desenvolvimento de tecnologia.

Artigo 852: O contrato de desenvolvimento tecnológico delegado deve pagar fundos de pesquisa, desenvolvimento e remuneração conforme acordado, além de fornecer os materiais técnicos, apresentar requisitos de pesquisa e desenvolvimento, requisitos de colaboração completos e aceitar resultados de pesquisa e desenvolvimento.

Artigo 853: A pessoa de pesquisa e desenvolvimento sob o contrato de desenvolvimento comissionada deve elaborar e implementar o plano de pesquisa e desenvolvimento de acordo com o contrato, usar razoavelmente os fundos de pesquisa e desenvolvimento, concluir o trabalho de pesquisa e desenvolvimento dentro do cronograma, entregar os resultados de pesquisa e desenvolvimento e fornecer informações técnicas relevantes, além de usar a tecnologia necessária para auxiliar os clientes a dominar os resultados de pesquisa e desenvolvimento.

Artigo 854: Se as partes no contrato de desenvolvimento comissionado violarem o contrato e causarem estagnação, atraso ou falha nos trabalhos de pesquisa e desenvolvimento, serão responsabilizados pela quebra do contrato.

Artigo 855: As partes de um contrato de desenvolvimento cooperativo devem investir de acordo com o contrato, incluindo investimento em tecnologia, participando de trabalhos de pesquisa e desenvolvimento, atuando na divisão do trabalho e cooperando em trabalhos de pesquisa e desenvolvimento.

Artigo 856: Se as partes de um contrato de desenvolvimento cooperativo violarem o contrato e causarem estagnação, atraso ou falha nos trabalhos de pesquisa e desenvolvimento, serão responsabilizados pela quebra do contrato.

Artigo 857: Se a tecnologia objeto de um contrato de desenvolvimento de tecnologia tiver sido divulgada por terceiros, o que torna a execução do contrato de desenvolvimento de tecnologia sem sentido, as partes poderão resolver o contrato.

Artigo 858: No processo de execução de um contrato de desenvolvimento de tecnologia, se uma dificuldade técnica insuperável fizer com que a pesquisa e o desenvolvimento sejam totalmente inviáveis ou parcialmente inviáveis, o risco será distribuído conforme acordado pelas partes; se não houver acordo ou se o acordo não for claro e não puder ser determinado de acordo com o disposto no artigo 510 desta Lei, os riscos serão razoavelmente compartilhados pelas partes.

Quando uma das partes descobrir as circunstâncias especificadas no parágrafo anterior que ensejaram a inviabilidade total ou parcial da pesquisa e desenvolvimento, notificará imediatamente a outra parte e tomará as medidas apropriadas para reduzir o prejuízo; se a parte não notificar e tomar as medidas apropriadas a tempo, fazendo com o que o prejuízo seja aumentado, ele será responsável pelo aumento do prejuízo.

Artigo 859: Salvo disposição em contrário por lei ou de outra forma acordado pelas partes, no desenvolvimento tecnológico comissionado, o direito de requerer a patente pertence ao pesquisador e desenvolvedor da criação. Se o pesquisador e desenvolvedor obtiverem o direito da patente, o cliente poderá utilizar a patente de acordo com a lei.

Quando um pesquisador e desenvolvedor transferir o direito de requerer a patente, o cliente terá o direito prioritário de receber a transferência nas mesmas condições.

Artigo 860: Para invenções e criações concluídas por meio de desenvolvimento cooperativo, o direito de solicitar a patente pertence as partes envolvidas; se uma das partes ceder seu direito de pedido de patente, as outras partes têm o direito de receber preferencialmente a cessão nas mesmas condições. Salvo acordo em contrário entre as partes.

Se uma das partes de um contrato de desenvolvimento cooperativo renunciar ao seu direito de pedido de patente em conjunto, a menos que acordado de outra forma pelas partes, a outra parte poderá solicitar a patente separadamente ou em conjunto com outras partes. Quando o requerente obtém o direito da patente, a parte que renunciou ao direito de solicitar a patente pode explorar a patente gratuitamente.

Se uma das partes no desenvolvimento cooperativo não concordar em solicitar a patente, a outra parte ou outras partes não poderão solicitá-la.

Artigo 861: O direito de usar, transferir e auferir lucros dos segredos tecnológicos que tenham sido encomendados ou desenvolvidos por meio de cooperação, será acordado entre as partes; não havendo acordo ou o acordo não for claro será determinado conforme o artigo 510 desta Lei. Se os regulamentos forem incertos, as partes terão o direito de usar e transferir a mesma solução técnica antes da concessão da patente. No entanto, a pessoa de pesquisa e desenvolvimento encarregada não deverá transferir os resultados da pesquisa e desenvolvimento para terceiros antes de entregar os resultados da pesquisa e desenvolvimento ao cliente.

Seção 3 - Contrato de transferência de tecnologia e contrato de licenciamento de tecnologia

Artigo 862: Ocontrato de transferência de tecnologia é um contrato celebrado pelo titular do direito que detém legalmente a tecnologia e transfere patentes específicas, pedidos de patentes e segredos técnicos para terceiros.

O contrato de licenciamento de tecnologia é um contrato entre o detentor do direito que detém legalmente a tecnologia e licencia os direitos relevantes de patentes específicas existentes e segredos de tecnologia a terceiros para implementar e usar.

O contrato de transferência de tecnologia e do contrato de licenciamento de tecnologia, servem para estipular a relação com o fornecimento de equipamentos e matérias-primas especiais para a implementação da tecnologia, ou o fornecimento de consultoria e serviços técnicos pertinentes.

Artigo 863: Os contratos de transferência de tecnologia incluem a transferência de direitos de patente, a transferência de direitos de pedido de patente e a transferência de segredos de tecnologia.

Os contratos de licenciamento de tecnologia incluem as licenças de implementação de patentes e as licenças de uso secreto de tecnologia.

Os contratos de transferência de tecnologia e os contratos de licenciamento de tecnologia devem ser elaborados por escrito.

Artigo 864: Os contratos de transferência de tecnologia e contratos de licenciamento de tecnologia podem estipular a abrangência da exploração de patentes ou do uso de segredos tecnológicos, mas não devem restringir a concorrência tecnológica e o desenvolvimento tecnológico.

Artigo 865: O contrato de licença de patente é válido apenas durante a validade do direito de patente. Quando o período de validade do direito de patente expirar ou o direito de patente for declarado inválido, o titular da patente não deve firmar um contrato de licença de exploração de patente com terceiros

Artigo 866: O licenciante de um contrato de licença de exploração de patente deve, de acordo com o contrato, permitir que o licenciado explore a patente, entregue os materiais técnicos relacionados à exploração de patentes e forneça as orientações técnicas necessárias.

Artigo 867: O licenciado de um contrato de licença de exploração de patente deve explorar a patente de acordo com o contrato e não deve permitir que terceiros que não integrem o contrato explorem a patente, o licenciado deverá pagar royalties de acordo com o contrato.

Artigo 868: O cedente do contrato de transferência sigilosa de tecnologia e o licenciante do contrato de licença de uso sigiloso de tecnologia devem fornecer informações técnicas, orientações técnicas, garantir a praticabilidade e confiabilidade da tecnologia e assumir a obrigação de confidencialidade de acordo com o contrato.

A obrigação de confidencialidade prevista no parágrafo anterior não restringe o licenciante a solicitar a patente, a menos que as partes acordem em contrário.

Artigo 869: O cessionário do contrato de transferência sigilosa de tecnologia e o licenciado do contrato sigilosa de licença de tecnologia devem usar a tecnologia de acordo com o contrato, pagar a taxa de transferência e a taxa de uso, além de assumir a obrigação de confidencialidade.

Artigo 870: O cedente do contrato de transferência de tecnologia e o licenciante do contrato de licença de tecnologia devem garantir que são os proprietários legais da tecnologia fornecida e que a tecnologia fornecida é completa, correta, eficaz e pode alcançar os objetivos acordados.

Artigo 871: O cessionário do contrato de transferência de tecnologia e o licenciado do contrato de licenciamento de tecnologia devem, de acordo com o escopo e o prazo acordados, manter a confidencialidade das partes não divulgadas da tecnologia fornecida pelo cedente e pelo licenciante.

Artigo 872: Se o licenciante não licenciar a tecnologia de acordo com o contrato, devolverá parte ou a totalidade da taxa de uso e assumirá a responsabilidade por quebra de contrato; se a patente ou o uso de segredos técnicos exceder o escopo acordado, e o terceiro for autorizado a explorar a patente ou usar os segredos técnicos sem o consentimento do licenciante, a quebra de contrato será interrompida e a responsabilidade por quebra de contrato será assumida; na violação da obrigação de confidencialidade a parte será responsável pela quebra do contrato. O cedente assumirá a responsabilidade por quebra de contrato, com referência ao disposto no parágrafo anterior.

Artigo 873: Se o licenciado deixar de pagar os royalties, conforme acordado, ele deverá pagar os royalties e pagará os danos liquidados de acordo com o contrato; se ele não pagar os royalties ou os danos liquidados, deverá interromper a exploração da patente ou o uso de segredos técnicos, devolverá os materiais técnicos e assumirá a responsabilidade pela quebra de contrato; se a patente ou o uso de segredos técnicos exceder o escopo acordado, e o terceiro for autorizado a explorar a patente ou usar os segredos técnicos sem o consentimento do licenciante, a quebra de contrato será interrompida e a responsabilidade por quebra de contrato será assumida; Aqueles que violarem as obrigações de confidencialidade acordadas serão responsáveis pela quebra de contrato.

O cessionário assumirá a responsabilidade por quebra de contrato e as disposições do parágrafo anterior serão aplicadas por referência.

Artigo 874: Se o cessionário ou licenciado violar os direitos legais e interesses de terceiros ao explorar a patente ou usar segredos tecnológicos de acordo com o contrato, o cedente ou licenciador deverá assumir a responsabilidade, salvo acordo em contrário entre as partes.

Artigo 875: As partes podem, de acordo com o princípio do benefício mútuo, estabelecer no contrato a implementação de patentes, o uso de segredos técnicos e o acompanhamento das melhorias dos resultados técnicos; se não houver acordo ou o acordo não for claro, e o acordo não puder ser determinado de acordo conforme o artigo 510 desta lei, as outras partes não terão o direito de compartilhar os resultados técnicos de melhorias subsequentes desenvolvidas por uma parte.

Artigo 876: Para a transferência e licenciamento de direitos exclusivos para projetos de planos de circuito integrado, direitos de novas variedades de plantas, direitos autorais de software de computador e outros direitos de propriedade intelectual, consulte as disposições pertinentes desta seção.

Artigo 877: Quando as leis e regulamentos administrativos estabelecerem de outra forma em contratos de importação e exportação de tecnologia ou patentes ou contratos de pedido de patente, essas disposições deverão ser seguidas.

<u>Seção 4 - Contrato de consulta técnica e contrato de serviço técnico</u>

Artigo 878: O contrato de consulta técnica é um contrato em que uma parte fornece demonstração de viabilidade, previsão técnica, investigação técnica especial, relatório de análise e avaliação, de um projeto técnico específico com conhecimento técnico para a outra parte.

O contrato de serviço técnico é um contrato em que uma parte resolve problemas técnicos específicos para a outra parte através de conhecimentos técnicos, não inclui contratos de trabalho ou contratos de projeto de construção.

Artigo 879: O cliente de um contrato de consultoria técnica deve esclarecer as questões de consultoria de acordo com o contrato, fornece materiais de base técnica e materiais técnicos pertinentes, aceitar os resultados do trabalho do contratado e pagar a remuneração.

Artigo 880: O contratado de um contrato de consultoria técnica deve preencher o relatório de consultoria ou responder às perguntas dentro do prazo acordado, e o relatório de consultoria apresentado deve atender aos requisitos acordados.

Artigo 881: Se o cliente do contrato de consultoria técnica deixar de fornecer os materiais necessários conforme acordado e afetar o andamento e a qualidade do trabalho e não aceitar ou aceitar os resultados do trabalho após o prazo, a remuneração paga não será reembolsada e a remuneração não paga deverá ser paga.

Se o contratado de um contrato de consultoria técnica não enviar o relatório de consultoria dentro do prazo ou o relatório de consultoria enviado não estiver em conformidade com o contrato, será responsável por quebra de contrato, com redução ou isenção de remuneração.

As decisões ou pareceres técnicos elaborados pelos contratados no contrato de consultoria técnica que causarem prejuízos ou observarem requisitos acordados, serão de responsabilidade dos contratados, salvo acordo em sentido contrário entre as partes.

Artigo 882: O cliente de um contrato de serviço técnico deve fornecer condições de trabalho de acordo com o contrato, completar os requisitos de cooperação, aceitar os resultados do trabalho e pagar remuneração.

Artigo 883: O contratado de um contrato de serviço técnico deve concluir o projeto de serviço de acordo com o contrato, resolver problemas técnicos, garantir a qualidade do trabalho e transmitir conhecimentos sobre a solução de problemas técnicos.

Artigo 884: Se o cliente do contrato de serviço técnico não cumprir as obrigações contratuais ou o cumprimento das obrigações contratuais não cumprir o acordo, afetando o andamento e a qualidade do trabalho, e não aceitar ou aceitar os resultados do trabalho após o prazo, a remuneração paga não será recuperada e a remuneração não paga deverá ser paga.

Se o mandatário do contrato de serviço técnico deixar de concluir o trabalho do serviço de acordo com o avençado, será responsável por quebra de contrato, com isenção de remuneração.

Artigo 885: No processo de execução de contratos de consultoria técnica e contratos de serviço técnico, novos resultados técnicos preenchidos pelo contratado, utilizando os materiais técnicos e as condições de trabalho fornecidas pelo contratado, pertencem ao contratado. Os novos resultados técnicos realizados pelo cliente usando os resultados do trabalho do contratado pertencem ao cliente. Se partes acordaram em contrário, deverá ser seguido o acordado.

Artigo 886: Se o contrato de consultoria técnica e o contrato de serviço técnico não estipularem os gastos do trabalho normal do mandatário, ou a estipulação não for clara, o contratado deverá suportá-los.

Artigo 887: Quando as leis e regulamentos administrativos estabelecerem de outra forma os contratos de intermediário técnico e os contratos de treinamento técnico, siga essas disposições.

Capítulo XXI - Contrato de depósito

Artigo 888: O contrato de depósito é um contrato em que a depositário guarda os bens entregues pela depositante e os devolverá.

Será considerado contrato de depósito, nos casos em que o depositante recorra ao depositário para armazenar bens em um determinado local enquanto realiza compras, refeições, hospedagem e outras atividades, salvo se as partes acordarem de forma diversa ou possuam outros costumes de negociação.

Artigo 889: O depositante pagará a taxa de depósito ao depositário, de acordo com o contrato.

Se as partes não concordarem com a taxa de depósito ou se o contrato não for claro, e não puder ser determinado de acordo com o disposto no artigo 510 desta Lei, será considerado como depósito gratuito.

Artigo 890: O contrato de depósito será estabelecido quando o bem for entregue, salvo acordo em contrário entre as partes.

Artigo 891: Quando o depositante entregar o depósito ao depositário, o depositário emitirá o certificado de depósito, a menos que haja outras práticas comerciais.

Artigo 892: O depositário deve guardar adequadamente os bens entregues.

As partes podem concordar com o local ou método de armazenamento. Exceto em emergências ou para proteger os interesses do depositário, o local e o método de armazenamento não devem ser alterados sem autorização.

Artigo 893: Quando o bem entregue pelo depositante estiver com defeito ou exigir medidas especiais de depósito de devido à natureza do bem, o depositante deverá informar o depositário dos cuidados necessários. Se o depositante não informar e o bem depositado sofrer danos, o depositário não será responsabilizado pelo pagamento de indenização; se o depositário sofrer prejuízo, o depositante será responsável pela indenização, salvo se o depositante souber ou devia saber e não tenha tomado as medidas corretivas.

Artigo 894: O depositário não poderá transferir o bem depositado a terceiros para fins de depósito, salvo se as partes acordem em contrário.

Quando o depositário violar as disposições do parágrafo anterior e transferir o bem depositado para terceiros, causando prejuízo ao bem, ele será responsável pela indenização.

Artigo 895: O depositário não pode usar ou permitir que terceiros usem o bem depositado, salvo se as partes acordem em contrário.

Artigo 896: Se um terceiro reivindicar direitos sobre o bem depositado, o depositário deverá tomar as medidas de preservação ou cumprimento em conformidade com a lei, cumprindo a obrigação de devolver o bem depositado ao depositante.

Se um terceiro ajuizar ação judicial contra o depositário ou solicitar a apreensão do bem depositado, o depositário deverá notificar imediatamente o depositante.

Artigo 897: Durante o período de depósito, se o bem for danificado ou perdido devido ao armazenamento inadequado pelo depositário, ele deverá ser responsabilizado e pagará a indenização. Salvo, se o depositário não remunerado provar que não agiu com culpa intencional ou grosseira, ele não será responsabilizado a pagar a indenização.

Artigo 898: Quando um depositante deposita moeda, valores mobiliários ou outros objetos de valor, deve declarar ao depositário e o depositário deve aceitá-lo ou selá-lo; se o depositante não declarar o bem depositado, o depositário poderá indenizar o dano ou perda do bem da mesma forma que os bens gerais.

Artigo 899: O depositante pode retirar o bem depositado a qualquer momento.

Se as partes não concordarem com o período de armazenamento ou o contrato não for claro, o depositário poderá solicitar ao depositante que receba os bens depositados a qualquer momento; se o período de guarda for acordado, o depositário não solicitará que o depositante receba os bens depositados antecipadamente sem motivos especiais.

Artigo 900: Quando o prazo de armazenamento expirar ou o depositante receber o depósito antecipadamente, o depositário devolverá o bem original e seus frutos ao depositante.

Artigo 901: Quando o depositário armazenar moeda, poderá ser devolvido o mesmo tipo e quantidade de moeda; se armazenar outros bens fungíveis, pode devolver o mesmo tipo, qualidade e quantidade de bens, conforme acordado.

Artigo 902: Em um contrato de depósito oneroso, o depositante pagará o valor de depósito ao depositário dentro do prazo acordado.

Se as partes não tiverem acordado o prazo para pagamento ou o contrato não for claro e não puder ser determinado de acordo com o disposto no artigo 510 desta Lei, o pagamento será efetuado ao mesmo tempo em que o depósito for recebido.

Artigo 903: Se o depositante não pagar as taxas de armazenamento ou outras despesas de acordo com o contrato, o depositário terá uma garantia sobre o bem depositado, salvo se as partes acordem em contrário.

Capítulo XXII - Contratos de Armazenamento

Artigo 904: O contrato de armazenamento é um contrato pelo qual o depositário armazena as mercadorias entregues pelo depositante e ele paga a taxa de armazenamento.

Artigo 905: O contrato de armazenamento será estabelecido quando acordado entre o depositário e o depositante.

Artigo 906: Ao armazenar bens inflamáveis, explosivos, tóxicos, corrosivos, radioativos e outros produtos perigosos ou perecíveis, o depositante deve explicar a natureza dos produtos e fornecer informações pertinentes.

Se o depositante violar o disposto no parágrafo anterior, o depositário poderá recusar-se a aceitar os bens ou tomar as medidas correspondentes para evitar o prejuízo, devendo as despesas serem   suportadas pelo depositante.

Quando o depositante armazena bens perigosos como inflamável, explosivo, tóxico, corrosivo ou radioativo, ele deve ter condições de armazenamento correspondentes.

Artigo 907: O depositário deve verificar e aceitar os bens de armazenamento de acordo com o contrato. Se o depositário achar durante a inspeção e aceitação que o bem depositado não está em conformidade com o contrato, deverá notificar imediatamente o depositante. Após a verificação do depositário e sua aceitação de armazenamento, se o tipo, a quantidade e a qualidade dos bens não estiverem em conformidade com o contrato, o depositário será responsável pelas eventuais indenizações.

Artigo 908: Quando o depositante entregar os bens para armazenamento, o depositário emitirá documentos comprovatórios como recibos e recibos de armazém.

Artigo 909: O depositário deve assinar ou carimbar o recibo do armazém. O recibo do armazém inclui os seguintes itens:

(1) O nome ou título e domicílio do depositante;

(2) A variedade, quantidade, qualidade, embalagem, número e marcação dos bens armazenados;

(3) O padrão dos bens de armazenamento;

(4) O local de armazenamento;

(5) O prazo de armazenamento;

(6) As taxas de armazenamento;

(7) Se o armazenamento tiver seguro, deverá constar o valor, o período do seguro e o nome da seguradora;

(8) O emissor, local e data de emissão.

Artigo 910: O comprovante de depósito serve como comprovante para retirada dos bens em depósito. O direito de retirar as mercadorias armazenadas poderá ser transferido, quando o depositante ou o titular do recibo do depósito endossar o recibo de depósito se for assinado ou carimbado pelo depositário.

Artigo 911: De acordo com os requisitos do depositante ou do titular do recibo do depósito, o depositário deve concordar em inspecionar o bem depositado ou colher amostras.

Artigo 912: Se o depositante constatar que os bens armazenados se deterioraram ou foram danificados de outra forma, notificará imediatamente o depositante ou o detentor do recibo de depósito.

Artigo 913: Se o depositário constatar que os bens armazenados estão deteriorados ou danificados, colocando em risco a segurança e o armazenamento normal de outros bens armazenados, deve notificar ao depositante ou o detentor do recibo do depósito para realizar as providências necessárias. Em caso de emergência, o depositário poderá tomar as devidas providências; no entanto, deverá notificar imediatamente o depositante ou o detentor do recibo do depósito da situação posteriormente.

Artigo 914: Se as partes não concordarem com o prazo de armazenamento ou o acordo não for claro, o depositante ou o detentor do recibo de depósito poderá retirar os bens de armazenagem a qualquer momento, e o depositário também poderá solicitar ao depositante ou ao detentor do recibo do depósito que retire os bens de armazenamento a qualquer momento, entretanto, deverá ser concedido um prazo para preparação necessária.

Artigo 915: No final do prazo de armazenamento, o depositante ou o detentor do recibo do depósito retirará os bens armazenados com o recibo e o recibo do depósito. Se o depositante ou o detentor do recibo do depósito atrasar a retirada, será cobrada uma extra taxa de armazenamento; se o bem depositado for retirado com antecedência, a taxa de armazenamento não será reduzida.

Artigo 916: Se o prazo de armazenamento expirar e o depositante ou o detentor do recibo de depósito não retirar os bens de armazenamento, o depositário poderá notificá-los a retirar dentro de um prazo razoável; se eles não retirarem os bens dentro do prazo, o depositário poderá realizar o depósito judicial dos bens.

Artigo 917: Durante o período de armazenamento, se os bens armazenados forem danificados ou perdidos devido a armazenamento inadequado, o depositário será responsável pela compensação. O depositário não será responsável pela indenização se os bens armazenados forem deteriorados ou danificados devido à natureza dos bens, à embalagem que não estava em conformidade com o contrato ou ao vencimento do prazo efetivo para armazenamento.

Artigo 918: Se não houver disposições neste capítulo, serão aplicadas as disposições pertinentes do contrato de depósito.

Capítulo XXIII - Contrato de mandato

Artigo 919: O contrato de mandato é um contrato entre o mandante e o mandatário, em que o mandatário administra os assuntos do mandante.

Artigo 920: O mandante pode designar especificamente ao mandatário para tratar de um ou vários assuntos, ou pode designar ao mandatário para tratar de todos os assuntos em geral.

Artigo 921: O mandante pagará antecipadamente o valor pelos serviços solicitados. Se o mandatário pagar adiantadamente o valor para as despesas necessárias para tratar de os assuntos, o mandante deverá as despesas e os juros.

Artigo 922: O mandatário administrará os interesses de acordo com as instruções do mandante. Se as instruções do mandante precisarem ser alteradas, deverá ser obtido o consentimento do mandante; se a situação for urgente e for difícil entrar em contato com o mandante, o mandatário deverá administrar adequadamente os interesses, porém deverá notificar a situação ao mandante posteriormente.

Artigo 923: O mandatário deve tratar pessoalmente dos atos ou interesses do mandante. Somente com o consentimento do mandante que o mandatário poderá delegar. Quando a delegação for aprovada ou ratificada, o mandante poderá instruir diretamente o terceiro em relação aos seus atos ou interesses, e o mandatário somente será responsável pela seleção do terceiro e pelas instruções ao terceiro. Se a delegação não tiver sido aprovada ou ratificada, o mandatário será responsável pelas ações do terceiro; salvo se for caso de emergência, em que o mandatário precisa delegar a um terceiro para proteger os interesses do mandante.

Artigo 924: O mandatário deve relatar os atos praticados assim como a administração dos interesses de acordo com a solicitação do mandante. Quando o contrato de mandato é resolvido, o mandatário deve relatar o resultado dos atos ou interesses administrados.

Artigo 925: Se o mandatário celebrar um contrato com um terceiro em seu próprio nome dentro dos poderes concedidos pelo mandante, e o terceiro conhecer a existência da relação de representação entre o mandatário e o mandante na hora da celebração do contrato, o contrato vinculará diretamente o mandante e o terceiro; salvo se existir evidência definitiva de que o contrato vincula apenas o mandatário e a terceira parte.

Artigo 926: Quando o mandatário celebrar um contrato com um terceiro em seu próprio nome, se o terceiro desconhecer a existência da relação de representação entre o mandatário e o mandante na hora da celebração do contrato, e o mandatário deixar de cumprir suas obrigações para com o mandante devido ao terceiro, caberá ao mandatário revelar o terceiro para que o mandante possa exigir seus direitos com o terceiro. Salvo se na hora da celebração do contrato o terceiro e o mandatário sabiam da existência do mandante.

Se o mandatário deixar de cumprir suas obrigações para com o terceiro devido aos motivos do mandante, ele deverá revelar o mandante ao terceiro, dessa forma o terceiro poderá escolher o mandatário ou o mandante para reivindicar seus direitos como contraparte, mas o terceiro não poderá mudar a escolha.

Quando o mandante exerce os direitos do mandato contra o terceiro, o terceiro pode reclamar com o mandatário aquilo que pode reclamar com o mandante. Quando um terceiro escolhe o mandante como sua contraparte, o mandante pode reclamar com o terceiro o pleito que tinha com o mandatário.

Artigo 927: Os bens obtidos pelo mandatário no tratamento dos negócios serão transferidos para o mandante.

Artigo 928: Quando o mandatário concluir os negócios, o mandante pagará a remuneração de acordo com o contrato.

Se por razões que não são atribuíveis ao mandatário, o contrato de mandato é resolvido ou os atos não puderem ser concluídos, o mandante pagará ao agente mandatário a remuneração correspondente. Salvo acordo em sentido contrário pelas partes.

Artigo 929: Em contrato de mandato oneroso, se o mandate sofrer prejuízo devido a culpa do mandatário, o mandante poderá exigir uma indenização pelo prejuízo. Em contrato de mandato gratuito, se por culpa ou negligência do mandatário causar prejuízos ao mandante, o mandante poderá exigir uma indenização pelos prejuízos.

Se o mandatário exceder o poder a ele concedido causando prejuízos ao mandante, deverá indenizar os prejuízos.

Artigo 930: Se o mandatário sofrer prejuízos por motivos que não lhe são imputáveis ao lidar com os assuntos do mandante, poderá solicitar uma indenização ao mandate pelos prejuízos.

Artigo 931: O mandante pode delegar a terceiros que não sejam o mandatário para tratar de seus interesses desde que com o consentimento do mandatário.

Se o mandatário sofrer prejuízo, ele poderá solicitar uma indenização ao mandante.

Artigo 932: Quando dois ou mais mandatários atuam em conjunto, eles assumem a responsabilidade solidária com o mandante.

Artigo 933: O mandatário ou o mandante podem resolver o contrato de mandato a qualquer momento. Se a outra parte sofrer prejuízo devido à resolução do contrato, exceto por razões não imputáveis à parte, a parte que opera a resolução do contrato gratuito de mandato indenizará os prejuízos diretos causadas pelo tempo de extinção indevido. Da mesma forma, a parte que resolveu o contrato de mandato oneroso deverá indenizar pelos prejuízos direitos e pelos benefícios obtidos após a resolução do contrato.

Artigo 934: O contrato de mandato será extinto se o mandante falecer ou resolver, ou o mandatário falecer, perder a capacidade de conduta civil ou resolver; salvo se as partes tenham acordado de outra forma ou a natureza dos assuntos não sejam adequados para rescisão.

Artigo 935: Quando a resolução do contrato de mandato prejudicar os interesses do mandate devido à sua morte, a declaração de falência ou a dissolução, o mandatário continuará atuando até que os herdeiros, o administrador da herança ou o liquidatário do mandante continuem com os atos delegados.

Artigo 936: Quando o contrato de mandato for extinto devido à morte, incapacidade de conduta civil, falência ou dissolução do mandatário, o herdeiro, administrador da herança, representante legal ou liquidatário do mandatário notificará imediatamente ao mandante. Se a extinção do contrato de mandato prejudicar os interesses do mandante, o herdeiro, o administrador da herança, o representante legal ou o liquidatário do mandatário tomará as medidas necessárias antes da produção de efeitos que prejudique o mandante.

Capítulo XXIV - Contrato de Serviços imobiliários

Artigo 937: O contrato de serviço imobiliário é aquele em que o prestador de serviços imobiliários fornece ao proprietário serviços imobiliários, como a manutenção do prédio e suas instalações auxiliares, a gestão e manutenção do saneamento ambiental e ordem relacionada na área de serviço imobiliário, cabendo ao proprietário pagar a taxa do serviço imobiliário.

Os prestadores de serviços imobiliários incluem empresas de serviços imobiliários e outros gerentes.

Artigo 938: O conteúdo de um contrato de serviços imobiliários geralmente inclui cláusulas de serviço, qualidade do serviço, padrões de taxa de serviço e métodos de cobrança, uso de fundos de manutenção, gerenciamento e uso de salas de serviço, prazos de serviço e entrega de serviços.

As promessas de serviços feitas publicamente pelo prestador de serviços imobiliários para beneficiar o proprietário são parte integrante do contrato de serviços imobiliários.

O contrato de serviço de imobiliário deve ser realizado por escrito.

Artigo 939: O contrato preliminar de serviços imobiliários celebrado pela unidade de construção e pelo prestador do serviço imobiliário, de acordo com a lei, e o contrato do serviço imobiliário celebrado pelo comitê de proprietários e pelo prestador do serviço imobiliário legalmente selecionado pela Assembleia dos proprietários, devem ser juridicamente vinculativos para o proprietário.

Artigo 940: Antes do vencimento do prazo de serviços estipulado no contrato preliminar de serviços imobiliários entre a unidade de construção e o prestador de serviços imobiliários, se o contrato de serviços imobiliários entre o comitê do proprietário ou o proprietário e o novo prestador de serviços imobiliários entrar em vigor, o contrato preliminar de serviços imobiliários será extinto.

Artigo 941: Quando um funcionário prestador de serviços imobiliários delega parte dos bens especiais de serviço na área de serviços imobiliários a uma organização profissional de serviços ou a terceiros, ela será responsável perante o proprietário pela parte dos bens especiais de serviço.

O prestador de serviços imobiliários não deve delegar todos os serviços imobiliários a terceiros, nem delegar todos os serviços imobiliários a terceiros após o acordo.

Artigo 942: O prestador do serviço imobiliários deve, de acordo com o contrato e a natureza do uso do imóvel, reparar, manter, limpar, proteger ecologicamente e administrar adequadamente as partes comuns dos proprietários da área de serviço imobiliário, manter a ordem básica na área de serviço imobiliário e adotar medidas razoáveis para proteger a segurança pessoal e patrimonial do proprietário.

Em caso de violação de leis e regulamentos relativos à segurança pública, proteção ambiental e proteção contra incêndio na área de serviços imobiliários, o prestador de serviços imobiliários deve tomar medidas razoáveis para interrompê-lo em tempo hábil, relatá-lo ao departamento administrativo pertinente e auxiliar na manutenção.

Artigo 943: O prestador de serviços imobiliários deve relatar regularmente as questões de serviço, pessoal responsável, requisitos de qualidade, itens de cobrança, padrões de cobrança, desempenho, bem como o uso de fundos de manutenção, a operação e o rendimento da parte comum do proprietário, de maneira razoável e transparente aos proprietários, à assembleia dos proprietários e ao comitê dos proprietários.

Artigo 944: O proprietário pagará verbas ao prestador de serviços de imobiliários, de acordo com o contrato. Quando o prestador de serviços imobiliários tiver prestado serviços de acordo com o contrato e os regulamentos pertinentes, o proprietário não se recusará a pagar as taxas com base no fato de que ele não aceitou ou não precisa aceitar os serviços imobiliários pertinentes.

Se o proprietário violar o contrato e deixar de pagar a taxa dentro do prazo, o prestador de serviços imobiliários poderá notificá-lo a pagar dentro de um prazo razoável; após o vencimento do prazo razoável, o prestador de serviços imobiliários poderá entrar com ação judicial ou solicitar arbitragem.

O prestador de serviços imobiliários não deverá exigir o pagamento de taxas imobiliárias através da interrupção do fornecimento de energia, do fornecimento de água, o aquecimento ou do fornecimento de gás.

Artigo 945: Ao decorar e reformar o bem imóvel, o proprietário deve informar o prestador do serviço com antecedência, observar as precauções razoáveis solicitadas pelo prestador do serviço imobiliário e cooperar com ele na realização das inspeções necessárias no local.

Se o proprietário transferir ou arrendar a parte exclusiva da propriedade, estabelecer o direito de residência ou alterar a parte compartilhada do uso de acordo com a lei, ele deverá informar imediatamente o prestador de serviços imobiliários sobre tais informações pertinentes.

Artigo 946: Se os proprietários decidirem em conjunto demitir o prestador de serviços imobiliários de acordo com os procedimentos legais, poderão resolver o contrato de serviços imobiliários. Se a demissão for decidida, o prestador de serviços imobiliários será notificado por escrito com 60 dias de antecedência, salvo se o contrato determinar o contrário sobre o prazo de aviso prévio.

Se a resolução do contrato, de acordo com o disposto no parágrafo anterior, causar prejuízos ao prestador de serviços imobiliários, o proprietário deverá indenizar os prejuízos, exceto por razões não imputáveis ao proprietário.

Artigo 947: Antes do vencimento do prazo de prestação dos serviços imobiliários, se os proprietários decidirem em conjunto renovar o contrato de acordo com a lei, eles deverão renovar com o prestador original de serviços imobiliários.

Antes do vencimento do contrato de serviços imobiliários, se o prestador de serviços imobiliários não concordar em renovar, o proprietário ou o comitê dos proprietários será notificado por escrito 90 dias antes do vencimento do contrato, salvo determinação em contrário no contrato.

Artigo 948: Após o término do período de serviços imobiliários, se o proprietário não decidir renovar ou contratar um prestador de serviços imobiliários de acordo com a lei e o prestador antigo de serviços de imobiliários continua a prestar seus serviços, o contrato original continuará válido, mas o período de serviço será indeterminado.

As partes podem resolver o contrato de serviço indeterminado a qualquer momento, mas devem notificar a outra parte por escrito com 60 dias de antecedência.

Artigo 949: Quando o contrato de serviços imobiliários for resolvido, o prestador de serviços imobiliários original deve deixar a área de serviços imobiliários dentro do prazo acordado ou dentro de um prazo razoável, e devolver ao proprietário a propriedade, as instalações relacionadas e os materiais pertinentes necessários para os serviços imobiliários. O comitê ou o proprietário que decidir administrá-lo por conta própria ou por uma pessoa designada, cooperará com o novo prestador de serviços de imobiliários para concluir o trabalho de entrega e informará com transparência o estado de uso e gerenciamento da propriedade.

Se o prestador de serviços imobiliários original violar as disposições do parágrafo anterior, ele não deverá solicitar que o proprietário pague as taxas após a resolução do contrato de serviço imobiliário; se o proprietário sofrer perdas, ele indenizará as perdas.

Artigo 950: Após a resolução do contrato de serviços imobiliários, antes que o novo prestador escolhido pelos proprietários ou pela reunião dos proprietários ou pelo proprietário que decida administrá-lo assuma o controle, o prestador original do serviços imobiliários continuará a prestar os serviços imobiliários e poderá solicitar que o proprietário pague as taxas durante esse período.

Capitulo XXV - Contrato de corretagem

Artigo 951: O contrato de corretagem é um contrato no qual o corretor realiza atividades de negociação para o cliente em seu próprio nome e o cliente paga a remuneração.

Artigo 952: As despesas decorrentes do corretor na atuação de assuntos delegados serão custeadas pelo cliente, salvo acordo em contrário entre as partes.

Artigo 953: Quando o corretor possuir o bem confiado, ele deve manter adequadamente o bem.

Artigo 954: Se o bem confiado for defeituoso, perecível ou deteriorado quando entregue ao corretor, o corretor poderá alienar o bem com o consentimento do cliente; se o corretor não puder entrar em contato com o cliente a tempo, o corretor poderá administrá-lo conforme as práticas razoáveis.

Artigo 955: Deverá obter o consentimento do cliente, quando o corretor vender a um preço inferior ao preço especificado pelo cliente ou comprar a um preço superior ao preço especificado pelo cliente; sem o consentimento do cliente, o corretor deverá indenizar a diferença do valor, somente assim a venda produzirá efeitos para o cliente.

Se o corretor vender a um preço superior ao preço especificado pelo cliente ou comprar a um preço inferior ao preço especificado pelo cliente, a remuneração poderá ser aumentada de acordo com o contrato; se não houver acordo ou o contrato não for claro e ainda não puder ser determinado conforme com o artigo 510 desta lei, o interesse do cliente deverá prevalecer.

Se o cliente tiver instruções especiais sobre o preço, o corretor não poderá vender ou comprar violando as instruções.

Artigo 956: Quando o corretor vende ou compra a mercadoria com preço de mercado, a menos que o cliente expresse a intenção oposta, o próprio corretor pode atuar como comprador ou vendedor.

Se o corretor estiver nas circunstâncias especificadas no parágrafo anterior, ele ainda poderá solicitar que o cliente pague uma remuneração.

Artigo 957: Quando o corretor comprar a mercadoria de acordo com o contrato, o cliente a aceitará a tempo. Mediante solicitação do corretor, se o cliente se recusar a aceitar a mercadoria sem motivo adequado, o corretor poderá depositar a mercadoria de acordo com a lei.

Se o bem não puder ser vendido ou o cliente retirar a venda e a corretora não recuperar ou alienar o bem mediante solicitação do corretor, o corretor poderá depositar o bem de acordo com a lei.

Artigo 958: Quando o corretor celebra um contrato com o terceiro, o corretor gozará diretamente de direitos e assumirá obrigações com o contrato.

Se o terceiro não cumprir suas obrigações e causar danos ao cliente, o corretor será responsável pelo pagamento de indenização, salvo se o corretor e o cliente tenham acordado de outra forma.

Artigo 959: Quando o corretor concluir todo ou concluir parcialmente os negócios, o cliente pagará a ele a remuneração correspondente. Se o cliente não pagar a remuneração dentro do prazo, o corretor terá o direito de retenção, a menos que as partes tenham acordado em contrário.

Artigo 960: Se não houver nenhuma disposição neste capítulo, consulte as disposições pertinentes do contrato de mandato.

Capítulo XXVI - Contrato de Intermediação

Artigo 961: O contrato intermediação é um contrato no qual o intermediário informa ao cliente sobre a oportunidade de celebrar um contrato ou sobre a prestação serviços de mídia, e o cliente pagará uma remuneração.

Artigo 962: O intermediário deve informar fielmente o cliente sobre assuntos relacionados à celebração do contrato.

Quando um intermediário ocultar fatos importantes relacionados à celebração do contrato ou fornecer informações falsas que prejudiquem os interesses do cliente, ele não deverá solicitar o pagamento de remuneração e será responsável pela indenização.

Artigo 963: Quando um intermediário facilitar a celebração de um contrato, o cliente pagará a remuneração de acordo com o contrato. Quando a remuneração do intermediário não for acordada ou o contrato não for claro, e não puder ser determinado com o disposto no artigo 510 desta lei, deverá ser razoavelmente determinado com base no serviço de trabalho do intermediário. Se o intermediário fornecer serviços de mídia para a celebração do contrato e o contrato for celebrado, as partes do contrato deverão arcar igualmente com a remuneração do intermediário.

Se o intermediário facilitar a celebração do contrato, as despesas das atividades intermediárias serão custeadas por ele mesmo.

Artigo 964: Se o intermediário não facilitar a celebração do contrato, ele não solicitará pagamento de remuneração, mas poderá solicitar ao cliente que pague as despesas necessárias para o exercício das atividades, conforme acordado.

Artigo 965: Após a aceitação dos serviços do intermediário, o cliente pagará a remuneração do intermediário se utilizar as oportunidades de negociação ou serviços de mídia fornecidos pelo intermediário para concluir diretamente um contrato sem o intermediário.

Artigo 966: Se não houver nenhuma disposição neste capítulo, aplica--se as disposições pertinentes do contrato de mandato.

Capítulo XXVII - Contrato de Parceria

Artigo 967: O contrato de parceria é celebrado por dois ou mais parceiros para fins comerciais comuns em que compartilham os benefícios e riscos do negócio.

Artigo 968: Os parceiros deverão cumprir suas obrigações de contribuição de capital, no seu valor e prazo de pagamento de acordo com o método estabelecido.

Artigo 969: As contribuições de capital dos sócios, os recursos obtidos de acordo com a lei e outros bens da parceria pertencerão à propriedade da parceria.

Antes da resolução do contrato de parceria, os parceiros ficam vedados de solicitar a divisão dos bens da parceria.

Artigo 970: O consentimento unânime de todos os parceiros deve ser obtido, para tomada de decisão sobre os negócios da parceria, salvo acordo em contrário no contrato de parceria.

Os assuntos de parceria deverão ser executados em conjunto por todos os parceiros. De acordo com o contrato de parceria ou a decisão unanime dos parceiros, poderá ser escolhido um ou mais parceiros para executar os negócios da parceria; os demais parceiros não deverão executar mais os negócios de parceria, porém possuem o direito de supervisionar a execução.

Quando os parceiros executam negócios de parceria separadamente, o parceiro responsável pela execução pode levantar objeções aos negócios realizados por outros parceiros; depois de levantar objeções, os outros parceiros devem suspender a execução dos negócios.

Artigo 971: Os parceiros não podem solicitar pagamento de remuneração pela execução de negócios da parceria, salvo acordo em contrário no contrato de parceria.

Artigo 972: A partilha de lucros e a distribuição de prejuízos da parceria serão administrados de acordo com o contrato de parceria; se o contrato de parceria não for determinado ou a determinação não for claro, os parceiros negociarão e decidirão; se a negociação falhar, os parceiros decidirão de acordo com a proporção de contribuição de capital integralizada de cada um: se a proporção da contribuição de capital não puder ser determinada, os parceiros partilharam igualmente os lucros e prejuízos.

Artigo 973: Os parceiros assumem a responsabilidade solidária pelas dívidas da parceria. Os parceiros que pagaram mais do que sua parte nas dívidas terão o direito de regresso contra os outros parceiros.

Artigo 974: Se um parceiro transferir a totalidade ou parte de suas ações para outra pessoa que não seja o parceiro, deverá ser obtido o consentimento unânime dos outros parceiros, salvo disposição em contrário do contrato de parceria

Artigo 975: Os credores de um parceiro não podem sub-rogar os direitos de que o sócio goza nos termos do disposto neste capítulo e do contrato de parceria, exceto no que se refere ao direito de reclamar repartição de vantagens de que goza o sócio.

Artigo 976: Se os parceiros não tiverem acordado o prazo da parceria ou o contrato não for claro, não puder ser determinado de acordo com o disposto no artigo 510 desta Lei, será considerada um contrato de parceria de prazo indeterminado.

Quando o prazo da parceria vencer, os parceiros continuam a executar os negócios da parceria e outros parceiros não levantam objeções, o contrato original da parceria permanece válido, mas o período da parceria será indeterminado.

O parceiro pode resolver o contrato de parceria indeterminado a qualquer momento, mas deve notificar previamente aos outros parceiros em um prazo razoável.

Artigo 977: Em caso de morte, perda de capacidade civil ou resolução de um parceiro, o contrato de parceria será resolvido; salvo se o contrato de parceria estipule o contrário, ou não possa ser resolvido devido à natureza dos negócios da parceria.

Artigo 978: Após a resolução do contrato de sociedade, os bens da sociedade serão repartidos de acordo com o disposto no artigo 972 desta Lei se restar algum após o pagamento das despesas incorridas com a resolução e liquidação das dívidas de sociedade.

Parte III - Quase-contratos

Capítulo XXVIII - Da gestão de negócios

Artigo 979: Se o administrador não tiver obrigações estatutárias ou acordadas e gerenciar os negócios de outros com objetivo de evitar perdas no interesse de outros, ele pode solicitar ao beneficiário o reembolso das despesas necessárias incorridas nos negócios de gestão; se o administrador sofrer prejuízos devido aos negócios de gestão, ele pode solicitar aos beneficiários o pagamento de uma indenização adequada. Se os negócios de gestão não estiverem de acordo com a verdadeira intenção do beneficiário, o administrador não terá os direitos prescritos no parágrafo anterior; salvo se, a verdadeira intenção do beneficiário violar a lei ou viola a ordem pública e os bons costumes.

Artigo 980: Quando os negócios do administrador não se enquadram nas circunstâncias previstas no artigo anterior, mas o beneficiário goza de benefícios de gestão, o beneficiário deve, no âmbito dos benefícios obtidos, assumir as obrigações estipuladas no primeiro parágrafo do artigo anterior para com o administrador.

Artigo 981: O administrador deve adotar métodos que sejam benéficos para os beneficiários na administração dos negócios de terceiros. Se a interrupção da gestão for prejudicial para o beneficiário, não deve ser interrompida sem motivos justificados.

Artigo 982: Se o administrador gerir os negócios de terceiros e puder notificar o beneficiário, deve notificá-lo imediatamente. Se os assuntos de gestão não precisarem ser tratados com urgência, deverão aguardar instruções do beneficiário.

Artigo 983: Após o término da administração, o administrador deve relatar os assuntos de administração ao beneficiário. Os bens adquiridos pelo administrador devem ser transferidos oportunamente ao beneficiário.

Artigo 984: Se os assuntos de gestão do administrador forem ratificados pelo beneficiário posteriormente, as disposições pertinentes do contrato de mandato serão aplicáveis desde o início dos assuntos de gestão, salvo se o administrador expresse o contrário.

Capítulo XXIX - Enriquecimento sem causa

Artigo 985: Quando o aproveitador não tiver base legal para obter benefícios indevidos, a pessoa que sofrer a perda poderá solicitar a devolução dos benefícios obtidos, exceto nas seguintes circunstâncias:
(1) Pagamentos pelo cumprimento de obrigações morais;
(2) Pagamento de dívidas antes do vencimento;
(3) Liquidação da dívida que sabidamente não tem obrigação de pagar.

Artigo 986: Se o aproveitador não sabia ou não podia saber que os benefícios obtidos não têm base legal e que tais benefícios obtidos não existem mais, ele não terá a obrigação de devolvê-los.

Artigo 987: Se o aproveitador sabia ou deveria saber que os benefícios obtidos não têm base legal, a pessoa que sofreu o prejuízo pode solicitar ao aproveitador que devolva os benefícios que obteve e compense os prejuízos de acordo com a lei.

Artigo 988: Se o aproveitador tiver transferido gratuitamente os benefícios obtidos a um terceiro, aquele que tenha sofrido o prejuízo pode requerer ao terceiro a obrigação de devolução no âmbito correspondente.

LIVRO IV - DIREITOS DA PERSONALIDADE

Capítulo I - Disposições Gerais

Artigo 989: Este capítulo regula as relações civis decorrentes do gozo e proteção dos direitos da personalidade.

Artigo 990: Os direitos de personalidade são usufruídos por sujeitos civis e abrangem os direitos à vida, corpo, saúde, nome, títulos, retrato, reputação, honra, privacidade dentre outros.

Além dos direitos de personalidade mencionados no parágrafo anterior, as pessoas físicas gozam de outros direitos de personalidade e interesses decorrentes da liberdade e da dignidade humana.

Artigo 991: Os direitos de personalidade de sujeitos civis são protegidos por lei, e nenhuma organização ou indivíduo pode infringi-lo.

Artigo 992: O direito à personalidade não pode ser renunciado, transferido ou herdado.

Artigo 993: As entidades civis podem permitir que outros usem seus próprios nomes, títulos e retratos, salvo vedações legais decorrentes da sua natureza.

Artigo 994: Se o nome, o retrato, a reputação, a honra, a privacidade, os restos mortais do falecido foram violados, seu cônjuge, filhos e pais possuem o direito de solicitar ao autor da infração a responsabilidade civil de acordo com a lei; se o falecido não tiver cônjuge ou filhos e os pais tiverem falecido, os outros parentes próximos possuem o direito solicitar ao autor da infração a responsabilidade civil de acordo com a lei.

Artigo 995: Em caso de violação do direito à personalidade, a vítima possui o direito de solicitar ao autor da infração a responsabilidade civil de acordo com as disposições desta lei e de outras leis. Não se aplicam a prescrição, ao direito da vítima de interromper a infração, eliminar obstáculos, eliminar o perigo, eliminar a influência, restaurar a reputação e apresentar um pedido de desculpas.

Artigo 996: Se a quebra de contrato de uma parte prejudicar os direitos de personalidade da outra e causar danos morais, e a vítima optar por solicitar que a contraparte assuma a responsabilidade pela quebra de contrato, isso não afetará o pedido de indenização por danos morais da vítima.

Artigo 997: Se um sujeito civil tiver evidências para provar que a parte está cometendo ou na iminência de cometer um ato ilegal que viole seus direitos de personalidade, e se não parar imediatamente causará danos irreparáveis aos seus direitos e interesses legítimos, ele terá direito de recorrer ao Tribunal do Povo para solicitar medidas pertinentes para que a parte interrompa o ato ilícito.

Artigo 998: Para determinar a responsabilidade civil do agente pela violação de direitos de personalidade como os direitos à vida, corpo e saúde, a ocupação, o âmbito de influência, devem ser considerados o grau de culpa do agente e da vítima, bem como o propósito, o método e as consequências do ato.

Artigo 999: Aqueles que realizam reportagens, supervisão da opinião pública dentre outras atividades de interesse público podem usar razoavelmente o nome, título, retrato e informações pessoais dos sujeitos civis; se o uso violar injustificadamente os direitos de personalidade do sujeito civil, será responsável pela responsabilidade civil de acordo com a lei.

Artigo 1000: Se o autor assumir a responsabilidade civil e agir para eliminar a influência, restaurar a reputação ou pedir desculpas por violação do direito à personalidade, os atos devem ser proporcionais ao método específico do comportamento e a abrangência do impacto causado.

Se o autor se recusar a arcar com a responsabilidade civil especificada no parágrafo anterior, o Tribunal do Povo poderá adotar outros métodos como publicar anúncios em jornais, na Internet e outras mídias ou publicar documentos de julgamento eficazes, sendo que os custos incorridos serão suportados pelo autor.

Artigo 1001: A proteção dos direitos de identidade das pessoas físicas decorrentes do casamento e das relações familiares será regida pelas disposições pertinentes da primeira e quinta seção desta lei e de outras leis pertinentes; se não houver disposições, as disposições pertinentes desta seção da proteção dos direitos pessoais podem ser aplicadas de acordo com sua natureza.

Capítulo II - O Direito à Vida, Corpo e Saúde

Artigo 1002: As pessoas físicas possuem direito à vida. A proteção da vida e da dignidade das pessoas físicas são protegidas por lei. Nenhuma organização ou indivíduo poderá infringir o direito à vida de terceiros.

Artigo 1003: As pessoas físicas possuem direito ao corpo. A integridade física e a liberdade de locomoção de pessoas físicas são protegidas por lei. Nenhuma organização ou indivíduo pode infringirá os direitos ao corpo de pessoas físicas de terceiros.

Artigo 1004: As pessoas físicas possuem o direito à saúde. A saúde física e mental das pessoas físicas é protegida por lei. Nenhuma organização ou indivíduo pode infringir os direitos de saúde de terceiros.

Artigo 1005: Quando o direito à vida, corpo ou saúde de uma pessoa física for violado ou estiver em outras situações de perigo, a organização ou indivíduo que tiver a obrigação legal de resguardar deverá fornecer a proteção oportuno.

Artigo 1006: As pessoas com plena capacidade de conduta civil possuem o direito de doar suas células, tecidos, órgãos e não terão direito à indenização, de acordo com a lei. Nenhuma organização ou indivíduo pode forçar, enganar ou induzir as doações.

Quando uma pessoa com plena capacidade de conduta civil concorda em doar de acordo com o disposto no parágrafo anterior, deve ser feita declaração por escrito, ou pode ser feito através de testamento.

Se a pessoa natural não tiver expressado sua desaprovação em doar antes de sua vida, seu cônjuge, filhos adultos e pais podem decidir doar conjuntamente após a morte da pessoa física, e a decisão de doar será feita por escrito.

Artigo 1007: É proibido comprar ou vender células, tecidos, órgãos e restos mortais de qualquer forma.

Vendas e compras que violem as disposições do parágrafo anterior são inválidas.

Artigo 1008: Se forem necessários ensaios clínicos para o desenvolvimento de novos medicamentos, dispositivos médicos ou o desenvolvimento de novos métodos de prevenção e tratamento, eles deverão ser aprovados pelas autoridades pertinentes de acordo com a lei e revisados e aprovados pelo comitê de ética. O responsável deve informar os detalhes do objetivo do teste, uso e possíveis riscos além de obter o consentimento por escrito.

Na condução de testes clínicos, nenhuma taxa de teste será cobrada dos sujeitos.

Artigo 1009: O envolvimento em atividades de pesquisa médica e científica relacionadas a genes humanos e embriões humanos, deve obedecer a leis, regulamentos administrativos e regulamentos estatais relevantes, não deve comprometer a saúde humana, violar a ética, a moral e não prejudicar os interesses públicos.

Artigo 1010: No caso de assédio sexual contra terceiros por meio de palavras, letras, imagens, comportamentos físicos ou outras formas, contra a vontade de terceiros, a vítima terá o direito de solicitar que o autor assuma responsabilidade civil de acordo com a lei.

Órgãos, empresas, escolas e outras unidades devem tomar medidas razoáveis, como prevenção, aceitação de reclamações, investigação e manuseio, para impedir e interromper o uso de poder e afiliação para cometer assédio sexual.

Artigo 1011: Quando a liberdade de locomoção de outras pessoas for privada ou restringida por detenção ilegal ou por outros métodos, ou o corpo de outras pessoas for ilegalmente revistado, a vítima terá o direito de solicitar ao autor a responsabilidade civil de acordo com a lei.

Capítulo III - Direito ao Nome e apelido

Artigo 1012: As pessoas físicas possuem o direito de nomear e de decidir, usar, alterar ou permitir que outras pessoas usem seus próprios nomes de acordo com a lei, mas não devem violar as normas de ordem pública e os bons costumes.

Artigo 1013: As pessoas jurídicas e organizações sem personalidade jurídica possuem o direito de nomear, de decidir, usar, alterar, transferir ou permitir que outras pessoas usem seus nomes de acordo com a lei.

Artigo 1014: Nenhuma organização ou indivíduo pode infringir os direitos de nome ou de nome de terceiros por meio de interferência, apropriação ou falsificação.

Artigo 1015: Uma pessoa física deve seguir o sobrenome de seu pai ou mãe, mas em qualquer uma das seguintes circunstâncias, ele pode escolher um sobrenome além do sobrenome de seu pai e mãe:

(1) Optar pelo uso dos sobrenomes de parentes de sangue ou de outros parentes diretos;

(2) Quando for criado por uma pessoa diversa daquela prevista na lei, poderá optar pelo uso do sobrenome deste.

(3) Outras razões legítimas desde que não viole a ordem pública e os bons costumes.

A adoção de sobrenomes de pessoas físicas de as minorias étnicas podem seguir suas próprias tradições e costumes culturais.

Artigo 1016: Quando uma pessoa física decide e mudar seu nome, ou uma pessoa jurídica ou organização sem personalidade jurídica decide, alterar ou transferir seu nome, ela deve passar pelas formalidades de registro junto à agência pertinentes, de acordo com a lei, salvo se disposto de outra forma por lei.

Quando uma entidade civil alterar seu nome ou título, os atos jurídicos civis realizados antes da alteração serão juridicamente vinculativos.

Artigo 1017: Aplicam-se às disposições pertinentes da aplicação de direitos de nome e proteção de direitos de nome, quando possui reputação social e esta for usado por outras pessoas para causar confusão ao público através do uso de pseudônimos, nomes artísticos, nomes de tela, nomes traduzidos, tamanhos de fonte, nomes e abreviações de nomes.

Capítulo IV - Direito ao retrato

Artigo 1018: As pessoas físicas possuem o direito ao retrato e de fazer, usar, publicar ou permitir que outras pessoas usem suas próprios imagens, de acordo com a lei.

O retrato é uma imagem externa reconhecível de uma pessoa física específica refletida em um determinado meio através de vídeo, escultura, pintura, dentre outras formas.

Artigo 1019: Nenhuma organização ou indivíduo pode infringir os direitos de retrato de terceiros por meio da desfiguração ou falsificação através das tecnologias de informação. Sem o consentimento do titular do direito, o retrato do titular não pode ser produzido, usado ou publicado, salvo disposição em contrário da lei.

Sem o consentimento do titular do retrato, o titular do trabalho do retrato não deve usar ou tornar público o retrato em métodos como publicação, reprodução, distribuição, aluguel, exibição ou outros meios.

Artigo 1020: Os seguintes atos podem ser praticados razoavelmente sem o consentimento do titular do direito:

(1) Para estudo pessoal, apreciação de arte, ensino em sala de aula ou pesquisa científica, poderá ser usado o retrato do titular na medida do necessário;

(2) Para uso em reportagens, quando é inevitável produzir, usar e publicar o retrato do titular do direito;

(3) A fim de desempenhar suas funções de acordo com a lei, as agências estatais devem produzir, usar e publicar o retrato da pessoa com direito a retrato dentro do escopo necessário;

(4) Para exibir em ambiente público específico, é inevitável fazer, usar e publicar o retrato;

(5) Outros atos de criação, uso e divulgação do retrato do titular, a fim de proteger o interesse público ou os direitos e interesses legítimos do titular do retrato

Artigo 1021: Se as partes tiverem uma disputa sobre o entendimento da cláusula de uso de retrato no contrato de licença de retrato, deverão fazer uma explicação em favor do titular do retrato.

Artigo 1022: Quando as partes não concordarem ou o acordo não for claro sobre o prazo de uso da licença de retrato, qualquer uma das partes poderá resolver o contrato de uso da licença de retrato a qualquer momento, mas deverá notificar a outra parte previamente dentro um prazo razoável.

Tendo as partes um acordo claro sobre o período de uso da licença de retrato. Se o titular do direito de retrato tiver um motivo legítimo, o contrato de licença de retrato poderá ser resolvido, mas a outra parte deverá ser notificada previamente dentro um período razoável. Se a outra parte sofrer prejuízos devido à resolução do contrato, os prejuízos serão indenizados, exceto por razões não atribuíveis ao titular dos direitos de retrato.

Artigo 1023: Para o uso permitido de nomes, consulte os regulamentos pertinentes para o uso permitido de retratos.

Para a proteção da voz das pessoas físicas, consulte os regulamentos pertinentes para a proteção dos direitos de retratos.

Capítulo V - Direito de Reputação e Honra

Artigo 1024: As entidades civis gozam do direito de reputação. Nenhuma organização ou indivíduo poderá infringir os direitos de reputação de terceiros por insultos, calúnias ou outras ofensas.

Reputação é uma avaliação social do caráter, prestígio, talento e crédito de um sujeito civil.

Artigo 1025: Se o autor realizar reportagens, supervisão da opinião pública para o interesse público e afetar a reputação de terceiros, ele não será responsabilizado civilmente, exceto em qualquer uma das seguintes circunstâncias:

(1) Inventar ou distorcer fatos;

(2) O descumprimento da obrigação de verificação razoável de conteúdo gravemente impreciso fornecido por terceiros;

(3) Usar palavras ofensivas para degradar a reputação de outras pessoas.

Artigo 1026: Para determinar se o autor cumpriu as obrigações de verificação razoáveis estipuladas no parágrafo 2 do artigo anterior, serão considerados os seguintes fatores:

(1) A credibilidade da fonte de conteúdo;

(2) Se as investigações necessárias forem realizadas sobre o conteúdo que pode obviamente desencadear disputas;

(3) Limite de tempo do conteúdo;

(4) A relevância do conteúdo para a ordem pública e os bons costumes;

(5) A possibilidade de a reputação da vítima ser degradada;

(6) Capacidade de verificação e custo de verificação.

Artigo 1027: Se as obras literárias e artísticas publicadas pelo autor usarem pessoas reais ou pessoas específicas como objeto de descrição, contiverem conteúdo de injúria ou difamação e violarem a reputação de terceiros, a vítima terá o direito de solicitar que o autor assuma responsabilidade civil de acordo com a lei.

Quando as obras literárias e artísticas publicadas pelo autor que não descrevem uma pessoa específica como objeto de narração e, se o enredo for semelhante ao da pessoa específica, ele não terá responsabilidade civil.

Artigo 1028: Se um sujeito civil tiver evidências para provar que o conteúdo relatado pela mídia, como em jornais, periódicos ou na internet é impreciso e infringe seu direito de reputação, ele tem o direito de solicitar que a mídia tome as medidas necessárias, como correção ou exclusão a tempo.

Artigo 1029: Os sujeitos civis podem indagar sobre suas próprias avaliações de crédito, de acordo com a lei; se considerarem inadequadas, têm o direito de levantar objeções e solicitar as medidas necessárias, como correções e exclusões. O avaliador de crédito deve verificar em tempo hábil e, se a verificação for verdadeira, tomará as medidas necessárias a tempo.

Artigo 1030: O relacionamento entre sujeitos civis e processadores de informações de crédito, como agências de relatórios de crédito, será regido pelas disposições deste capítulo sobre a proteção de informações pessoais, outras leis e regulamentos administrativos.

Artigo 1031: Os sujeitos civis gozam do direito à honra. Nenhuma organização ou indivíduo poderá privar ilegalmente seus títulos honorários e não poderá caluniar ou depreciar à honra de terceiros.

Se o título honorário obtido deve ser registrado, mas não tiver registro, o sujeito civil pode solicitar o seu registro; se o título honorário obtido for registrado incorretamente, o sujeito civil pode solicitar a correção.

Capítulo VI - Direito à privacidade e proteção de informações pessoais

Artigo 1032: As pessoas físicas têm direito à privacidade. Nenhuma organização ou indivíduo pode infringir os direitos à privacidade de terceiros espionando, assediando, divulgando, divulgando ou outras formas.

Privacidade abrange a tranquilidade da vida privada da pessoa física e o espaço privado que não deseja ser conhecido por outras pessoas, atividades privadas e informações privadas.

Artigo 1033: Salvo disposição em contrário por lei ou com o consentimento expresso do titular do direito, nenhuma organização ou indivíduo pode realizar as seguintes ações:

(1) Invadir a vida privada de outras pessoas através de telefonemas, mensagens de texto, ferramentas de mensagens instantâneas, e-mails, folhetos, ou outros meios;

(2) Entrar, filmar e espiar em espaços privados, como casas de outras pessoas e quartos de hotel;

(3) Fotografar, espionar, ouvir e divulgar as atividades privadas de terceiros;

(4) Fotografar e espiar as partes íntimas dos corpos de outras pessoas;

(5) Processar as informações privadas de terceiros;

(6) Violar a privacidade de outras pessoas de outras maneiras.

Artigo 1034: As informações pessoais de pessoas físicas são protegidas por lei.

Informações pessoais são uma variedade de informações registradas eletronicamente ou de outras maneiras que permitam a identificação da pessoa física específica individualmente ou em combinação com outras informações, incluindo o nome da pessoa física, data de nascimento, número de identificação, número biométrico, endereço, número de telefone, endereço de e-mail e saúde, informações sobre a localização ou outras informações.

Para informações pessoais privadas, aplicar-se-ão os regulamentos relativos aos direitos de privacidade; se não houver regulamentos, serão aplicáveis os regulamentos relativos à proteção de informações pessoais.

Artigo 1035: O processamento de informações pessoais deve seguir os princípios de legalidade, legitimidade e necessidade, não devendo processar informações à mais, as informações processadas deverão atender às seguintes condições:

(1) Obtenção do consentimento da pessoa física ou de seu tutor, salvo disposição contrário em leis e regulamentos administrativos;

(2) Respeito as regras de tratamento público de informações;

(3) Declaração clara da finalidade, método e abrangência do processamento de informações;

(4) Não violação das disposições em leis, regulamentos administrativos e o acordo entre as partes.

O processamento de informações pessoais físicas inclui a coleta, armazenamento, uso, processamento, transmissão, fornecimento e divulgação de informações pessoais.

Artigo 1036: O processador não se responsabiliza civilmente em nenhuma das seguintes situações no processamento de informações pessoais:

(1) Atos razoavelmente executados no âmbito do consentimento da pessoa física ou de seu tutor;

(2) Descarte razoavelmente das informações divulgadas pela própria pessoa física ou outras informações divulgadas legalmente, salvo se a pessoa física se recuse ou trate explicitamente as informações que violem seus principais interesses;

(3) Outros atos praticados razoavelmente para proteger o interesse público ou os direitos legais da pessoa física.

Artigo 1037: As pessoas físicas podem consultar ou copiar suas informações pessoais dos processadores de informações, desde que em conformidade com a lei; se forem encontrados erros nas informações, o titular das informações terá o direito de levantar objeções, solicitar correções oportunas ou tomar outras medidas necessárias.

Se a pessoa física descobrir que o processador de informações violou as disposições legais, regulamentos administrativos ou o acordo entre as duas partes de tratar suas informações pessoais, ela possuirá direito de solicitar que o processador de informações as exclua em tempo hábil.

Artigo 1038: Os processadores de informações não devem divulgar ou adulterar as informações pessoais que foram coletadas e armazenadas; sem o consentimento de pessoas físicas, eles não devem fornecer ilegalmente as informações pessoais a terceiros, salvo aquelas informações em que não seja possível identificar indivíduos específicos e serem restaurados após o processamento.

Os processadores de informações devem tomar medidas técnicas e outras medidas necessárias para garantir a segurança das informações pessoais que eles coletam e armazenam, além de evitar vazamentos, adulterações e perdas de informações; caso aconteça ou haja possibilidade de acontecer vazamento, adulteração ou perda de informações pessoais, medidas corretivas devem ser tomadas em tempo hábil e as pessoas físicas devem ser notificadas de acordo com os regulamentos e relatadas às autoridades competentes.

Artigo 1039: Os órgãos do Estado e os seus funcionários estatutários que desempenhem funções administrativas, devem manter confidenciais a privacidade e as informações pessoais das pessoas físicas obtidas no exercício das suas funções, não as divulgando ou transmitindo ilegalmente a terceiros.

LIVRO V - CASAMENTO E FAMÍLIA

Capítulo I - Disposições Gerais

Artigo 1040: Esta seção dispõe sobre a relação civil decorrente do casamento e da família.

Artigo 1041: O instituto do casamento e da família deve ser protegidos pelo Estado.

Devendo implementar um sistema de casamento com liberdade de casamento, monogamia e igualdade entre homens e mulheres.

Tratar sobre a proteção dos direitos e interesses legais das mulheres, menores, idosos e deficientes.

Artigo 1042: É proibido o arranjo, a venda de casamentos e outros atos que interfiram na liberdade do casamento. Também é proibido obter bens através do casamento.

A bigamia é proibida. Pessoas casadas são proibidas de viver com outras pessoas.

A violência doméstica é proibida. É proibido o abuso e abandono entre os membros da família.

Artigo 1043: As famílias devem estabelecer uma boa tradição, promover virtudes e valorizar a construção da civilização familiar.

O marido e a mulher devem ser leais um ao outro, respeitar um ao outro e amar um ao outro; os membros da família devem respeitar os idosos e amar os jovens, ajudar uns aos outros e manter um casamento e uma relação familiar iguais, harmoniosos e civilizados.

Artigo 1044: A adoção seguirá o princípio mais benéfico para o adotado e protegerá os direitos e interesses legais do adotado.

É proibido comprar ou vender menores em nome da adoção.

Artigo 1045: Os parentes incluem cônjuges, parentes de sangue e parentes decorrentes de casamento.

Cônjuge, pais, filhos, irmãos e irmãs, avós, avós, netas e netos são parentes próximos.

Cônjuge, pais, filhos e outros parentes próximos que moram juntos são membros da família.

Capítulo II - Casamento

Artigo 1046: O casamento será totalmente voluntário entre o homem e a mulher, sendo proibido a interferência de qualquer das partes para forçar a outra parte ou qualquer organização ou indivíduo.

Artigo 1047: A idade do casamento não deve ser inferior a 22 anos para homens e 20 anos para mulheres.

Artigo 1048: É proibido o casamento entre parentes diretos de sangue ou parentes colaterais de sangue dentro de três gerações.

Artigo 1049: O homem e a mulher que desejam se casar devem ir ao cartório de registro de casamento para solicitar pessoalmente o registro de casamento. Aqueles que cumprirem as disposições desta lei serão registrados e será emitida a certidão de casamento. A relação de casamento será estabelecida com a conclusão do registro do casamento. Se o registro do casamento não tiver sido concluído, deverá ser completado.

Artigo 1050: Após o registro do casamento e em conformidade com o acordo entre o homem e a mulher, a mulher poderá se tornar um membro da família do homem e o homem poderá se tornar um membro da família da mulher.

Artigo 1051: O casamento será inválido sob qualquer uma das seguintes circunstâncias:

(1) Bigamia;

(2) Ter um parentesco que proíbe o casamento;

(3) Não atingir a idade legal para o casamento.

Artigo 1052: Nos casamentos realizados sob coação, a vítima poderá solicitar ao Tribunal do Povo a revogação do casamento.

Deverá ser apresentada a solicitação de revogação do casamento no prazo de um ano a partir da data do ato coercitivo.

Se a parte cuja liberdade pessoal é ilegalmente restringida solicitar a extinção do casamento, a solicitação deverá ser realizada dentro de um ano a partir da data de restauração da liberdade pessoal.

Artigo 1053: Se uma das partes sofrer de uma doença grave, deverá informar a outra com sinceridade antes do registro do casamento; se a declaração não for verdadeira, a outra parte poderá solicitar ao Tribunal do Povo a revogação do casamento.

O pedido de revogação do casamento deve ser feito dentro de um ano a partir da data em que o motivo do cancelamento é conhecido ou deveria ter sido conhecido.

Artigo 1054: O casamento inválido ou revogado não é juridicamente vinculante desde o início, sendo as partes isentas de direitos e obrigações conjugais. Os bens adquiridos durante o período de convivência serão tratados mediante acordo entre as partes; se ocorrer descumprimento do contrato, o Tribunal do Povo fará o julgamento com base no princípio de melhor benefício para a parte inocente. O tratamento de bens decorrentes de casamentos inválidos causado por bigamia não deve violar os direitos de propriedade e os interesses das partes legais do casamento. As crianças frutos das partes, serão aplicáveis as disposições desta lei referentes a pais e filhos.

Se o casamento for inválido ou revogado, a parte inocente terá o direito de solicitar indenização.

Capítulo III - Relações familiares

<u>Seção I - Relação de marido e mulher</u>

Artigo 1055: O marido e a esposa serão iguais no casamento e na família.

Artigo 1056: Ambos os cônjuges possuem o direito de usar seus próprios nomes.

Artigo 1057: Ambos os cônjuges têm a liberdade de participar da produção, trabalho, estudo e atividades sociais, não podendo ser restritos ou sofrer interferência da outra parte.

Artigo 1058: Ambos os cônjuges gozam igualmente do direito de criar, educar e proteger os filhos menores, e assumem conjuntamente as obrigações de criação, educação e proteção dos filhos menores

Artigo 1059: O marido e a mulher possuem a obrigação de se sustento recíproco.

A parte que precisar de sustento possui o direito de exigir pagamento quando a outra parte deixar de cumprir a obrigação de sustento.

Artigo 1060: Os atos jurídicos civis praticados por um dos cônjuges, devido às necessidades diárias da família, terão efeito sobre ambos os cônjuges, salvo se um deles tenha acordado de outra maneira.

A restrição do escopo de atos jurídicos civis que possam ser executados por um cônjuge não confrontará a contraparte de boa-fé.

Artigo 1061: O marido e a mulher possuem o direito de herdar a herança um do outro.

Artigo 1062: Os seguintes bens adquiridos pelo cônjuge durante a relação de casamento são propriedade conjunta e pertencem a ambos:

(1) Salários, bônus e remuneração por serviços trabalhistas;

(2) Receita de produção, operação e investimento;

(3) Rendimentos de direitos de propriedade intelectual;

(4) Bens herdados ou doados, ressalvado o disposto no §3º do art. 1.063 desta Lei;

(5) Outras propriedades que devem ser de propriedade conjunta.

O Marido e a mulher têm direitos iguais para tratar os bens de propriedade conjunta.

Artigo 1063: Serão bens pessoais de um dos cônjuges, os bens a seguir:

(1) Bens adquiridos antes do casamento;

(2) Indenização ou compensação obtida por uma das partes decorrentes de danos pessoais;

(3) Bens determinados a pertencer a apenas uma parte do contrato de testamento ou doação;

(4) Bens destinados a necessidades diárias a uma das partes;

(5) Outros bens que devem pertencer a uma das partes.

Artigo 1064: São consideradas dívidas conjuntas as dívidas contraídas por ambos os cônjuges, tais como assinatura conjunta ou posterior ratificação por um dos cônjuges, bem como as dívidas contraídas por um dos cônjuges em nome pessoal para as necessidades diárias da família durante a duração do casamento.

As dívidas que um cônjuge deve em seu próprio nome que excedam as necessidades diárias da família durante a duração do relacionamento matrimonial não pertencem à dívida conjunta do cônjuge; salvo se o credor puder provar que a dívida é usada para a vida conjunta, produção e operação de negócios conjuntos ou com base expressa na vontade comum de ambos os cônjuges.

Artigo 1065: Ambas as partes podem concordar que os bens adquiridos durante o relacionamento conjugal e os bens antes do casamento sejam de propriedade comum, parcialmente separados ou parcialmente em comuns. O acordo deve ser realizado por escrito. Se não houver acordo ou o acordo não for claro, serão aplicáveis as disposições dos artigos 1062 e 1063 desta lei.

O acordo entre marido e mulher sobre os bens adquiridos durante a relação matrimonial e os bens antes do casamento é legalmente vinculativo para ambas as partes.

Quando o marido e a esposa concordam que os bens adquiridos durante o casamento devem pertencer um ao outro, na existência de dívidas assumidas pelo cônjuge com terceiros serão pagas com os bens pessoais do cônjuge, se a contraparte conhecer o acordo.

Artigo 1066: Durante o período da relação matrimonial, em qualquer das seguintes situações, um dos cônjuges pode requerer ao tribunal popular a divisão dos bens comuns:

(1) Uma das partes ocultou, transferiu, vendeu, destruiu, desperdiçou a propriedade conjunta do marido e da esposa ou forjou dívidas conjuntas do marido e da esposa que prejudicam seriamente os interesses da propriedade conjunta do marido e da esposa;

(2) Uma parte possui a obrigação legal de manutenção e requer tratamento para uma doença grave e a outra parte não concorda em pagar

as despesas médicas relacionadas.

Seção II - Relação de filiação e de parentesco

Artigo 1067: Se os pais deixarem de cumprir seu dever de sustento, os filhos menores ou adultos que não podem viver independentemente têm o direito de exigir que os pais paguem o sustento.

Os filhos adultos que não cumpram as suas obrigações alimentares, os pais sem capacidade para o trabalho ou com dificuldades de vida, têm o direito de exigir aos filhos adultos a prestação de alimentos.

Artigo 1068: Os pais possuem o direito e o dever de educar e proteger seus filhos menores. Quando os filhos menores causarem danos a terceiros, os pais serão responsáveis civilmente de acordo com a lei.

Artigo 1069: Os filhos devem respeitar os direitos dos pais ao casamento e não devem interferir no divórcio dos pais, no novo casamento e na vida após o casamento. A obrigação do filho de sustentar seus pais não será extinta devido a mudanças no relacionamento conjugal dos pais

Artigo 1070: Os pais e os filhos têm o direito de herdar a herança um do outro.

Artigo 1071: As crianças nascidas fora do casamento gozam dos mesmos direitos que as crianças nascidas dentro do casamento, e nenhuma organização ou indivíduo poderá prejudicá-las ou discriminá-las.

O pai ou a mãe biológica que não cria diretamente um filho nascido fora do casamento deve sustentar o filho menor ou o adulto que não possua condições de viver de forma independente.

Artigo 1072: Não deve haver abuso ou discriminação entre padrastos e filhos.

Os direitos e obrigações entre o padrasto ou a madrasta e os filhos criados e educados serão regidos pelas disposições desta lei sobre a filiação.

Artigo 1073: Se houver objeções à filiação e houver motivos legítimos, o pai ou a mãe pode ajuizar ação no tribunal popular para solicitar a confirmação ou negação da filiação.

Se houver objeções à filiação e houver motivos legítimos, o filho adulto poderá ajuizar ação no tribunal popular para solicitar a confirmação da filiação.

Artigo 1074: Os avós maternos ou paternos deverão criar os netos menor de idade, cujos pais faleceram ou não tenham condição econômica de cria-los, quando tiverem condições econômicas. Os netos que possuem condições econômicas são obrigados a sustentar os avós maternos e paternos, cujos filhos morreram ou não poderem os sustentar.

Artigo 1075: Os irmãos que tiverem condições econômicas terão o dever de sustentar os irmãos menores cujos pais tenham falecido ou não possam criá-los.

Os irmãos que podem criar os irmãos menores têm a obrigação de sustentá-los quando estes não tiverem capacidade para trabalhar e nem fonte de renda.

Capítulo IV - Divórcio

Artigo 1076: Se ambos os cônjuges se divorciarem voluntariamente, assinarão um contrato de divórcio por escrito e solicitarão pessoalmente o registro do divórcio no cartório de registro de casamento.

O contrato de divórcio deve conter a intenção de ambas as partes de se divorciarem voluntariamente e seu consenso em questões como pensão alimentícia, propriedade dos bens e pagamento das dívidas.

Artigo 1077: No prazo de 30 dias a partir da data em que a autoridade de registro de casamento receber o pedido de registro de divórcio, se qualquer das partes não estiver disposta a se divorciar, poderá retirar o pedido de registro de divórcio à autoridade de registro de casamento.

No prazo de 30 dias após o vencimento do prazo especificado no parágrafo anterior, ambas as partes recorrerão pessoalmente à autoridade de registro de casamento para solicitar a emissão de certidão de divórcio; se não o fizerem, considerar-se-ão que retiraram seu pedido de registro de divórcio.

Artigo 1078: Se a autoridade de registro do casamento concluir que as duas partes realmente se divorciaram voluntariamente e chegaram a um acordo em questões como pensão alimentícia, propriedade dos bens e pagamento das dívidas, deverá registrar e emitir a certidão de divórcio.

Artigo 1079: Se um dos cônjuges solicitar o divórcio, a organização pertinente poderá conduzir a mediação ou entrar diretamente com a ação de divórcio no Tribunal do Povo.

O Tribunal do Povo deve conduzir a mediação para ouvir os motivos de divórcio; se o relacionamento realmente se deteriorar e a mediação for inviável, o divórcio será concedido.

Se a mediação for inviável devido a qualquer uma das seguintes circunstâncias, o divórcio será concedido:

(1) Bigamia ou coabitação com outras pessoas;

(2) Cometer violência doméstica, torturar ou abandonar membros da família;

(3) Ter maus hábitos, como jogos de azar e uso de drogas, que não foram passíveis de correção;

(4) Ocorrido dois anos de separação por discórdia emocional;

(5) Outras circunstâncias que levaram ao rompimento do relacionamento entre o casal.

Se uma das partes for declarada desaparecida e a outra parte iniciar a ação de divórcio, o divórcio será concedido.

Depois que o Tribunal do Povo decidir em não permitir o divórcio, se as duas partes tiverem sido separadas por um ano inteiro e uma das partes entrar com processo de divórcio novamente, o divórcio será concedido.

Artigo 1080: Quando o registro do divórcio for concluído, a sentença ou a declaração de mediação se tornará efetiva, e o casamento será revogado.

Artigo 1081: Quando o cônjuge de um militar ativo solicita o divórcio, o consentimento do militar deve ser obtido, a menos que o militar tenha uma falta grave.

Artigo 1082: Durante a gravidez da mulher, no prazo de um ano após o parto ou dentro de seis meses após o término da gravidez, o homem não pode pedir o divórcio; salvo se a mulher pedir o divórcio ou o

Tribunal do Povo considerar necessário aceitar o pedido de divórcio do homem.

Artigo 1083: Após o divórcio, se a parte masculina ou feminina restabelecer voluntariamente o relacionamento matrimonial, ambos deverão recorrer ao cartório para registrar novamente o casamento.

Artigo 1084: O relacionamento entre pais e filhos não será extinto pelo divórcio dos pais. Após o divórcio, não importa se o filho é criado diretamente pelo pai ou pela mãe, eles ainda são filhos de ambos.

Após o divórcio, os pais ainda têm o direito e a obrigação de criar, educar e proteger seus filhos.

Após o divórcio, os filhos menores de dois anos devem ser criados diretamente pela mãe em princípio. Para crianças que atingiram os dois anos de idade, se ambos os pais não chegarem a um acordo sobre a questão da criação, o Tribunal do Povo fará julgamento com base nas circunstâncias específicas de ambas as partes e julgará de acordo com o princípio mais benéfico dos filhos menores. Para as crianças que atingiram a idade de oito anos deverá ser respeitado sua verdadeira vontade.

Artigo 1085: Após o divórcio, se a criança for criada diretamente por uma parte, a outra parte pagará uma parte ou a totalidade da pensão alimentícia. O montante das despesas a serem pagas e a duração do prazo serão acordadas por ambas as partes: pelo descumprimento do acordo, caberá ao Tribunal do Povo realizar o julgamento.

O acordo ou sentença prevista no parágrafo anterior não impede que a criança faça uma solicitação razoável aos pais para exceder a quantia originalmente estabelecida no contrato ou sentença, quando necessário.

Artigo 1086: Após o divórcio, o pai ou a mãe que não cria diretamente um filho terá o direito de visitá-lo e a outra parte terá a obrigação de auxiliar.

O método e o horário para o exercício do direito de visita serão acordados pelas partes; se o acordo falhar, o Tribunal do Povo determinará através de julgamento.

Se a visita do pai ou da mãe, prejudica à saúde física ou mental da criança, o Tribunal do Povo suspenderá a visita de acordo com a lei; depois que o motivo da suspensão desaparecer, a visita será retomada.

Artigo 1087: No momento do divórcio, os bens pertencentes ao marido e à mulher serão tratados de comum acordo entre as duas partes; se a negociação falhar, o Tribunal do Povo fará julgamento com base nas condições específicas dos bens e no princípio de proteção dos direitos e interesses dos filhos, da mulher e da parte não culpada.

Os direitos e interesses que o marido ou a mulher gozam na gestão contratual da terra da família devem ser protegidos de acordo com a lei.

Artigo 1088: Se um dos cônjuges tiver mais obrigações por criar filhos, cuidar de idosos, ajudar ou no trabalho, no momento do divórcio, a parte terá o direito de solicitar uma indenização à outra parte, e a contraparte deverá pagá-la. As medidas específicas serão acordadas por ambas as partes: pelo descumprimento do acordo caberá ao Tribunal do Povo fazer o julgamento.

Artigo 1089: No momento do divórcio, as dívidas conjuntas do marido e da esposa serão pagas em conjunto. Se os bens que tiverem em conjunto forem insuficientes para pagar ou os bens forem particulares de um cônjuge, as duas partes deverão concordar com o método de pagamento; se não houver acordo, caberá ao Tribunal do Povo fazer o julgamento.

Artigo 1090: Em caso de divórcio, se uma parte tiver dificuldades na vida e a outra parte que possuir melhores condições econômicas deverá prestar assistência. As medidas específicas serão acordadas por ambas as partes: se não houver acordo, caberá ao Tribunal do Povo fazer o julgamento.

Artigo 1091: Em caso de divórcio devido às seguintes circunstâncias, a parte inocente tem o direito de solicitar indenização:

(1) Bigamia;

(2) Coabitação com outras pessoas;

(3) Violência doméstica;

(4) Abusar ou abandonar membros da família;

(5) Outras falhas graves.

Artigo 1092: Quando um dos cônjuges esconde, transfere, vende, destrói ou esbanja os bens conjuntos, ou falsifica a dívida conjunta na tentativa de desviar os bens do outro cônjuge, na partilha dos bens no ato do divórcio, o outro cônjuge poderá dividir menos ou nenhuma parte dos bens. Após o divórcio, se a outra parte descobrir o comportamento acima, poderá ajuizar ação no Tribunal do Povo, solicitando nova divisão dos bens em conjunto do marido e da esposa.

Capítulo V - Adoção

Seção 1 - Estabelecimento da relação de adoção

Artigo 1093: Podem ser adotados os seguintes menores:
1) Órfãos que perderam os pais;
(2) Menores cujos pais biológicos não podem ser encontrados;
(3) Menores cujos pais biológicos possuem dificuldades especiais e não podem criá-las.

Artigo 1094: Os seguintes indivíduos e organizações podem servir como remetentes de adoção:
(1) O guardião do órfão;
(2) Instituições de bem-estar infantil;
(3) Pais biológicos que possuem dificuldades especiais e não podem criar seus filhos.

Artigo 1095: Se nenhum dos pais do menor tiver plena capacidade civil e puder colocar seriamente o menor em perigo, o tutor do menor pode enviá-lo para adoção.

Artigo 1096: Quando o tutor envia o órfão para adoção, eles devem obter o consentimento da pessoa que tem a obrigação de sustento. Se a pessoa com a obrigação de sustento não concordar em enviar para adoção e o tutor não estiver disposto a continuar desempenhando suas funções de tutela, deverá ser determinado um novo tutor separadamente, de acordo com as disposições da Parte I desta Lei.

Artigo 1097: Os pais devem enviar seus filhos para adoção juntos. Se um dos pais biológicos for desconhecido ou não puder ser encontrado, eles podem ser enviados unilateralmente.

Artigo 1098: O adotante deve atender simultaneamente às seguintes condições:

(1) Não possui filhos ou possuir apenas um filho;

(2) Possuir a capacidade de criar, educar e proteger o adotado;

(3) Não sofrer de doenças que clinicamente impeçam a dotação de crianças;

(4) Não possuir nenhum registro ilegal ou criminal que seja prejudicial ao crescimento saudável do adotado;

(5) Possuir pelo menos 30 anos.

Artigo 1099: A adoção de filhos de parentes de sangue colateral da mesma geração dentro de três gerações não pode ser restringida pelas disposições do Artigo 1093, § 3º, Artigo 1094, § 3º e Artigo 1102 desta lei.

A adoção de filhos de parentes consanguíneos colaterais da mesma geração por chineses que moram no exterior dentro de três gerações também fica isenta das restrições estipuladas no § 1º do art. 1.098 desta Lei.

Artigo 1100: Os adotantes sem filhos podem adotar dois filhos; os adotantes com filhos só podem adotar um filho.

A adoção de órfãos, menores com deficiência ou menores criados por instituições de assistência à infância cujos pais biológicos não possam ser encontrados, não pode ser restringida pelo parágrafo anterior e pelo artigo 1098, § 1º, desta Lei.

Artigo 1101: Se um cônjuge adota uma criança, o marido e a mulher devem adotá-la juntos.

Artigo 1102: Se uma pessoa sem cônjuge adota um filho do sexo oposto, a diferença de idade entre o adotante e o adotado deve ser superior a 40 anos.

Artigo 1103: Com o consentimento dos pais biológicos do filho criado, o padrasto ou a madrasta poderá adotá-lo, e não se submetem ao disposto nos artigos 1.093, § 3º, Art 1.094, § 3º, Art 1098 e § 1º do art. 110 desta lei.

Artigo 1104: O ato de adoção pelo adotante e a adoção pela pessoa que colocou para adoção será voluntária. A adoção de menores de oito anos deve obter o consentimento do adotado.

Artigo 1105: A adoção será registrada no departamento de assuntos civis do governo popular, no nível do condado ou acima dele. A relação de adoção é estabelecida a partir da data do registro.

No caso de adoção de um menor cujos pais biológicos não possam ser encontrados, o departamento de assuntos civis que administra o registro deve fazer um anúncio antes do registro.

Se as partes envolvidas no relacionamento de adoção estiverem dispostas a assinar um contrato de adoção, poderão assinar um contrato de adoção.

Se todas as partes ou uma parte da relação de adoção solicitarem reconhecimento de firma de adoção, elas deverão solicitar reconhecimento de firma de adoção.

O departamento de assuntos civis do governo popular, no nível do condado ou acima dele, deverá conduzir a avaliação de adoção de acordo com a lei.

Artigo 1106: Após o estabelecimento da relação de adoção, o órgão de segurança pública administrará o registro familiar para o adotado de acordo com os regulamentos estaduais pertinentes.

Artigo 1107: Órfãos ou filhos cujos pais biológicos não possam criá-los podem ser criados por parentes e amigos dos pais biológicos; a relação entre o criador e o dependente não se aplica às disposições deste capítulo.

Artigo 1108: Se um dos cônjuges falecer e o outro cônjuge enviar um filho menor para adoção, os pais do falecido terão preferência no direito à adoção.

Artigo 1109: Os estrangeiros podem adotar crianças na República Popular da China, de acordo com a lei.

A adoção de crianças por estrangeiros na República Popular da China deve ser revisada e aprovada pela autoridade competente do país em que estão localizadas de acordo com as leis desse país. O adotante deve comprovar sua idade, casamento, profissão, patrimônio, saúde e certificado de quitação de sanções penais emitidas pela autoridade competente do país em que está domiciliado, devendo assinar o contrato por escrito com a pessoa que colocou a criança em adoção e enviar pessoalmente à província, à região autônoma, devendo ser registrado pelo departamento de assuntos civis do governo popular do município diretamente sob o governo central.

Os materiais de certificação previstos no parágrafo anterior devem ser ratificados pela agência diplomática do país em que o adotante está domiciliado ou por uma agência autorizada pela agência diplomática e certificado pela embaixada ou consulado da República Popular da China daquele país, salvo se o país determine o contrário.

Artigo 1110: Quando o adotante ou a pessoa que colocou a criança em adoção adia o pedido e solicita o sigilo da adoção, outras pessoas deverão respeitar seus desejos e não os divulgarão.

Seção 2 - Eficácia da adoção

Artigo 1111: Desde o estabelecimento da relação de adoção, os direitos e obrigações entre pais adotivos e filhos adotados serão regidos pelas disposições desta lei sobre a filiação; os direitos e obrigações entre parentes próximos de crianças adotadas e pais adotivos regem-se pelas disposições desta lei sobre parentesco e filiação.

A relação de direitos e obrigações entre os filhos adotivos e seus pais biológicos e outros parentes próximos deve ser extinta devido ao estabelecimento da relação de adoção.

Artigo 1112: Os filhos adotivos podem usar o sobrenome do pai adotivo ou da mãe adotiva, e as partes também podem manter o sobrenome original após consulta.

Artigo 1113: Circunstâncias em que as disposições relativas à invalidade de atos jurídicos civis na primeira parte desta lei ou adoções que violem as disposições desta parte são consideradas inválidas.

A adoção inválida não é juridicamente vinculativa desde o início.

Seção 3 - Extinção da relação de adoção

Artigo 1114: O adotante não pode extinguir a relação de adoção antes que o adotado atinja a idade adulta, a menos que o adotante e a pessoa que colocou em adoção concorde em sentido contrário. Crianças adotadas com mais de oito anos de idade devem obter seu consentimento. Se o adotante deixar de cumprir o dever de criar e abusar, abandonar ou violar os direitos e interesses legais do filho menor adotado, a pessoa que colocou em adoção terá o direito de solicitar a extinção da relação de adoção entre os pais adotivos e o filho adotado. Se a pessoa que colocou para adoção ou adotante não conseguir chegar a um acordo para extinguir a relação de adoção, poderão ajuizar ação no tribunal popular.

Artigo 1115: O relacionamento de adoção poderá ser encerrado por acordo se o relacionamento entre pais adotivos e filhos adultos adotivos se deteriorar e for incapaz de conviver juntos. Se não for possível chegar a um acordo, pode-se entrar com uma ação no tribunal popular.

Artigo 1116: Se as partes concordarem em revogar a relação de adoção, deverão ir ao departamento de assuntos civis para registrar a revogação da relação de adoção.

Artigo 1117: Após o término do relação de adoção, os direitos e obrigações entre os filhos adotivos e seus pais adotivos e outros parentes próximos serão extintos, e os direitos e obrigações entre os pais biológicos e outros parentes próximos serão restaurados automaticamente. Porém, os direitos e obrigações entre os filhos adotivos adultos e seus pais biológicos e outros parentes próximos poderão ser restaurados ou não, a partir da negociação.

Artigo 1118: Após o término da relação de adoção, os filhos adotivos adultos criados pelos pais adotivos pagarão as despesas de sustento aos pais adotivos que não possuam capacidade de trabalho e fonte de renda. Se a relação de adoção for revogada devido ao abuso ou abandono dos filhos adotivos adultos, os pais adotivos poderão solicitar que os filhos adotados indenizem as despesas da criação pagas durante o período de adoção.

Quando os pais biológicos solicitam a revogação da relação de adoção, os pais adotivos podem exigir que os pais biológicos indenizem as despesas de sustento pagas durante o período de adoção; salvo nos casos de abuso ou abandono dos filhos adotivos pelos pais adotivos.

LIVRO VI - SUCESSÃO

Capítulo I - Disposições gerais

Artigo 1119: Este capítulo regula as relações civis decorrentes da herança.

Artigo 1120: O Estado protege os direitos de herança das pessoas físicas.

Artigo 1121: A sucessão começa quando o sucedido falece.

Se várias pessoas que se herdam mutuamente falecem em um mesmo incidente, causando dificuldade para determinar a hora da morte, presume-se que a pessoa sem herdeiros faleceu primeiro.

Na hipótese em que todos possuam herdeiros, existindo gerações diferentes, presume-se que o mais velho faleceu primeiro; se tratando da mesma geração, presume-se que faleceram na mesma hora e não ocorrerá a sucessão mútua.

Artigo 1122: A herança é o conjunto de bens deixados por uma pessoa física após a morte.

A herança que não puder ser herdada devido à previsão legal ou sua natureza não deverá ser herdada.

Artigo 1123: Após o início da herança, ela será tratada de acordo com a ordem hereditária; se houver testamento, será tratada de acordo com o testamento ou legado testamentário; se houver contrato de sustento, será tratada de acordo com o contrato.

Artigo 1124: Após o início da partilha da herança, se o herdeiro renunciar à herança, ele fará declaração por escrito de renúncia à herança antes de ter iniciado a partilha dos patrimônios; se não houver declaração, considera-se que aceita a herança.

O herdeiro deve, dentro de 60 dias após o conhecimento da herança, fazer uma declaração de aceitação ou rejeição da herança; se não houver declaração na data de vencimento, será considerado como tendo rejeitado a herança.

Artigo 1125: O herdeiro perderá o direito de herança se cometer um dos seguintes atos:

(1) Matar intencionalmente o testador;

(2) Matar outros herdeiros para ficar com a herança;

(3) Abandonar o testador ou torturar ele em circunstâncias graves;

(4) Forjar, falsificar, ocultar ou destruir testamento, são circunstâncias graves;

(5) Usar fraude ou coerção para forçar ou impedir o estabelecimento, alteração ou retirada da vontade pelo falecido, são circunstâncias graves.

Se o herdeiro tiver o terceiro ao quinto comportamento do parágrafo anterior e realmente se arrepender, e o testador expressar perdão ou mais tarde listá-lo como o herdeiro da vontade, o herdeiro não perderá o direito de herança.

O herdeiro perderá o direito se cometer os atos especificados no primeiro parágrafo deste artigo.

Capítulo II - Sucessão Legal

Artigo 1126: Homens e mulheres são iguais nos direitos sucessórios.

Artigo 1127: A herança será herdada na seguinte ordem:

(1) Primeira ordem: cônjuge, filhos, pais;

(2) Segunda ordem: irmãos, avós paternos, avós maternos.

Após o início da sucessão, ela começará pelos herdeiros na primeira ordem, e os herdeiros na segunda ordem não herdarão; se não houver herdeiro na primeira ordem, herdeiros na segunda ordem herdarão.

O termo "filhos" neste capítulo inclui filhos legítimos, filhos ilegítimos, filhos adotivos e enteados dependentes.

O termo "pais" mencionado neste capítulo inclui pais biológicos, pais adotivos e padrastos que possuem uma relação de sustento.

O termo "irmãos e irmãs" neste capítulo inclui irmãos e irmãs com os mesmos pais, meio-irmãos paternos ou meio-irmãos maternos, irmãos e irmãs adotivos e meio-irmãos e irmãs que têm uma relação de sustento.

Artigo 1128: Quando os filhos do testador falecerem antes dele, eles serão sucedidos pelos parentes de sangue dos descendentes diretos dos filhos do falecido.

Se os irmãos do testador morrerem antes, eles serão sucedidos pelos filhos dos irmãos do falecido.

Os herdeiros de sub-rogação geralmente só podem herdar a parte do bem que o herdeiro falecido teria o direito de herdar.

Artigo 1129: Se a nora viúva, e o genro viúvo, cumpriram as suas principais obrigações de sustento, serão considerados na qualidade de herdeiro de primeira ordem.

Artigo 1130: A parte da herança herdada por herdeiros na mesma classe geralmente será igual.

Herdeiros que possuem dificuldades econômicas na vida e não possuem capacidade para trabalhar devem ser atendidos na partilha da herança.

Herdeiros que cumpriram o dever principal de sustentar o testador ou viver com ele, podem receber mais na partilha da herança.

Se os herdeiros que têm capacidade e condições de sustento não cumprem a obrigação de sustentar, a herança não será partilhada ou receberá a menos.

Os herdeiros também podem concordar em partilhar de forma desigual.

Artigo 1131: Para aqueles que dependem do herdeiro para sustentar outro que não seja herdeiro, ou para aqueles que não sejam o herdeiro, mas que o sustentam, a herança poderá ser partilhada para eles.

Artigo 1132: Os herdeiros negociarão e tratarão as questões de herança de forma compreensiva, mútua e harmônica. O prazo, o método e a parte da divisão da herança serão determinados pelos herdeiros por meio de negociação; se a negociação falhar, o comitê de mediação do povo poderá mediar ou ajuizar ação ao Tribunal do Povo.

Capítulo III - Sucessão Testamentária e Legado

Artigo 1133: A pessoa física pode fazer um testamento para dispor de bens pessoais de acordo com as disposições desta lei e pode nomear um testamenteiro.

A pessoa física pode fazer testamento para designar bens pessoais a serem herdados por um ou mais dos herdeiros legais.

A pessoa física pode doar o seu patrimônio para o Estado, as organizações e as organizações ou indivíduos além daquelas legalmente previstas.

A pessoa física pode estabelecer um testamento por carta de acordo com a lei.

Artigo 1134: O testamento auto escrito deverá ser escrito e assinado pelo testador, indicando o ano, mês e dia.

Artigo 1135: O testamento redigido por carta deverá ter duas ou mais testemunhas, uma delas deverá escrever a carta, e o testamento deverá ser assinado pelo testador, a testemunha que redigiu o testamento e outras testemunhas, indicando o ano, mês e dia.

Artigo 1136: A vontade impressa deve conter duas ou mais testemunhas. O testador e as testemunhas devem assinar cada página do testamento, indicando o ano, mês e dia.

Artigo 1137: O testamento realizado na forma de gravação de áudio e vídeo deve ser testemunhada por duas ou mais testemunhas. O testador e as testemunhas devem registrar seu nome ou retrato, bem como o ano, mês e dia nas gravações de áudio e vídeo.

Artigo 1138: O testador pode fazer um testamento verbal em uma situação crítica. O testamento verbal deve conter mais de duas testemunhas. Após a situação crítica, se o testador puder fazer um testamento por escrito ou na forma de gravação de áudio e vídeo, o testamento verbal previamente realizado será considerado inválido.

Artigo 1139: Os testamentos registrados são processados pelo testador por meio de uma instituição notarial.

Artigo 1140: As seguintes pessoas não podem ser testemunhas de testamento:

(1) Pessoas sem capacidade civil, pessoas com capacidade civil limitada e outras pessoas sem capacidade de testemunhar;

(2) Herdeiros e Legatários;

(3) Pessoas que têm interesse nos herdeiros e legatários.

Artigo 1141: O testamento deverá reservar a parte necessária do patrimônio para os herdeiros que não têm capacidade para trabalhar e não têm fonte de subsistência.

Artigo 1142: O testador pode revogar ou modificar o testamento.

Depois que o testamento for feito, se o testador praticar um ato civil contrário ao conteúdo do testamento, será considerado que ele revogou o conteúdo pertinente do testamento.

Se houver vários testamentos conflitantes entre si, o último testamento prevalecerá.

Artigo 1143: O testamento realizado por pessoas sem ou com capacidade civil limitada são inválidas.

O testamento deve expressar a verdadeira vontade do testador, o testamento realizado sob fraude ou coerção é inválida.

O testamento forjado é inválido.

Se o testamento for violado, o conteúdo violado é inválido.

Artigo 1144: Quando houver obrigações associadas à sucessão ou legado testamentário, o herdeiro ou legatário cumprirá as obrigações. Se não houver motivo legítimo para o não cumprimento das obrigações, o Tribunal do Povo poderá revogar o direito de aceitar parte da herança com obrigações mediante solicitação das partes interessadas ou organizações pertinentes.

Capítulo IV - Tratamento do testamento

Artigo 1145: Após o início da abertura herança, o testamenteiro será o administrador da herança; se não houver testamenteiro, os herdeiros elegerão prontamente o administrador da herança; se os herdeiros não elegerem, eles agiram conjuntamente como administrador da herança; não havendo herdeiro ou se todos os herdeiros renunciarem à herança, o departamento de assuntos civis ou o comitê da vila do local em que o testador viveu antes atuará como administrador do patrimônio.

Artigo 1146: Quando houver controvérsia sobre a determinação do administrador da herança, a parte interessada poderá solicitar ao tribunal popular a nomeação do administrador da herança.

Artigo 1147: O administrador da herança executará as seguintes funções:

(1) Liquidar o patrimônio e fazer uma lista do patrimônio;

(2) Relatar a situação dos bens aos herdeiros;

(3) Adotar as medidas necessárias para evitar perda e danos do patrimônio;

(4) Tratar das reivindicações e dívidas do falecido;

(5) Partilhar o patrimônio de acordo com o testamento ou de acordo com a lei;

(6) Realizar outras ações necessárias relacionadas à gestão do patrimônio.

Artigo 1148: O administrador da herança desempenhará suas funções de acordo com a lei e assumirá responsabilidade civil se causar danos ao herdeiro, legatário ou credor devido a negligência intencional ou erro grave.

Artigo 1149: O administrador da herança pode receber remuneração nos termos da lei ou do contrato.

Artigo 1150: Após o início da partilha da herança, o herdeiro que souber da morte do testador notificará imediatamente os outros herdeiros e o testamenteiro. Se nenhum dos herdeiros souber da morte do testador ou se souber da morte do testador e não puder notificá-lo, a unidade, o comitê de residentes ou o comitê de aldeia do local de residência do testador será responsável pela notificação.

Artigo 1151: Qualquer pessoa que possua uma herança deve mantê-la adequadamente, e nenhuma organização ou indivíduo pode desviar ou disputar a herança.

Artigo 1152: Após o início da partilha da herança, se o herdeiro morrer antes da divisão do patrimônio e não renunciar à herança, a herança que o herdeiro deve herdar será transferida para o herdeiro deste, salvo disposição em contrário testamento.

Artigo 1153: Salvo previsão em acordo sobre os bens de propriedade conjunta do marido e da esposa, quando a herança for dividida, metade dos bens de propriedade conjunta será dividida para cônjuge, e o restante será a herança do falecido.

Se a herança tiver bens comuns da família, na partilha da herança, os outros bens serão divididos primeiro.

Artigo 1154: Parte da herança será tratada como herança legal em qualquer uma das seguintes circunstâncias:

(1) O herdeiro testamentário renuncia à herança ou o legatário renuncia ao legado;

(2) O herdeiro testamentário perde o direito de herdar ou o legatário perde o direito de herdar;

(3) O herdeiro ou legatário morre ou se extingue antes do testador;

(4) Os bens estão na parte inválida do testamento;

(5) Bens não arrolados no testamento.

Artigo 1155: Quando a herança for partilhada, a parte de herança do feto será mantida. Se feto nascer morto no momento do parto, a parcela reservada da herança deve ser tratada conforme a herança legal.

Artigo 1156: A partilha da herança deve ser condizente com as necessidades de produção e de vida e não deve prejudicar a eficácia da herança.

A herança indivisível pode ser tratada através dos mecanismos de descontos, compensação ou propriedade conjunta.

Artigo 1157: Se um dos cônjuges morrer e o outro se casar novamente, ele terá o direito de dispor da propriedade herdada, e nenhuma organização ou indivíduo poderá interferir.

Artigo 1158: As pessoas físicas podem assinar acordos de doação e sustento com organizações ou indivíduos que não sejam os herdeiros. Pelo acordo, a organização ou indivíduo assume a obrigação de sustentá-lo até a morte e gozará do direito de ser legatário.

Artigo 1159: Na partilha da herança deverá ser pago os impostos e dívidas do falecido de acordo com a lei; no entanto, os bens necessários serão reservados para os herdeiros que não possuam capacidade para trabalhar e não tenham fonte de renda.

Artigo 1160: A herança que ninguém herdar ou legar será propriedade do Estado e será destinada ao bem-estar público; se o falecido era membro de entidade coletiva antes de sua morte, deve pertencer à entidade coletiva.

Artigo 1161: O herdeiro pagará os impostos e dívidas de acordo com a lei, dentro do limite do valor real dos bens herdados. Salvo se o herdeiro paga voluntariamente a parte que excede o valor real da dívida.

Se o herdeiro renunciar à herança, ele não pode ser responsabilizado pelo pagamento dos impostos e dívidas.

Artigo 1162: A execução do legado não impedirá o pagamento de tributos e dívidas obrigatórias.

Artigo 1163: Quando houver herança legal, herança testamentária e legado, o herdeiro legal pagará os impostos e dívidas que o falecido deve pagar de acordo com a lei; a parte que exceder o valor real da herança legal será pago proporcionalmente de acordo com a parte da herança do herdeiro testamentário e do legatário.

LIVRO VII - RESPONSABILIDADE CIVIL

Capítulo I - Disposições Gerais

Artigo 1164: Este capítulo regula as relações civis decorrentes da violação de direitos e interesses civis.

Artigo 1165: Se o sujeito violar os direitos civis de terceiros e causar danos por sua culpa, ele será responsabilizado pelo ato ilícito.

Se o sujeito for considerado culpado de acordo com a lei e ele não puder provar o contrário, ele será responsabilizado civilmente.

Artigo 1166: Se o sujeito causar danos aos direitos e interesses civis de terceiros, independentemente de sua culpa, a lei estabelece a sua responsabilidade civil de acordo com as disposições.

Artigo 1167: Se a violação de direito colocar em risco a segurança da pessoa e os bens de terceiros, a vítima terá o direito de solicitar ao infrator a responsabilidade civil, interromper o ato ilícito, remover a obstrução e eliminar o perigo.

Artigo 1168: Quando duas ou mais pessoas cometerem atos ilícitos em conjunto e causarem danos a terceiros, terão responsabilidade conjunta.

Artigo 1169: Qualquer pessoa que instigue ou ajude outras pessoas a cometer atos ilícitos assumirá a responsabilidade solidária com o autor. Qualquer pessoa que instigar ou ajudar uma pessoa sem capacidade civil ou com capacidade civil limitada para cometer atos ilícitos será responsabilizada por atos ilícitos; se o tutor da pessoa sem capacidade civil ou com capacidade civil limitada deixar de cumprir suas obrigações de tutela, ele assumirá a responsabilidade correspondente.

Artigo 1170: Se duas ou mais pessoas cometerem atos que coloquem em risco a segurança pessoal e patrimonial de terceiros, e uma ou mais delas causar danos a terceiros, se o infrator específico puder ser identificado, o infrator será responsável; se o infrator específico não puder ser identificado, o infrator será solidariamente responsável.

Artigo 1171: Se duas ou mais pessoas cometerem atos ilícitos separadamente e causarem o mesmo dano, e o ato ilícito de cada pessoa for suficiente para causar todo o dano, o autor da ação será solidariamente responsável.

Artigo 1172: Se duas ou mais pessoas cometerem atos ilícitos e causarem o mesmo dano, e o grau de responsabilidade puder ser determinado, cada um assumirá a responsabilidade correspondente; se for difícil determinar o grau de responsabilidade, a responsabilidade será igualmente assumida.

Artigo 1173: Se o infrator for o culpado pela ocorrência ou expansão do mesmo dano, a responsabilidade do infrator pode ser reduzida.

Artigo 1174: Se o dano for causado deliberadamente pela vítima, o sujeito não será responsabilizado.

Artigo 1175: Se o dano for causado por um terceiro, o terceiro assumirá a responsabilidade pelo ato ilícito.

Artigo 1176: Na participação voluntária em atividades culturais e esportivas com certos riscos, em caso de dano causado devido às ações de outros participantes, a vítima não deve solicitar a outros participantes a responsabilidade civil; salvo se os outros participantes tenham negligência intencional ou grave na ocorrência de danos.

As responsabilidades dos organizadores do evento serão regidas pelo disposto nos artigos 1198 a 1201 desta Lei.

Artigo 1177: Quando os direitos e interesses legais são violados, em uma situação urgente e a proteção dos órgãos estatais não poder ser obtida a tempo, se devido à falta de medidas imediatas causando danos irreparáveis, a vítima poderá tomar medidas razoáveis tais como deter a propriedade do infrator dentro do escopo necessário para proteger seus próprios direitos e interesses legítimos; no entanto, o órgão estatal pertinente deverá ser notificado para resolver a situação imediatamente.

Se a vítima tomar medidas impróprias e causar danos a terceiros, ela será responsabilizada pelos seus atos ilícitos.

Artigo 1178: Se esta lei e outras leis estabelecerem de outra forma a não responsabilização ou mitigação de responsabilidade, siga essas disposições.

Capítulo II - Reparação de danos

Artigo 1179: Qualquer pessoa que cometer atos ilícitos e causar danos pessoais à outras pessoas, será responsável pelas despesas médicas, despesas de enfermagem, transporte, nutrição, subsídios hospitalares e outras despesas razoáveis para tratamento e reabilitação, bem como o pagamento de parte da renda da vítima que foi reduzida devido à falta de trabalho.

Se causar incapacidade, também indenizará os valores de dispositivos de assistência e a indenização por incapacidade; se causar a morte, indenizará as despesas de funeral e a indenização pela morte.

Artigo 1180: Quando várias mortes são causadas pelo mesmo delito, a indenização por morte pode ser determinada de forma igualitária para as partes.

Artigo 1181: Quando a vítima da infração morre, seus parentes próximos terão o direito de solicitar que o infrator seja responsabilizado civilmente. Caso a vítima seja uma organização e ocorrer cisão ou incorporação, a organização que herda seus direitos poderá solicitar que o infrator seja responsabilizado civilmente.

No caso de morte da vítima a pessoa que pagou as despesas médicas, funerárias ou outras despesas razoáveis terá o direito de solicitar que o infrator indenize as despesas, salvo se o infrator já tenha pago as despesas.

Artigo 1182: Quando os prejuízos patrimoniais forem causados pela violação dos direitos e interesses pessoais de terceiros, a indenização será calculada com base nos prejuízos sofridos pelas vítimas ou nos benefícios obtidos pelo infrator; se for difícil determinar os prejuízos sofridos pela vítima e os benefícios obtidos pelo infrator, e a negociação entre a vítima e o infrator for inconsistente quanto ao valor da indenização, poderão ajuizar ação ao Tribunal do Povo para determinar o valor da indenização com base nos fatos reais.

Artigo 1183: Se a violação dos direitos e interesses pessoais de uma pessoa física causar sérios danos mentais, a vítima terá o direito de solicitar indenização por danos morais.

Se o dano mental grave for causado por negligência intencional ou erro grave ao violar um objeto específico de importância pessoal para a vítima, esta terá o direito de solicitar indenização por dano moral.

Artigo 1184: No caso de violação de bens de terceiros, o prejuízo dos bens será calculado com base no preço de mercado no momento da perda ou com base em outros métodos razoáveis de cálculo.

Artigo 1185: No caso de violação intencional dos direitos de propriedade intelectual de terceiros, sendo as circunstâncias graves, a vítima terá o direito de solicitar as penalidades correspondentes.

Artigo 1186: Se nem a vítima, nem o autor forem culpados pela ocorrência do dano, ambas as partes compartilharão o prejuízo de acordo com as disposições da lei.

Artigo 1187: Após a ocorrência do dano, as partes podem negociar a forma de pagamento da indenização. Se a negociação for inconsistente, a taxa de indenização será paga à vista; se o pagamento da quantia for difícil, poderá ser parcelado, mas a vítima terá o direito de requerer garantias correspondentes.

Capítulo III - Disposições especiais de responsabilidade civil

Artigo 1188: Se a pessoa sem capacidade civil ou com capacidade civil limitada causar danos a outras pessoas, o tutor será responsabilizado pelo ato ilícito. Se o tutor cumprir seu dever de tutela, sua responsabilidade civil poderá ser reduzida.

Se a pessoa com bens não possui capacidade civil ou possui capacidade civil limitada causar danos a outras pessoas, o valor da indenização será paga com seus próprios bens; a parte que faltar será indenizada pelo tutor.

Artigo 1189: Quando a pessoa sem capacidade civil ou com capacidade civil limitada causar danos a terceiros, tendo o tutor delegado deveres de tutela a outras pessoas, mesmo assim o tutor será responsabilizado pelo ato ilícito; mas se a pessoa delegada for a culpada, ele será responsabilizado civilmente.

Artigo 1190: Se uma pessoa com plena capacidade para a conduta civil for culpada quando ficou temporariamente inconsciente de suas ações ou perdeu o controle e causar danos a terceiros, ela será responsabilizada por atos ilícitos; se não houver culpa, a vítima será devidamente indenizada de acordo com a situação econômica do autor do ato ilícito.

Se uma pessoa com plena capacidade civil causar danos a terceiros devido à embriaguez, uso indevido de entorpecentes ou drogas psicotrópicas, ficando temporariamente inconsciente de seu comportamento ou perda de controle, será responsável pelos seus atos.

Artigo 1191: Se os trabalhadores da unidade empregadora causar danos a terceiros devido ao exercício de suas funções no trabalho, a unidade empregadora será responsabilizada civilmente. Após o empregador assumir a responsabilidade civil, ele poderá solicitar indenização ao funcionário que cometeu o ato ilícito por negligência intencional ou grave.

Durante o período de translado de mão-de-obra, se o funcionário transladado causar danos a terceiros devido ao exercício da sua função, a unidade empregadora que recebe o translado de mão-de-obra arcará com a responsabilidade civil; se a unidade de translado de mão-de-obra tiver culpa, será responsabilizado na sua proporcionalidade.

Artigo 1192: Se a relação de trabalho for formada entre indivíduos, e a parte que presta serviços de mão-de-obra causar danos a terceiros, a parte que aceitar os serviços de mão-de-obra arcará com a responsabilidade civil.

Depois que a parte que aceita o serviço de trabalho assumir a responsabilidade civil, ela poderá solicitar a indenização da parte que prestou o serviço de trabalho se houver culpa grave ou negligência. Se o prestador de serviços de mão de obra sofrer danos decorrentes dos serviços prestados, a responsabilidade civil será proporcional para ambas as partes.

Durante a prestação de serviços, se o ato de terceiros causar danos à parte que presta os serviços, ela terá o direito de solicitar que o terceiro seja responsabilizada pelo ato ilícito e solicitar indenização à parte que recebe os serviços de mão de obra. Depois de receber a indenização da parte que prestou serviço de mão-de-obra, ela pode buscar a indenização contra os terceiros.

Artigo 1193: Se o contratante causar danos a terceiros ou causar danos a si mesmo durante a realização da obra, a parte solicitante não será responsabilizada por atos ilícitos. No entanto, se o solicitante for o responsável pelo pedido, instruções ou seleção, ele assumirá as responsabilidades correspondentes.

Artigo 1194: Os usuários da internet e os provedores de serviços da internet que usam a internet para violar os direitos civis de terceiros devem ser responsabilizados pelo ato ilícito. Se a lei determinar o contrário, siga essas disposições.

Artigo 1195: Quando os usuários da rede usam serviços de rede para cometer atos ilícitos, o titular do direito tem o direito de notificar o provedor de serviços de rede para tomar as medidas necessárias, como excluir, bloquear e desconectar os links. A notificação deve incluir as evidências preliminares que constituem a infração e as verdadeiras informações de identidade do titular do direito.

Após receber a notificação, o provedor de serviços de rede deve encaminhar a notificação ao usuário de rede pertinente em tempo hábil e tomar as medidas necessárias com base nas evidências preliminares de violação e no tipo de serviço; se as medidas necessárias não forem tomadas a tempo, o usuário da rede será solidariamente responsável pela parte dos danos aumentados. Se o titular do direito causar danos ao usuário ou provedor de serviços de rede devido a notificação incorreta, ele será responsabilizado. Se a lei determinar o contrário, siga as disposições.

Artigo 1196: Após receber a notificação, o usuário da rede pode enviar uma declaração de que não há violação ao provedor de serviços de rede. A declaração deve incluir evidências preliminares de que não há infração e as informações reais de identidade do usuário da rede.

Após receber a declaração, o provedor de serviços de rede deve encaminhá-la ao destinatário que emitiu a notificação e informá-lo de que pode registrar uma reclamação no departamento pertinente ou entrar com uma ação no tribunal popular. Se o provedor de serviços de rede não receber a notificação de que o titular do direito apresentou uma reclamação ou ação judicial dentro de um prazo razoável após a notificação chegar ao titular do direito, deverá encerrar imediatamente as medidas tomadas.

Artigo 1197: Se o provedor de serviços de rede souber ou deveria saber que um usuário da rede usa seu serviço de rede para violar os direitos civis de terceiros, e não toma as medidas necessárias, ele assumirá responsabilidade solidária com o usuário da rede.

Artigo 1198: Operadores, gerentes ou organizadores de atividades coletivas em hotéis, shoppings, bancos, estações, aeroportos, estádios, locais de entretenimento ou outros locais de negócios, locais públicos, e deixarem de cumprir suas obrigações de garantia de segurança e causar danos a terceiros, devem assumir com a responsabilidade civil.

Se as ações de terceiros causarem danos a outras pessoas, o terceiro assumirá a responsabilidade pelo ato ilícito; se o operador, gerente ou organizador não cumprir a obrigação de proteção de segurança, ele assumirá a responsabilidade suplementar correspondente. Depois que o operador, gerente ou organizador assumir responsabilidade suplementar, ele poderá solicitar uma indenização do terceiro causador do dano.

Artigo 1199: Se a pessoa sem capacidade civil sofrer danos pessoais durante seus estudos ou durante a sua vida em um jardim de infância, escola ou outra instituição de ensino, o jardim de infância, a escola ou outra instituição de ensino deverá ser responsabilizada pelos atos ilícitos; salvo, aqueles que puderem provar que cumpriram com suas responsabilidades de educação e gestão, estes não serão responsabilizados por atos ilícitos.

Artigo 1200: Se a pessoa com capacidade civil limitada sofrer danos pessoais durante seus estudos ou vida em um jardim de infância, escola ou outra instituição de ensino, e a escola ou outra instituição educacional deixar de cumprir suas funções educacionais e administrativas, ela será responsabilizada pelos atos ilícitos.

Artigo 1201: Quando uma pessoa sem ou com capacidade civil limitada sofrer danos pessoais a uma terceira pessoa que não seja o jardim de infância, escola ou outra instituição educacional enquanto estiver estudando ou vivendo em um jardim de infância, escola ou outra instituição educacional, o terceiro assumirá a responsabilidade civil; se o jardim de infância, escola ou outras instituições de ensino deixarem de cumprir suas funções administrativas, deverão assumir com suas respectivas responsabilidades civis adicionais. Depois que o jardim de infância, a escola ou outra instituição educacional assumir responsabilidades adicionais, ela poderá buscar indenização de terceiros.

Capítulo IV - Responsabilidade pelo produto

Artigo 1202: O fabricante será responsabilizado por danos se o produto estiver com defeito e causar danos a terceiros.

Artigo 1203: Quando o defeito do produto causar danos a terceiros, a vítima poderá solicitar indenização ao fabricante do produto ou ao vendedor do produto.

Se o defeito do produto for causado pelo fabricante, o vendedor terá o direito de reembolso da indenização em face do fabricante após o pagamento. Se o produto estiver com defeito devido à culpa do vendedor, o fabricante terá o direito de reembolso da indenização do vendedor após o pagamento.

Artigo 1204: Quando o produto estiver com defeito devido a erros de terceiros, como de transportador ou de armazenagem, causando danos a terceiros, o fabricante ou o vendedor do produto terão o direito de exigir a indenização do terceiro após efetuar o pagamento.

Artigo 1205: Quando o defeito do produto põe em risco a segurança pessoal e patrimonial de terceiros, a vítima terá o direito de solicitar ao fabricante ou ao vendedor que assuma a responsabilidade para cessar a violação, remover a obstrução e eliminar o perigo.

Artigo 1206: Se forem descobertos defeitos após o produto ser colocado em circulação, o produtor ou vendedor deve tomar imediatamente medidas corretivas, como suspensão de vendas, advertências, recalls dentre outras medidas; se as medidas corretivas não forem tomadas em tempo hábil ou se as medidas corretivas não forem eficazes e o dano for aumentado, haverá responsabilidade civil também pelo dano aumentado.

Se medidas forem tomadas de acordo com o disposto no parágrafo anterior, o fabricante ou o vendedor assumirá com as despesas necessárias da vítima.

Artigo 1207: Se o produto ainda for produzido ou vendido após saber que possui defeitos, ou se medidas corretivas eficazes não forem tomadas de acordo com as disposições do artigo anterior, causando morte ou danos sérios à saúde de terceiros, as vítimas terão o direito de solicitar a indenização punitiva correspondente.

Capítulo V - Responsabilidade por Acidentes de Trânsito em Veículos Motorizados

Artigo 1208: Quando o veículo automotor estiver envolvido em um acidente de trânsito e causar danos, ele será responsável pelo pagamento de indenização de acordo com a lei de segurança no trânsito e as disposições pertinentes desta lei.

Artigo 1209: Quando o proprietário, gerente e usuário de veículo automotor não for a mesma pessoa devido a circunstâncias como arrendamento, empréstimo, ou outros motivos, se acontecer um acidente de trânsito e causar danos, o usuário do veículo será responsável pela indenização; se o proprietário ou gerente do veículo a motor for culpado pela ocorrência dos danos, ele será responsável pela indenização.

Artigo 1210: Se o veículo automotor tiver sido transferido e entregue por meio de venda ou outros meios entre as partes, mas o registro não tiver sido realizado ainda e os danos causados no acidente de trânsito forem causados por culpa do veículo automotor, o proprietário original será o responsável pela indenização.

Artigo 1211: Se o veículo automotor envolvido em atividades comerciais de transporte rodoviário sob a forma de afiliado estiver envolvido em um acidente de trânsito e causa danos, sendo a responsabilidade do veículo automotor, o afiliado e a pessoa afiliada deverão assumir responsabilidade solidária.

Artigo 1212: Se o acidente de trânsito causar danos ao dirigir o veículo automotor de outra pessoa sem permissão, o motorista do veículo será responsável pela indenização; se o proprietário ou gerente do veículo automotor for culpado pelos danos, ele deverá assumir a responsabilidade pela indenização correspondente, salvo disposição em sentido contrário neste capítulo.

Artigo 1213: Se o acidente de trânsito causar danos ao dirigir o veículo automotor e a culpa for do veículo, a seguradora que garante o seguro obrigatório de veículo deve indenizar dentro do limite da responsabilidade de seguro obrigatório; a parte insuficiente será paga pela seguradora que subscrever o seguro automóvel comercial nos termos do contrato de seguro, se ainda for insuficiente ou não possuir seguro automóvel comercial o infrator deverá indenizar aparte faltante.

Artigo 1214: Se o veículo automotor montado ou atingido o padrão de desmantelamento for transferido por venda ou por outros meios e ocorrer durante a trajetória um acidente de trânsito causando danos, o cedente e o cessionário serão solidariamente responsáveis.

Artigo 1215: No caso de acidente de trânsito causado por um veículo roubado, o ladrão será responsável pela a indenização dos danos. Se o ladrão, e o motorista do veículo a motor não forem a mesma pessoa, e os danos causados no acidente de trânsito forem de responsabilidade do veículo, o ladrão e o motorista do veículo serão solidariamente responsáveis.

A seguradora terá o direito de exigir indenização da pessoa responsável pelo acidente de trânsito, se adiantar o pagamento das despesas de resgate dentro do limite de responsabilidade do seguro obrigatório de veículo automotor.

Artigo 1216: Quando o motorista de veículo automotor fugir após um acidente de trânsito, se o veículo automotor possuir seguro obrigatório, a seguradora deverá indenizar dentro do limite de responsabilidade do seguro obrigatório de veículo automotor; Se o veículo for desconhecido, ou o veículo motorizado não estiver coberto pelo seguro obrigatório, ou o custo do resgate excede o limite de responsabilidade do seguro obrigatório do veículo motorizado, e for necessário pagar pelo resgate, funeral e outras despesas do dano corporal da pessoa infratora, o fundo de assistência social para acidentes de trânsito deverá adiantar o pagamento. Após o adiantamento do pagamento pelo fundo de assistência social para acidentes de trânsito, seu órgão de gestão terá o direito de solicitar a indenização à pessoa responsável pelo acidente de trânsito.

Artigo 1217: Se o acidente de trânsito envolver veículo automotor não operacional causar danos ao passageiro gratuito, sendo a responsabilidade do veículo automotor, a responsabilidade pela indenização deverá ser reduzida, salvo quando apresentar negligência intencional ou grosseira do motorista do veículo automotor.

Capítulo VI - Responsabilidade por danos médicos

Artigo 1218: Se o paciente sofrer danos durante as atividades de diagnóstico ou tratamento, e a instituição médica ou sua equipe médica tiver culpa, a instituição médica será responsabilizada pelo pagamento da indenização.

Artigo 1219: A equipe médica deve explicar a condição e as medidas médicas ao paciente durante as atividades de diagnóstico e tratamento. Quando cirurgias, exames especiais e tratamentos especiais forem necessários, a equipe médica deverá explicar prontamente os riscos médicos e as medidas alternativas ao paciente para obter seu consentimento explícito; se for impossível ou inapropriado explicar ao paciente, eles deverão explicar aos parentes próximos para obter o consentimento explícito.

Se a equipe médica não cumprir as obrigações no parágrafo anterior e causar danos ao paciente, a instituição médica será responsável pela indenização.

Artigo 1220: Em situações de emergência, como para salvar a vida de um paciente que está morrendo, e a opinião do paciente ou de seus parentes próximos não puder ser obtida, a pessoa responsável pela instituição médica ou a pessoa autorizada responsável poderá adotar imediatamente as medidas médicas necessárias.

Artigo 1221: A equipe médica será responsável pela indenização se não cumprir suas obrigações de diagnóstico e tratamento correspondentes ao nível de conhecimento médico atual e causar danos ao paciente.

Artigo 1222: Presume-se que a instituição médica é culpada, se o paciente for ferido nas atividades de diagnóstico e tratamento, nas seguintes circunstâncias:

(1) Violação de leis, regulamentos administrativos, regras e outros regulamentos pertinentes sobre diagnóstico e tratamento;

(2) Ocultar ou recusar-se a fornecer registros médicos relacionados à disputa;

(3) Perda, falsificação, adulteração ou destruição ilegal de registros médicos.

Artigo 1223: No caso de dano ao paciente devido a defeitos em medicamentos, produtos de desinfecção, dispositivos médicos ou transfusão de sangue não qualificada, o paciente poderá solicitar a compensação ao titular da licença de comercialização, ao fabricante ou ao fornecedor de sangue também poderá solicitar a indenização à instituição médica.

Se o paciente solicitar indenização à instituição médica, a instituição médica terá o direito de regresso contra o titular da licença responsáveis pela comercialização de medicamentos, fabricante e fornecedor de sangue.

Artigo 1224: As instituições médicas não serão responsáveis pela indenização se o paciente sofrer danos durante as atividades de diagnóstico e tratamento em qualquer uma das seguintes circunstâncias:

(1) O paciente ou seus parentes próximos não cooperarem com a instituição médica para realizar o diagnóstico ou o tratamento de acordo com os padrões de diagnóstico e tratamento;

(2) A equipe médica cumpriu seu dever de diagnóstico e tratamento razoavelmente em emergências, como salvar pacientes que estão morrendo;

(3) Dificuldade em diagnosticar e tratar devido ao nível de conhecimento médico da época.

No primeiro caso do parágrafo anterior, se a instituição médica ou sua equipe médica também tiveram culpa, deverão assumir a responsabilidade de indenização correspondente.

Artigo 1225: As instituições médicas e sua equipe médica devem preencher e manter adequadamente registros hospitalares, pedidos médicos, relatórios de exames, registros de cirurgia e anestesia, dados patológicos, registros de enfermagem e outros registros médicos, de acordo com os regulamentos.

Se o paciente solicitar a consulta ou cópia dos dados do prontuário especificado no parágrafo anterior, a instituição médica deverá fornecê-lo em tempo hábil.

Artigo 1226: As instituições médicas e sua equipe médica devem manter em sigilo a privacidade e as informações pessoais dos pacientes. Se a privacidade e as informações pessoais do paciente forem divulgadas ou os registros médicos do paciente forem divulgados sem o consentimento do paciente, eles serão responsabilizados pelos atos ilícitos.

Artigo 1227: As instituições médicas e sua equipe médica não devem realizar inspeções desnecessárias que violem os regulamentos de diagnóstico e tratamento.

Artigo 1228: Os direitos e interesses legais das instituições médicas e de sua equipe médica serão protegidos por lei.

Qualquer pessoa que interfira com a ordem médica, atrapalhe o trabalho e a vida do pessoal médico ou viole os direitos e interesses legais da equipe médica, assumirá a responsabilidade legal de acordo com a lei.

Capítulo VII - Responsabilidade pela poluição ambiental e danos ecológicos

Artigo 1229: Se o dano a terceiros for causado por poluição ambiental ou destruição ecológica, o infrator assumirá responsabilidade civil.

Artigo 1230: No caso de litigio decorrente de poluição ambiental ou dano ecológico, o infrator arcará com o ônus da prova pela não responsabilização ou mitigação da responsabilidade estipulada por lei e pela ausência de relação causalidade entre o ato e o dano.

Artigo 1231: Se dois ou mais infratores poluírem o meio ambiente e danificarem a ecologia, o grau de responsabilidade será determinado de acordo com fatores do tipo, concentração e descarga dos poluentes, a forma, o escopo e a extensão dos danos ao meio ambiente além do comportamento do agente em relação às consequências dos danos.

Artigo 1232: Se o infrator deliberadamente poluir o meio ambiente ou danificar a ecologia, violando a lei e causar graves consequências, a parte violada terá o direito de solicitar a correspondente indenização.

Artigo 1233: Se o terceiro poluir o meio ambiente ou danificar a ecologia devido à culpa dele, a pessoa prejudicada poderá solicitar a indenização ao infrator ou a terceiros. Após o infrator ter pago a indenização, ele terá o direito de regresso contra o terceiro.

Artigo 1234: Se a violação das regulamentações causar danos ecológicos ao meio ambiente, e o meio ambiente puder ser restaurado, a agencia determinada ou a organização legalmente estabelecida pelas autoridades estaduais ou pela lei, terão o direito de solicitar ao infrator a responsabilidade pela restauração dentro do prazo razoável. Se o infrator deixar de fazer reparos dentro do prazo, a agência ou organização especificada na lei poderá realizar o reparo por conta própria ou designar a terceiros, e o infrator pagará os custos

Artigo 1235: Quando a violação das regulamentações nacionais causar danos ao meio ambiente, as agências estatais ou organizações legais terão o direito de solicitar que o infrator indenize as seguintes perdas e despesas:

(1) Perdas causadas pela paralisação de funções de serviço durante o período de danos ao meio ambiente ecológico e término da restauração;

(2) Perdas causadas por danos permanentes às funções do ambiente ecológico;

(3) Custos de investigação, identificação e avaliação de danos ambientais ecológicos;

(4) Despesas com remoção da poluição e restauração ecológica;

(5) Despesas razoáveis para evitar a ocorrência e expansão de danos.

Capítulo VIII - Responsabilidade por atividades alto risco

Artigo 1236: Qualquer pessoa que se envolva trabalhos altamente perigosas e cause danos a outras pessoas será responsabilizada pelos atos ilícitos.

Artigo 1237: No caso de acidente nuclear envolvendo uma instalação nuclear civil ou materiais nucleares transportados dentro ou fora da instalação nuclear que cause danos a terceiros, o operador da instalação nuclear civil será responsabilizado pelo ato ilícito; no entanto, não serão responsáveis se puder provar que o dano foi causado por guerra, conflitos armados, tumultos dentre outas ações, ou que as vítimas deliberadamente o causaram.

Artigo 1238: Quando a aeronave civil causar danos a terceiros, o piloto da aeronave civil será responsabilizado pelo ato ilícito, no entanto, não será responsável se puder provar que o dano foi causado deliberadamente pela vítima.

Artigo 1239: Quando a posse ou o uso de substâncias inflamáveis, explosivas, altamente tóxicas, altamente radioativas, altamente corrosivas, altamente patogênicas e outras substâncias altamente perigosas causarem danos a terceiros, o possuidor ou usuário será responsabilizado; no entanto, se for possível provar que o dano foi causado pela vítima ou por força maior, não será responsabilizado. Se a vítima for negligente e contribuir para a causa do dano, a responsabilidade do possuidor ou usuário poderá ser reduzida.

Artigo 1240: O operador será responsabilizado por atos ilícitos se se envolverem em atividades de grande altitude, alta pressão ou escavação subterrânea ou usarem veículos ferroviários de alta velocidade para causar danos a terceiros; no entanto, se for possível provar que o dano foi causado pela vítima ou por força maior, não caberá a responsabilidade ao operador. Se a vítima for negligente e contribuir para a causa do dano, a responsabilidade do operador poderá ser reduzida.

Artigo 1241: Se a perda ou abandono de objetos altamente perigosos causar danos a terceiros, o proprietário será responsabilizado por ato ilícito. Se o proprietário transferir o material altamente perigoso para terceiros com objetivo de gerência, o gerente será responsabilizado pelos atos ilícitos; se o proprietário for culpado, ele será solidariamente responsável junto com o gerente.

Artigo 1242: Se a posse ilegal de objetos altamente perigosos causar danos a terceiros, o possuidor ilegal assumirá a responsabilidade.

Se o proprietário ou gerente não puder provar que realizou um alto grau de cuidado para evitar a posse ilegal, eles deverão assumir responsabilidade solidária com o possuidor ilegal.

Artigo 1243: Se o administrador puder provar que tomou medidas de segurança suficientes e cumpriu seu dever de advertência ao entrar em uma área de atividade altamente perigosa ou em uma área de armazenamento de material altamente perigoso sem permissão, a responsabilidade poderá ser reduzida ou não assumida.

Artigo 1244: Se for assumida a responsabilidade por alto grau de perigo, e o limite de indenização for estipulado por lei, a estipulação deverá ser seguida, salvo em casos de negligência intencional ou grosseira do infrator.

Capítulo IX - Responsabilidade por danos causados por animais de estimação

Artigo 1245: Se o animal de estimação causar danos a outras pessoas, o criador ou cuidador do animal assumirá a responsabilidade civil; salvo, se for possível provar que o dano foi causado pela culpa do infrator ou por sua negligência grosseira, não assumirá a responsabilidade civil ou poderá ser reduzida.

Artigo 1246: No caso de violação dos regulamentos de gestão por não tomar medidas de segurança contra animais e causar danos a outros, o criador ou cuidador de animais será responsabilizado civilmente; salvo, se for possível provar que o dano foi causado pela culpa do infrator, a responsabilidade civil será reduzida.

Artigo 1247: Quando animais perigosos, como cães ferozes, que forem proibidos de serem criados, causarem danos a outros, o criador ou o cuidador de animais será responsabilizado civilmente.

Artigo 1248: Se os animais de zoológico causarem danos a outros, o zoológico será responsabilizado, no entanto, se puder provar que cumpriu suas obrigações de gerenciamento, não será responsabilizado civilmente.

Artigo 1249: Se um animal abandonado ou fugido causar danos a outras pessoas durante o período de abandono ou fuga, o proprietário original ou cuidador do animal deverá assumirá a responsabilidade civil.

Artigo 1250: Se o animal causar danos a terceiros por culpa de terceiros, a vítima poderá solicitar a indenização ao criador, ao cuidador de animais, ou ao terceiro. Após o pagamento da indenização, o criador ou cuidador de animais terá o direito de regresso contra o terceiro.

Artigo 1251: A criação de animais deve obedecer a leis e regulamentos, respeitar a ética social e não prejudicar a vida de outras pessoas.

Capítulo X - Responsabilidade por Danos a Edifícios e Objetos

Artigo 1252: Se o edifício, estrutura ou outra instalação entrar em colapso ou causar danos a terceiros, a unidade de construção terá responsabilidade solidária, a menos que a unidade de construção possa provar que não há defeito de qualidade. Depois que a unidade de construção ter indenizado, se houver outras pessoas responsáveis, a unidade de construção terá o direito de regresso contra as outras pessoas responsáveis.

Se o edifício, estrutura ou outra instalação entrar em colapso devido a culpa do proprietário, gerente, usuário ou terceiro e causar danos a terceiros, eles serão responsabilizados civilmente.

Artigo 1253: Se o edifício, estrutura ou outra instalação, tiverem objetos suspensos ou estantes caídos e causem danos a terceiros, e o proprietário, gerente ou usuário não puder provar que não é culpado, ele será responsabilizado civilmente. Depois de o proprietário, gerente ou usuário ter pago a indenização, se houver outras pessoas responsáveis, eles terão o direito de regresso contra as outras pessoas responsáveis.

Artigo 1254: É proibido jogar objetos de edifícios. Se jogar objetos de um prédio ou cair de um prédio causar danos a outras pessoas, o infrator assumirá a responsabilidade civil de acordo com a lei; se for difícil determinar o infrator específico após a investigação, a menos que seja possível provar que ele não é o infrator, ele será o responsável pelos danos e deverá pagar a indenização. O possível infrator que pagou a indenização terá o direito de regresso contra o verdadeiro infrator.

Os administradores da construção, tais como as empresas de serviços imobiliários, devem tomar as medidas de proteção de segurança necessárias para evitar a ocorrência das circunstâncias especificadas no parágrafo anterior; se as medidas de proteção de segurança necessárias não forem adotadas, elas serão responsabilizadas por não cumprimento das obrigações de proteção de segurança de acordo com a lei.

No caso das circunstâncias especificadas no primeiro parágrafo deste artigo, a segurança pública e outras agências deverão investigar imediatamente de acordo com a lei e descobrir a pessoa responsável.

Artigo 1255: Se os objetos empilhados desabarem, rolarem ou caírem e causarem danos a terceiros, e o empilhador não puder provar que não é o culpado, ele será responsabilizado civilmente.

Artigo 1256: Se o empilhamento, despejo ou lançamento de artigos obstrutivos em vias públicas causar danos a terceiros, o autor do crime será responsabilizado civilmente. Se o gestor da via pública não puder provar que cumpriu seus deveres de limpeza, proteção e advertência, deverá assumir as responsabilidades correspondentes.

Artigo 1257: Se o proprietário ou administrador da arvore não provar que não é culpado, ele será responsabilizado por danos a terceiros causados pela quebra, despejo ou queda de uma arvore.

Artigo 1258: Se a escavação, reparo e construção de instalações subterrâneas em locais públicos ou estradas causarem danos a terceiros, e o construtor não puder provar que sinais óbvios foram estabelecidos e medidas de segurança foram tomadas, ele será responsabilizado civilmente.

Se instalações subterrâneas, como bueiros, causarem danos a terceiros e o administrador não puder provar que cumpriu suas obrigações de gerenciamento, ele será responsabilizado civilmente.

Disposições finais e transitórias

Artigo 1259: Os termos "não menos que", "não mais que", "dentro" e "expira" incluem o termo em referência; os termos "insatisfeito", "excede" e "externo" não incluem.

Artigo 1260: Esta lei entra em vigor em 1 de janeiro de 2021 e revogará simultaneamente as seguintes legislações: < Lei da República Popular China de Casamento >, < Lei da República Popular da China Direito Sucessório >, < Lei da República Popular da China de Princípios Gerais>, < Lei da República Popular da China de Adoção >, < Lei da República Popular da China de Garantia >, < Lei da República Popular da China de Direito dos Contratos> , < Lei de Propriedade da República da China> ,< Lei de Responsabilidade Civil da República Popular da China> e < Provisões Gerais de Direito Civil da República Popular da China >.

www.ingramcontent.com/pod-product-compliance
Lightning Source LLC
Chambersburg PA
CBHW051316130726
47987CB00004B/1822